Sous la direction d'Atalante Inno[...]

Tatou ⭐2
le matou LE FRANÇAIS POUR LES PETITS

Méthode pour l'enseignement
du français langue étrangère aux jeunes enfants

Guide pédagogique

Muriel Piquet - Hugues Denisot

HACHETTE
Français langue étrangère
43, quai de Grenelle, 75905 Paris Cedex 15.

http://www.fle.hachette-livre.fr
http://www.tatoulematou.com

sommaire

Illustrations : Rebecca Dautremer.
Conception graphique et réalisation :
Valérie Goussot et Delphine d'Inguimbert.

Couverture : Amarante.
Secrétariat d'édition : Florence Nahon.
Photogravure : Nord Compo.

ISBN : 2 01 1552 12 5

introduction

Tatou, le matou, méthode pour l'apprentissage du français aux petits, est le fruit d'une longue expérience de l'enseignement aux enfants. Au-delà de l'apprentissage d'une langue étrangère, la démarche de cette méthode vise aussi à développer des compétences transversales.

Le niveau 2 de Tatou, le matou *couvre une trentaine d'heures d'enseignement pour un public d'enfants de 6/7 ans. Cependant, les activités complémentaires permettent de couvrir trente heures supplémentaires soit 60 heures au total et plus si l'on inclut les projets de mises en scène.*

A. L'esprit de Tatou : découvrir, agir et partager pour apprendre

Les jeunes enfants ont besoin d'un point d'ancrage, d'un repère affectif pour motiver leur apprentissage d'une langue étrangère. Tatou, le chat, héros de nombreuses aventures quotidiennes, tantôt personnage dessiné sur le livre ou le cahier d'activités, tantôt personnage parlant et chantant sur les supports audio et surtout personnage vivant grâce à vous et au masque que vous porterez, est un point de repère pour les enfants. **Tatou est le chat qui parle français.**

1. Découvrir

Tatou, le matou, niveau 2, est découpé en quatre modules comme le niveau 1. Les modules 1 et 3 sont des **modules de découverte** pendant lesquels les enfants vont être placés dans des situations-problèmes, devant des défis à relever. Les modules 2 et 4, consacrés à deux contes traditionnels (*Blanche Neige* et *Le Chat botté*) sont des **modules de réinvestissement**. Ils ont pour objectif de consolider les apprentissages.

Dans le **module 1**, les enfants retrouvent les amis de Tatou, rencontrés au niveau 1 : Selim, le petit garçon qui fête ses 7 ans et Rose, la petite fille. Un nouveau personnage, un petit chien offert à Selim, fait son apparition suscitant des réactions contrastées. Tatou passe de la joie à la tristesse, de la jalousie à la colère et, après une belle peur, finit par se lier d'amitié avec le chien. Ce module, *Tatou et les sentiments*, sollicite la mémoire affective des enfants. Ils vont être amenés à reconnaître, à exprimer des sentiments et des émotions à travers des activités **multi-sensorielles** conduites en langue française.

Dans le **module 3**, Rose et Selim explorent le grenier et se déguisent : ils essaient de métamorphoser Tatou et son nouvel ami, le petit chien, mais ces derniers leur font une blague. Ce module, *Tatou et la magie*, entraîne les enfants dans le monde imaginaire des fées, des magiciens mais aussi dans celui plus concret des jeux, des déguisements, des simulations. C'est l'occasion de s'essayer, comme Selim et Rose, à des tours de magie, d'inventer des formules et de concocter des potions magiques.

Comme au niveau 1, à la fin de chaque unité des modules impairs, les enfants vont chercher et recueillir des indices. Les indices du module 1 amènent au conte de **Blanche-Neige** qui constitue le **module 2** et ceux du module 3 amènent les enfants à l'histoire du **module 4** : *Le Chat botté*. Ce deuxième conte, présenté sous forme de pièce de théâtre est interprété par Tatou, Selim, Rose et leurs amis. Dans les activités proposées (cahier, livre ou guide) de nombreux liens ont d'ailleurs été établis entre les quatre modules, mais aussi entre le niveau 1 et le niveau 2 de la méthode.

2. Agir

Avec *Tatou*, les enfants sont très actifs. Les chansons, les poésies et les comptines sont accompagnées de suggestions d'accompagnement gestuel, de mini-chorégraphies. Ces propositions d'animation favorisent une mémorisation sensorielle et stimulent la capacité de concentration.

Certaines activités collectives pourront se dérouler en dehors de la salle de classe, à la bibliothèque, dans la cour de récréation, le gymnase…

Les activités individuelles demandent parfois à l'enfant de se déplacer pour aller chercher du matériel. Souvent la recherche s'effectue au sein du cahier : planches à découper, autocollants à retrouver et à coller. Les autocollants donnent un caractère ludique aux activités et permettent de ne pas toujours avoir recours au dessin. Quant aux bricolages, ils valorisent les enfants plus habiles de leurs mains.

Toutes les activités proposées ont pour but d'aider la langue à gagner tous les sens des enfants. Elles s'appuient sur **la théorie des intelligences multiples** et laissent à chaque enfant la possibilité de « briller » au sein de son groupe et de s'essayer sans peur à des expériences pour lesquelles il ne se sent pas toujours à l'aise. Dans ce but, le niveau 2 de la méthode s'est ouvert au théâtre : après une proposition d'interprétation théâtrale à partir de *Blanche-Neige* (activité complémentaire du module 2), la méthode se donne comme projet final la représentation théâtrale par les enfants du conte *Le Chat botté*. Afin de vous aider dans cette production, vous trouverez de nombreux conseils à la page 199 de ce guide. Cette représentation théâtrale a pour objectif d'engager les enfants dans un projet commun en langue étrangère, dans lequel toutes les compétences individuelles vont venir se compléter. C'est pour l'enfant l'occasion de réinvestir tout ce qui a été travaillé depuis le début de son apprentissage et pour l'enseignant un moment privilégié d'observation et d'évaluation de son enseignement avec la méthode *Tatou, le matou*.

3. Partager

Emettre des hypothèses permet également aux enfants de **se confronter aux autres**, d'apprendre à écouter les autres, à prendre la parole, à accepter des idées différentes.

Le travail en équipes permet de se rendre compte que l'on peut apprendre avec les autres, que l'autre est différent et que cette différence est un atout. C'est le rapport à l'autre qui permet aux enfants de se construire, de se connaître **et aussi de communiquer**. *Tatou* propose ainsi aux enfants de montrer leurs dessins à leurs amis en les exposant, de présenter oralement leurs réalisations, d'inviter les parents à s'investir en leur demandant de participer à la préparation de certaines activités, comme rapporter des objets en classe. Les deux activités théâtrales proposées autour des deux contes favorisent également ces échanges.

Le **portfolio** qui accompagne la méthode constitue aussi un moment privilégié de communication entre les différents partenaires éducatifs, l'enfant, les parents et vous-même.

Le livre de l'élève :

Ce livre est conçu pour l'enfant. Il se présente comme un album illustré découpé en quatre parties correspondant aux quatre modules de *Tatou, le matou*. Pour aider les enfants à se repérer, chaque module a un liseré de couleur différente en bas de page : orange pour le module 1, bleu pour le module 2, rouge pour le module 3 et vert pour le module 4.

Les **modules 1 et 3** présentent chaque unité de la même manière.

Il y a **5 unités** dans le module 1, *Tatou et les sentiments* :
– La joie
– La tristesse
– La jalousie
– La peur
– L'amitié

Il y a **4 unités** dans le module 3, *Tatou et la magie* :
– Le chapeau magique
– La formule magique
– La potion magique
– Le tour de magie

Chaque **unité** est composée de **quatre pages** :

◀ une double page qui présente la situation sur un ou deux dessins avec des phrases en bas de page extraites de l'enregistrement audio correspondant,

une page qui reprend et illustre la chanson ou la poésie de l'unité, ▶

◀ une page centrée sur la recherche d'un indice.

Les **modules 2** et **4**, *Blanche-Neige* et *Le Chat botté*, se composent de quatre doubles pages de dessins présentant l'histoire. En bas de page, un texte court accompagne les illustrations.

Lorsque vous avez besoin d'animer une séance à partir du livre, la reproduction de la page concernée dans le guide vous le signale (voir p. 7 la présentation du guide pédagogique). Toutefois, en dehors des moments consacrés à l'observation-lecture du livre, les enfants pourront bien sûr à tout moment regarder le livre pour le simple plaisir de retrouver les personnages, les histoires, les chansons qu'ils aiment ou s'aider pour réaliser certaines activités du cahier.

Le cahier d'activités :

Le cahier d'activités est également conçu pour les enfants. Il propose deux types d'activités, toutes expliquées et exploitées dans le guide pédagogique, celles qui sont incluses dans les séances d'apprentissage et celles qui sont complémentaires et donc optionnelles. Ces activités complémentaires ont été créées pour répondre à des contextes d'enseignement-apprentissage différents, qui ont par exemple un volume horaire plus important et/ou une approche de l'écrit plus développée.

Pour chaque unité des **modules 1 et 3** du livre de l'élève, on retrouve le même principe :
– une double page d'activités,
– une page d'activité complémentaire.

Pour les **modules 2 et 4**, il y a quatre doubles pages d'activités et trois à quatre pages d'activités complémentaires.

Afin de vous aider à animer les activités individuelles et à utiliser le cahier, nous avons veillé à ce que les enfants aient plusieurs repères visuels et écrits. À chaque fois le dessin de l'unité correspondante du livre est reproduit en haut de la double page du cahier et permet de se repérer facilement. Le titre de l'unité (modules 1 et 3) ou du module (modules 2 et 4) est également indiqué. Sur chaque double page, Tatou, reproduit en haut à gauche, pose une question qui reprend l'intitulé de l'unité, et met ainsi en évidence sa relation avec l'enfant et l'apprentissage. Représenté debout sur les autres pages, Tatou est assis sur les pages d'activités complémentaires et propose à chaque fois une nouvelle « découverte ».

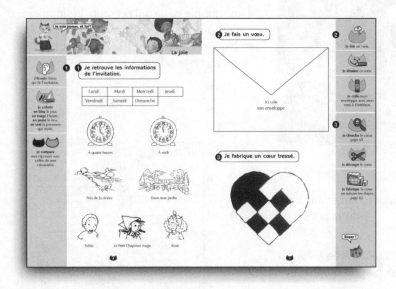

◀ Pour chaque activité, on retrouve, dans la marge, les consignes précisant les différentes étapes à suivre pour réaliser l'activité. Les opérations sont également représentées par des **pictogrammes** qui précèdent les consignes et développent **l'autonomie de l'enfant**.

Au centre du cahier les enfants trouveront les autocollants ainsi que des planches à découper : le jeu de dominos, les marionnettes de Blanche-Neige et de la reine, les deux roues magiques. À la fin du cahier, ils trouveront également d'autres pages pour réaliser un mini-livre, un cœur tressé, une carte pop-up, etc.

Le guide pédagogique :

Ce guide est avant tout un outil de travail qui se veut pratique et facile à utiliser. Il est organisé par module, par unité et par séance d'apprentissage de 30 minutes. Vous pouvez vous appuyer sur les fiches pédagogiques correspondant à ces séances pour élaborer votre programmation annuelle et les suivre pas à pas ou n'utiliser que les repères qu'elles proposent et construire vos séances à votre manière. Très précis et détaillé, ce guide est un cadre de référence pour l'organisation des séances, mais c'est à chaque enseignant de se l'approprier et de l'adapter à sa situation de classe.

Chaque unité des modules 1 et 3 correspond à quatre séances pédagogiques et une activité complémentaire pour aller plus loin. Les modules 2 et 4 représentent huit séances pédagogiques chacun auxquelles s'ajoutent les pages d'activités complémentaires. Chaque séance propose le plus souvent quatre activités (voir p. 9 de ce guide, la rubrique *C. L'organisation des séances*) et les fiches indiquent à chaque fois le type d'activités dont il s'agit ainsi que les opérations que les enfants vont être amenés à faire.

Pour faciliter l'utilisation des fiches, nous avons prévu un certain nombre de repères et de rubriques :

– Les **tableaux des contenus** en début de chaque module vous indiquent les objectifs et les compétences développées et résument l'histoire du module.

– Un **signet dans la marge** vous indique dans quel module vous êtes.

– Pour les modules 1 et 3, nous avons également indiqué en haut de chaque page **le titre de l'unité**.

– À chaque début de séance, numérotée par module et par unité, la **reproduction de la première double page du livre correspondante** vous permet de repérer aussitôt les correspondances avec les autres supports écrits. C'est la même reproduction que celle du cahier d'activités.

– En début de séance figurent aussi la **liste du matériel** dont vous aurez besoin ainsi que l'**objet d'apprentissage** de la séance.

– Pour vous éviter des allers-retours entre les différents supports de cet ensemble pédagogique, au début de chaque activité, les **reproductions des pages du livre et du cahier d'activités** que vous exploitez au cours de la séance ont été insérées dans la marge et le **numéro de la page** est indiqué en gras. Vous pouvez ainsi vous repérer rapidement dans la méthode.

 – Tous les **enregistrements** sont représentés dans des encarts punaisés accompagnés d'un pictogramme [°°]. Pour les chansons, les poésies et les comptines, il s'agit souvent d'un tableau proposant un **accompagnement gestuel**.

– Les activités sont toujours accompagnées d'une **indication de durée** pour vous permettre d'évaluer le temps qu'il vous faut en moyenne pour chacune d'entre elles.

– Les phrases écrites en caractère gras et en italique, précédées d'une flèche (▶), correspondent aux **propositions de prise de parole** pour animer certaines activités ou les énoncés que les enfants sont susceptibles de produire.

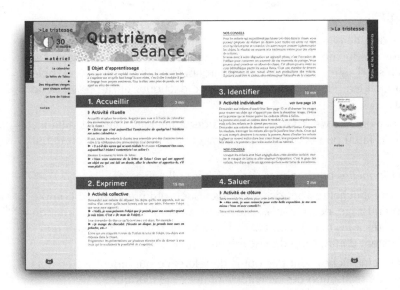

– Toutes les activités qui s'appuient sur le cahier d'activités reprennent systématiquement en gras toutes les **étapes figurant dans la marge du cahier**.

– La rubrique « **Nos conseils** », que vous trouverez à la fin de certaines activités, propose des astuces, des variantes, et des suggestions.

– La rubrique **Portfolio**, en fin de module, vous invite à utiliser les outils proposés sur le site Internet (voir la rubrique *E. L'évaluation et l'auto-évaluation*, page 11).

– Enfin, dans la marge, un espace intitulé « **notes** » vous permet de rassembler sur un seul et unique outil de travail vos observations, vos apports, vos idées, etc.

À la fin de ce guide vous trouverez également des cartes à jouer dont vous aurez besoin pour certaines activités des modules 2 et 4, ainsi que la représentation du tableau *Le Cri*, le texte de la pièce *Le Chat botté* avec des symboles pour les personnages et des dessins dédicacés par Tatou.

Les lettres de Tatou aux parents :
Les lettres aux parents, présentes pour certaines séances dans le guide pédagogique sous la forme d'un encart punaisé, sont appelées « **Interlude** ». Elles amorcent des activités dites « passerelles » et font le lien entre l'école et la famille. Nous vous conseillons de les écrire dans la langue d'enseignement de votre établissement et en français. Ces lettres sont des moyens de renforcer la motivation des enfants à apprendre le français en invitant leur famille à participer à leur apprentissage. En général, elles demandent aux enfants d'apporter un objet de chez eux qui servira lors d'une activité en classe.

Le support audio pour la classe :

Sous forme de cassette ou de CD, *Tatou, le matou* propose des documents sonores variés :

– de **nombreux dialogues** entre les différents personnages, plus riches et plus longs que ceux du niveau 1,

– **deux contes**, le premier dans une narration au passé à plusieurs voix, le second présenté sous la forme d'une pièce de théâtre,

– des **comptines** et des **poésies**,

– des **textes** servant de support à certaines activités du cahier et du livre,

– des **chansons** originales dont les mélodies et les rythmes changent à chaque fois. La version instrumentale vous permet de reprendre les chansons à votre manière, de danser, de mimer. Des propositions d'accompagnement gestuel se trouvent dans les tableaux du guide pédagogique.

 Les textes des chansons, des poésies, des comptines et des dialogues enregistrés sont transcrits systématiquement dans le guide pédagogique sous la forme d'un encart punaisé accompagné du picto 🖭. Enfin, pour les élèves, toutes les chansons et poésies des modules 1 et 3 sont transcrites dans le livre de l'élève. Les chansons des modules 2 et 4 se trouvent dans le cahier d'activités.

Le support audio pour l'élève :

Un CD audio proposé pour l'élève reprend les chansons, les poésies et les contes des modules 2 et 4. Ce CD est accompagné d'un livret qui reprend tous les textes des chansons, poésies et contes.

La mallette pédagogique :

Tatou, le matou répond à une demande de la part des enseignants de langue étrangère qui travaillent souvent dans des locaux qu'ils doivent partager avec d'autres collègues ou qui sont également consacrés à d'autres matières. C'est pourquoi la mallette est un ensemble d'outils pédagogiques qui facilitent l'animation des séances didactiques et qui reste facile à transporter. Elle contient :

– *Le masque de Tatou :* pour donner vie à Tatou et vous aider à interagir avec les enfants, vous disposez du masque de Tatou que nous vous encourageons à porter surtout en début d'apprentissage.

– *Différents patrons de marionnettes* pour animer des activités collectives.

– *Les affichettes :* ces soixante affichettes sont des supports visuels qui prennent en compte les différents styles d'apprentissage des enfants. Elles sont aussi des outils d'animation puisque les enfants sont invités à les manipuler. Elles illustrent vos paroles, les textes enregistrés, les chansons, permettent d'introduire du vocabulaire, de jouer.

– *Les fiches techniques :* ces cinq fiches sont des outils de référence qui aident les enfants à se repérer dans les étapes de réalisation des activités intitulées « je fabrique ».
En début d'apprentissage, elles facilitent les explications collectives des activités à réaliser individuellement.

– *Un alphabet* à afficher.

– *Un calendrier* pour souhaiter les anniversaires au fil des mois.

– *Un texte-rébus extrait de la pièce Le Chat botté et le texte intégral de la pièce avec des symboles indiquant les personnages.*

– *Des dessins dédicacés par Tatou à remettre à la fin de l'année.*

Le portfolio

Ce dernier contient des outils pour différentes évaluations. Voir la rubrique *E. L'évaluation, L'auto-évaluation* p. 11 de ce guide et le site internet : **http://www.tatoulematou.com**

Les séances d'apprentissage suivent le canevas suivant :

Matériel

Cette liste indique à quel moment on se sert des différents supports de la méthode (affichettes, cahier, livre, cassette…) et le matériel de base dont on a besoin (crayons, colle, feuilles, ciseaux). Du matériel plus spécifique est parfois demandé.

Objet d'apprentissage

L'objet d'apprentissage indique l'objectif ainsi que les grandes articulations de la séance. Il justifie le choix de l'animation et des activités.

Activité rituelle

Il s'agit d'accueillir les enfants. C'est une période de transition à caractère social pendant laquelle les enfants et l'enseignant se saluent. C'est l'occasion pour vous d'entraîner les enfants dans de nouvelles activités en faisant le lien avec les activités précédentes ou en introduisant un nouveau contexte.

Activités collectives

Selon les activités, l'objectif est d'explorer, de découvrir, d'identifier, de produire, d'expliquer, d'exprimer ou de décrire.

Ce sont des activités qui reposent sur la découverte, la recherche de sensations et qui créent une mémoire collective. Les enfants sont amenés à émettre des hypothèses dans leur langue d'enseignement ou en langue maternelle, que vous reformulez alors en français. Dans ce type d'activités, vous faites appel à ce que les enfants savent déjà (préalables) et vous vous en servez pour introduire un défi, mobiliser les stratégies d'apprentissage nécessaires à la réalisation des activités. C'est l'occasion d'expliquer des situations, d'apporter aux enfants des connaissances et de proposer de nouvelles activités. C'est également le moment d'encourager les enfants à prendre des risques, à expérimenter et à prendre confiance en eux pour réaliser les activités individuelles qui découlent souvent des activités collectives.

Activités individuelles

Selon les activités, l'objectif est d'identifier, de produire, de relier, de fabriquer, de choisir, d'appliquer, d'explorer, de synthétiser ou de représenter.

Les activités sont à réaliser soit individuellement soit en tandems ou en petits groupes. Ce sont des activités pendant lesquelles les enfants sont invités à faire des choses pour apprendre et interagir. Ils doivent suivre des étapes de réalisation qui leur sont signalées dans le cahier d'activités. Pour accomplir les tâches, les enfants se servent des ressources mises à leur disposition et peuvent faire appel à une aide extérieure (camarades, enseignants).

Activité de clôture

L'objectif de la clôture est de saluer les enfants. C'est aussi une période de transition à caractère social pendant laquelle les enfants et les enseignants prennent congé. C'est l'occasion pour vous de ramener le groupe au calme, de faire le point sur la séance, de régler d'éventuels conflits, de réguler et de rappeler aux enfants ce dont ils peuvent avoir besoin pour la séance suivante.

Les activités complémentaires

Les activités complémentaires ne sont pas des séances d'apprentissage mais bien des activités. Elles ne suivent donc pas le schéma des séances. Pour ce niveau 2, il s'agit essentiellement de chantiers d'écriture, dont l'objectif pédagogique est d'amener les enfants à comprendre des écrits fonctionnels, porteurs de sens. Après un travail d'observation et de tri des informations, les enfants sont invités à rédiger des écrits équivalents, ancrés dans un projet individuel ou un projet de classe, donc également porteurs de sens. C'est l'occasion d'encourager les transferts entre les compétences et les attitudes développées en langue d'enseignement et celles développées en langue étrangère.

C'est à vous de voir si vous voulez les proposer à vos élèves et quand vous voulez le faire. Vous pouvez également en choisir certaines et pas d'autres et/ou en ajouter de votre cru.

1. Les familles

Le rôle des familles dans la réussite de l'apprentissage précoce d'une langue étrangère est également très important. Tout d'abord, elles doivent préparer les enfants à cet enseignement. Ensuite, elles doivent montrer de l'intérêt pour ce qui est fait par les enfants et si possible aussi pour la langue cible. Afin de vous aider à impliquer les familles de vos élèves, nous vous proposons des activités dites « interlude ». Elles permettent de créer, sous la forme d'une correspondance, un lien entre Tatou et les familles. Elle peuvent aussi aider les enfants à parler chez eux de ce qu'ils font pendant le cours de français.

Pour tenir les familles au courant de l'apprentissage des enfants, le portfolio permet à la fin de chaque module de faire le point sur les avancées de chaque enfant. Il permet également aux enseignants qui recevront vos élèves l'année suivante de se faire une idée du groupe-classe qu'ils auront devant eux.

Afin d'impliquer les parents de vos élèves, vous pouvez aussi au début de l'année organiser une petite réunion d'accueil pour les parents afin de leur expliquer la méthode *Tatou, le matou,* les préparer aux activités « Interlude », etc. Il est souhaitable que vous leur expliquiez aussi le fonctionnement du portfolio si vous l'utilisez. Enfin, à la fin de l'année, vous pourrez les convier à une réunion festive durant laquelle les enfants pourront présenter leur version du *Chat botté.*

2. Les collègues

De part sa dynamique et sa thématique, *Tatou, le matou* vous invite à établir un certain nombre de passerelles entre les séances de français et les autres matières d'enseignement. Il s'agit d'une **approche interdisciplinaire** puisque l'objet d'étude n'est pas la langue en tant que réalité linguistique mais en tant que véhicule de connaissances, de valeurs culturelles et en tant qu'outil de communication.

Vous pouvez, par exemple, imaginer un parrainage avec une classe d'enfants plus âgés qui parlent déjà bien français. Si vous enseignez dans un lycée bilingue, vous pouvez envisager un parrainage avec une classe de la section francophone. Pour organiser la pièce de théâtre citée plus haut, vous pouvez vous adjoindre la participation d'un autre collègue qui a en charge l'enseignement d'une autre matière, par exemple les arts plastiques ou la musique.

Tatou, le matou suggère d'organiser de nombreuses expositions afin d'impliquer l'environnement immédiat des enfants. Les travaux sont montrés aux autres ce qui permet de donner du sens à la production des enfants. On favorise ainsi la création de liens entre les « artistes » et leur « public » c'est pourquoi nous vous invitons à donner à chaque fois un titre aux réalisations.

3. Les enfants

Le travail en partenariat est à encourager qu'il se situe au sein de la classe ou avec un enfant d'une autre classe. Solliciter la dimension affective des enfants peut également vous aider à obtenir leur coopération active. Au fur et à mesure des activités, vous pouvez constituer un album de classe. Cet album peut être un outil appréciable pour faciliter la cohésion du groupe.

Pour favoriser la rencontre des autres, vous pouvez mettre en place une correspondance scolaire avec un autre établissement où l'on enseigne aussi le français ou en français, installer de fausses boîtes à lettres devant votre classe qui seront au service des élèves de votre classe et de ceux des autres classes. Enfin, les activités de mise en scène, proposées aux modules 2 et 4, permettent aux enfants de travailler en équipe de façon durable.

1. La grille d'observation

La grille d'observation vous permet de découvrir et de rassembler des informations concrètes sur le niveau de vos élèves à partir de critères observables et prédéterminés.

Nous vous invitons à préparer une grille d'observation à partir de ces critères, de choisir les élèves que vous voulez observer pendant une activité et de cocher sur la grille les faits observés. Nous vous conseillons également de dater et d'ajouter un bref commentaire avant de glisser cette grille dans les dossiers des enfants.

À titre d'exemple, vous avez trouvé au niveau 1 de la méthode, p. 11, une grille d'observation pour le travail en binôme, vous trouverez ci-dessous une grille pour le travail individuel que vous pourrez adapter à vos besoins et au projet de mise en scène d'une pièce de théâtre. Attention, cette grille ne permet pas de noter les enfants !

Grille d'observation pour le travail individuel

Critères à observer	Nom de l'élève	Nom de l'élève	Nom de l'élève	Nom de l'élève
Suit les directives				
Se concentre sur son travail				
Termine son travail dans un temps donné				
Fait appel à des ressources extérieures				
Sait s'organiser				

2. Pour évaluer la progression de l'apprentissage des enfants : le portfolio

Pour évaluer la progression de l'apprentissage des enfants, nous avons conçu un portfolio, adapté à l'âge des enfants. Construit selon les directives du conseil de l'Europe, le portfolio est un outil d'évaluation pour l'enseignement mais surtout d'autoévaluation pour l'élève. C'est un instrument interactif qui permet d'intégrer l'enseignement, l'apprentissage et l'évaluation. Il permet à l'enfant de revenir sur son parcours, de faire part de ses préférences, de s'auto-évaluer et enfin de communiquer de manière privilégiée avec ses camarades, ses parents et son enseignant(e). Les séances de portfolio ont lieu à la fin de chaque module de *Tatou, le matou* et sont mentionnées à chaque fois dans le guide pédagogique.

Ce portfolio est téléchargeable gratuitement sur le site internet :
http://www.tatoulematou.com

F. Pour aller plus loin

En plus des idées citées dans les paragraphes précédents, nous vous proposons de travailler avec vos collègues pour prévoir quelques outils satellites à mettre en place pour enrichir la méthode *Tatou, le matou*, en vous l'appropriant et en l'adaptant à votre contexte d'enseignement. Le phase de réinvestissement est une des phases primordiales de la démarche d'apprentissage dans la mesure où elle permet d'utiliser les nouveaux acquis en les considérant comme les préalables à la mise en place de nouvelles unités didactiques. Au fil du temps, vous pouvez ainsi constituer des listes d'outils ayant des points communs avec *Tatou*, comme la thématique.

Voici quelques suggestions de listes à créer :

– la liste des albums pour enfants traitant des mêmes thèmes que *Tatou*, en français ou en langue maternelle, voire dans une autre langue, qui reprennent l'expression des sentiments, *Blanche-Neige*, le thème de la magie, de l'ogre, etc.

– la liste des vidéos traitant des mêmes thèmes que *Tatou* quelque soit la langue, les vidéos muettes sont très intéressantes aussi,

– la liste des reproductions d'œuvres artistiques : les sentiments et le monde merveilleux ont été largement traités par les peintres expressionnistes. C'est pourquoi nous vous proposons un travail autour de Munch. Certaines représentations de Goya peuvent être aussi utilisées ou des représentations de personnages mythologiques. Pour les modules sur les contes, il peut être intéressant de travailler à partir d'illustrations de livres anciens et contemporains.

– la liste de chansons, par exemple « l'Ogre » d'Henri Dès, les chansons du film *Blanche-Neige* ou celle des *Aristochats*.

– la liste des endroits ressources dans votre ville, dans votre pays.

Dans le module 3, chaque devinette est proposée par un nouveau personnage, le Gardien du trésor ; celui-ci pourra être le point de départ d'un travail sur des animaux mythologiques comme le Sphinx. Ce peut être aussi l'occasion d'introduire un petit moment de détente en présentant aux enfants des charades, des rébus, des petites « blagues » ou des dessins humoristiques.

Tatou, le matou a été conçu avec une palette d'activités et de jeux la plus élargie possible. À vous de les combiner, de les reprendre, de les adapter à telle ou telle unité.
Vous trouverez certainement bien d'autres pistes à exploiter et c'est pour partager cela aussi que nous vous donnons rendez-vous sur le site Internet de *Tatou, le matou*. Et si vous voulez nous faire part des activités que vous avez créées et expérimentées au cours de votre enseignement, nous serons ravis de les faire figurer sur le site de *Tatou* pour que tous puissent en profiter.

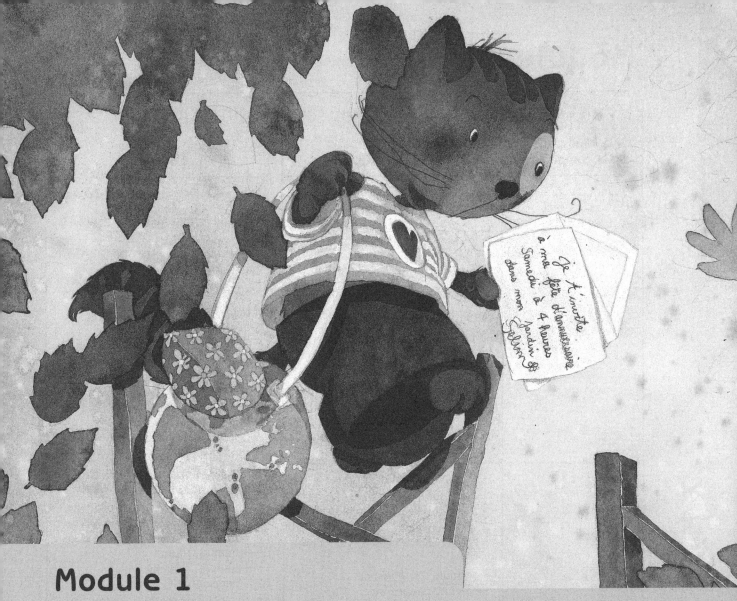

Module 1
Tatou et les sentiments

Module 1

Compétence à développer : interagir en français

Composantes de la compétence	Manifestations	Contenu
L'enfant comprend un message oral et/ou écrit.	• Manifeste sa compréhension ou son incompréhension. • Répond d'une manière appropriée. • Tient compte des réactions de son interlocuteur. • Reconnaît l'intention de communication proposée et le sujet annoncé. • Réagit au message visuel, oral et/ou écrit. • Établit des liens entre les niveaux 1 et 2 et les modules.	***Stratégies propres aux activités d'écoute*** Activation des connaissances antérieures sur le sujet. Repérage de mots-clés. Identification de l'intention de communication. Inférence. ***Stratégies propres aux activités d'interaction*** Utilisation du langage verbal ou non verbal pour demander de répéter, de reformuler. Utilisation du langage non verbal ou verbal pour marquer l'incompréhension, l'accord ou le désaccord. Utilisation de gestes, de mimes ou de dessins pour se faire comprendre.
L'enfant produit un message oral et/ou écrit.	• Présente ses productions. • S'engage dans l'interaction. • Prend part aux échanges en classe. • Formule ses demandes de manière appropriée. • Fait part de ses préférences, de ses sentiments à l'égard des situations présentées. • Transpose des éléments empruntés à des textes lus ou entendus.	***Stratégies propres aux activités de lecture et d'écriture*** Reconnaissance globale en contexte des mots fréquents. Reconnaissance de l'intention de communication. Prédiction du contenu à partir d'éléments visuels. Reconnaissance du destinataire et de l'émetteur. ***Types de textes*** • Textes littéraires Quatre chansons, un poème, dialogues construits. • Textes courants Fiches techniques, cartes d'invitation, carnets de santé, cartels, cartes humoristiques.
L'enfant démontre son ouverture à une autre langue et à d'autres cultures.	• Participe aux expositions, aux fêtes et autres manifestions liées à l'apprentissage du français. • Utilise des idées, des expressions ou des mots provenant des dialogues, des chansons, des poèmes écoutés. • Exprime spontanément son intérêt pour les activités menées en français.	***Éléments syntaxiques*** Formulation de questions Expression de la temporalité (présent/passé/futur) Expression du vœu Expression de l'âge ***Vocabulaire*** Vocabulaire relatif aux sentiments. Vocabulaire relatif aux événements ponctuant l'année (date, saisons, mois, anniversaires). Vocabulaire relatif à l'espace : ici, là, à droite, à gauche, à côté, etc. Expressions idiomatiques liées aux sentiments et aux couleurs.

Dans le module 1, Tatou, le chat, se prépare à fêter l'anniversaire de Selim. Il relit son invitation, met son cadeau dans son sac et part chez son ami. C'est le commencement pour lui de nouvelles aventures qui le conduiront dans le monde des sentiments.

L'unité 1 est celle de la joie liée à l'anniversaire de Selim. Mais, **dès l'unité 2,** Tatou découvre que l'un des cadeaux de Selim est un petit chiot : il est très triste car il a peur que Selim ne joue plus avec lui. **À l'unité 3,** alors que Tatou vient jouer avec Selim, celui-ci le laisse seul car il doit promener son chien. Jaloux, Tatou se met en colère et fait une bêtise. **À l'unité 4,** Tatou voulant faire peur au petit chien a un accident et se blesse à la patte. C'est le petit chien qui l'aide. **À l'unité 5,** Selim et le chien accompagnent Tatou chez le vétérinaire. Notre matou se rend compte qu'il a un nouvel ami. C'est l'hiver et les trois amis jouent dehors dans la neige.

Chaque sentiment est symbolisé par la couleur du cœur qui se trouve sur le tee-shirt de Tatou, le plus souvent en relation avec des expressions françaises telles que « avoir une peur bleue », « être vert de jalousie »... Ainsi, les cinq unités de ce module correspondent aux sentiments les plus couramment éprouvés par des enfants : la joie (orange), la tristesse (gris), la jalousie (vert), la peur (bleu) et l'amitié.

Tableau des contenus par unité

> La joie

Thème	L'anniversaire La joie	Les mois et les saisons Les vœux
Résumé	C'est l'anniversaire de Selim. Tatou relit son invitation. Il la trouve. Il est quatre heures. Tatou retrouve Selim et ses amis dans le jardin. Il est content parce qu'ils vont s'amuser. Selim fait un vœu et souffle ses bougies.	
Contenu linguistique *Éléments syntaxiques*	Formulation de questions : À quelle heure ? Quel jour ? Quand ? À votre avis ? Où est + (prénom) ? Quel âge… ? Je voudrais…	
Vocabulaire	Le cœur, le cadeau, le gâteau, la carte d'anniversaire, la bougie, rire, l'invitation, le lampion, joyeux(-se), s'amuser, danser, décorer, emballer, les mois de l'année, les saisons. Faire un vœu, être invité(e).	
Activités du cahier	Comprendre une carte d'invitation. Fabriquer un cœur tressé pour y mettre les indices. Faire un vœu, le dessiner et le commenter.	
Activité complémentaire	Analyser une carte d'invitation puis en rédiger une.	
Supports sonores	**Chansons :** deux chansons d'anniversaire, *Tatou, t'as tout !* **Dialogue** entre Tatou, Selim, Rose et d'autres amis.	
Supports visuels	**Affichettes :** le lampion, le jardin, le cadeau, le gâteau d'anniversaire, s'amuser, danser, la rivière, la grand-mère du Petit Chaperon rouge, Souricette, le Petit Chaperon rouge, Raton, Irène. Fiche technique pour fabriquer le cœur. Calendrier collectif des anniversaires.	
Support d'évaluation	Le portfolio http://www.tatoulematou.com	

> La tristesse

Thème	*L'anniversaire* *La tristesse*
Résumé	Selim ouvre ses cadeaux d'anniversaire. Son vœu se réalise : il reçoit un petit chien en cadeau. Mais Tatou est très triste parce qu'il a peur que ce chien lui vole son copain.
Contenu linguistique *Éléments syntaxiques*	**Formulation de questions :** Qui… ? Pourquoi… ? Qu'est-ce que… ? Quand… ? Où… ? Comment… ? Expression de la temporalité (opposition passé/présent).
Vocabulaire	Le chien, réaliser un vœu, le livre de magie, faire la tête, voler, s'occuper de, être content(e), triste, le copain, brisé, le ballon, la voiture, pleurer, se sentir… Des onomatopées (vroum, badaboum, etc.)
Activités	Identifier des sentiments pour colorier des cœurs. Associer des images pour mémoriser la chanson.
Activité complémentaire	Compléter et analyser un carnet de santé.
Supports sonores	**Chanson :** *Mon cœur* **Test** intonatif **Dialogue** entre Tatou, Selim et Rose.
Supports visuels	**Affichettes :** Tatou sent les roses, Tatou prend son goûter, Tatou glisse sur le sac en forme de nuage, Tatou cherche sa maison, Tatou tombe dans la rivière, Tatou est triste (cœur gris), Tatou est content (cœur orange). Le chien.
Support d'évaluation	Le portfolio

> La jalousie

Thème	*La jalousie* *La colère*
Résumé	Tatou arrive chez Selim pour jouer avec lui mais Selim part promener son chien. Tatou est jaloux. Il se met en colère et il fait des bêtises. Il fait tomber la boîte de lampions et s'énerve. Un lampion se déchire. Tatou s'arrête mais c'est trop tard. Que va dire Selim ?
Contenu linguistique *Éléments syntaxiques*	Formulation de l'exclamation
Éléments prosodiques	L'intonation
Vocabulaire	L'armoire, perdre la tête, déchirer, la bêtise, la jalousie, être jaloux(-se), faire une bêtise, pardonner, être en colère, se fâcher, réparer, casser, guetter, observer, s'énerver, perdre la tête, le frère, beau, regretter, sauter, la reine… Vocabulaire relatif à l'espace. **Expression idiomatique :** être vert de jalousie, noir de colère.
Activités du cahier	Identifier, dessiner et commenter des bêtises. Faire un puzzle.
Activité complémentaire	Analyser un mot d'excuse puis en rédiger un.
Supports sonores	**Chanson mimée :** *Je perds la tête.* **Dialogue** entre Tatou, Selim et le chien.
Supports visuels	Affichettes : Tatou est jaloux (cœur vert) Tatou est en colère (cœur noir).
Support d'évaluation	Portfolio

>La peur

Thème	*La peur*
Résumé	Il est minuit. Tatou s'est déguisé en fantôme pour faire peur au chien de Selim et le faire partir. Il tombe et se fait mal. Le chien l'aide à se soigner.
Contenu linguistique *Éléments syntaxiques*	Expression de la temporalité (présent/futur).
Vocabulaire	Se déguiser, le fantôme, le drap, saigner, le cri, crier, le serpent, la sorcière, le monstre, la piqûre, la momie, le vampire, le squelette, le rideau, gentil, méchant, le miroir, à l'abri, exister. **Expression idiomatique :** avoir une peur bleue.
Activités	Remettre des images dans l'ordre. Faire un sondage. Fabriquer une carte pop-up qui fait peur.
Activité complémentaire	Analyser un cartel puis en compléter un autre.
Supports sonores	**Poème rimé :** *Le Cri.* **Dialogue** entre Tatou et le chien.
Supports visuels	Reproduction du tableau *Le Cri* de Munch. Fiche technique pour fabriquer une carte pop-up.
Support d'évaluation	Portfolio

>L'amitié

Thème	*La peur* *L'amitié*
Résumé	Tatou, le chien et Selim sont chez le vétérinaire. Il soigne Tatou, lui fait une piqûre, le recoud et lui donne des médicaments. Le chien donne sa patte à Tatou. Quelques temps plus tard, ils jouent tous les trois dans la neige. Tatou et le chien sont devenus amis.
Contenu linguistique *Éléments syntaxiques*	Expression de la causalité : Pourquoi ? Parce que... Expression de la temporalité (opposition passé/présent).
Vocabulaire	Le vétérinaire, l'aiguille, la boule de neige, guérir, le ciel, le trésor, heureux(-se), le docteur, les médicaments, coudre. **Expressions idiomatiques :** avoir le cœur gros, voir tout en noir…
Activités du cahier	Vérifier la compréhension orale et compléter un tableau. Associer des images pour mémoriser la chanson. Fabriquer un jeu de dominos.
Activité complémentaire	Analyser une carte humoristique puis en rédiger une.
Supports sonores	**Chanson :** *Mon ami.* **Comptine :** *L'Arc-en-ciel des sentiments.* **Dialogue** entre le vétérinaire, Tatou et ses amis.
Support d'évaluation	Portfolio http://www.tatoulematou.com

matériel

- Les affichettes : le lampion, le jardin, le cadeau, le gâteau d'anniversaire (voir mallette pédagogique)

- Le masque de Tatou (voir mallette pédagogique)

- Des crayons de couleur (bleu, rouge, jaune, vert)

- Le livre de l'élève

- Le cahier d'activités

- La cassette audio ou le CD (texte 1)

Première séance

▌ Objet d'apprentissage

Ce premier module est construit autour des sentiments : la joie, la tristesse, la jalousie, la peur, l'amitié. Cette première séance est une mise en route progressive qui permet de réactiver les connaissances des enfants mais aussi de les plonger dans les nouvelles aventures de *Tatou, le matou*. Il s'agit ici d'établir des liens entre le niveau 1 de la méthode et le niveau 2. L'activité individuelle travaille le passage de l'oral à l'écrit. Elle consiste à identifier les différentes informations contenues sur une carte d'invitation lue par Tatou, et à les trier.

1. Accueillir   5 mn

▌ Activité rituelle

Prendre le masque de Tatou et s'adresser aux enfants :
▶ *« Bonjour les enfants, je suis Tatou. Vous vous souvenez de moi ? Et vous vous souvenez de mes amis ? Avez-vous des nouveaux amis dans la classe ? Qui sont-ils ? »*
Inviter les enfants à présenter leurs nouveaux camarades puis à leur présenter Tatou et ses amis.
Leur annoncer :
▶ *« Cette année, nous allons vivre de nouvelles aventures avec mes amis Selim et Rose. »*

NOS CONSEILS

Pour décorer la classe, vous pouvez exposer le matériel du niveau 1 de la méthode (livre, cahier d'activités, quelques fiches techniques) ainsi que des objets fabriqués par les enfants (le livre des comptines, le hérisson, Éloi, etc.). Il est très important d'établir le plus souvent possible des passerelles d'une année scolaire à l'année suivante pour inscrire l'apprentissage dans une continuité.

2. Explorer   10 mn

▌ Activité collective   voir livre pages 6-7

Inviter les enfants à ouvrir leur livre page 6 et à observer la double page. Demander aux enfants d'identifier les différents personnages : Tatou, Selim, Rose mais aussi sur les lampions : Irène, Éloi, Lucienne, Edmond. Leur faire observer également le gâteau d'anniversaire. Vous pouvez utiliser les affichettes pour amener le vocabulaire nécessaire. Sur la page de gauche, attirer leur attention sur le sac en forme de Terre que porte Tatou :
▶ *« Qui a donné le sac en forme de Terre à Tatou ? »*
Demander aux enfants de nommer les autres sacs de Tatou : les sacs en forme de nez, d'oreille, de langue, de main et d'œil et ceux en forme de flamme, de goutte d'eau et de nuage.

Amener les enfants à remarquer ce qui a changé chez les personnages :
▶ *« Est-ce que Tatou a changé ?* (cœur sur le tee-shirt). *Est-ce que Selim a changé ?* (il a perdu une dent). *Est-ce que Rose a changé ?* (elle a les cheveux plus longs) *Et, vous, vous avez changé ? »*

Attirer l'attention des enfants sur les expressions de joie des personnages, sur la lettre que Tatou tient dans sa patte. Les laisser émettre des hypothèses quant à la nouvelle situation :
▶ *« À votre avis, que se passe-t-il ? »*
Écrire les différentes réponses au tableau et inviter les enfants à écouter le premier dialogue :
▶ *« Vous êtes prêts ? Nous allons retrouver nos amis. Écoutons pour savoir ce qui se passe. »*
Passer l'enregistrement du texte 1.

notes

Texte 1

Tatou cherche sa carte d'invitation à l'anniversaire de Selim.

Tatou : Mais où est ma carte d'invitation ? Ah, la voilà ! Je vais la relire. « Bonjour Tatou ! Je t'invite à ma fête d'anniversaire, samedi, dans mon jardin, à 4 heures. À samedi ! Selim. »
Super ! C'est cet après-midi ! J'ai fabriqué un petit cadeau pour Selim. Je le mets dans mon sac en forme de Terre. Voilà ! Mon invitation, son petit cadeau… Voilà, j'ai tout, je suis prêt. Quelle heure est-il ? Déjà 4 heures !

Tatou court. Il arrive enfin dans le jardin de Selim !

Selim : Ah ! Tatou ! Te voilà !

Tatou : Excuse-moi Selim, je suis en retard !

Selim : Ce n'est pas grave ! Tu viens, je vais souffler mes bougies.

Tatou : Hum, ça sent bon par ici ! Du gâteau, une tarte aux pommes et… votre fameuse… salade de fruits. C'est joli ces lampions !

Rose : Ah ! Tatou !

Tatou : Oh ! Bonjour, Rose. Ça va ?

Rose : Oh oui, j'adore les fêtes d'anniversaire, les bougies, les lampions, les cadeaux. J'adore danser aussi ! Allez, Selim, tu dois souffler tes bougies et ouvrir tes cadeaux.

Tatou : Et n'oublie pas de faire un vœu !

Selim va souffler ses bougies. Écoute ! Ses amis lui chantent une chanson.

Ses amis : Joyeux anniversaire Selim, Nos vœux les plus sincères Selim, Joyeux anniversaire Selim, Joyeux anniversaire !

Tatou : Vas-y, Selim, souffle ! Bravo, toutes tes bougies sont éteintes. Ton vœu va se réaliser. Qu'est-ce que c'est ?

Selim : Je ne dois pas le dire. C'est un secret !

Après l'écoute, recueillir les commentaires des enfants et les comparer avec les hypothèses émises avant l'écoute du dialogue.
Enfin, résumer la situation :
▶ *« C'est l'anniversaire de Selim. Tatou cherche son invitation. Il la trouve. Il est quatre heures. Tatou retrouve Selim et ses amis dans le jardin. Il est content parce qu'ils vont s'amuser. Selim fait un vœu et souffle ses bougies. »*

3. Identifier

10 mn

▌ Activité individuelle

voir cahier page 4

Demander aux enfants d'ouvrir le cahier page 4, activité 1, « Je retrouve les informations de l'invitation ». Leur demander d'observer et de nommer ce qu'ils voient sur la page : les jours de la semaine, les deux horloges, les lieux, les personnages.

Expliquer aux enfants qu'il s'agit ici de retrouver quatre informations qui se trouvent sur la carte que Tatou a reçue :

▶ *« Vous devez retrouver le jour de l'invitation à la fête, l'heure, le lieu de la fête et enfin la personne qui a invité Tatou. »*

Décomposer avec les enfants les trois étapes qui suivent :

1. J'écoute Tatou qui lit l'invitation.

Faire réécouter le passage de la lecture de la carte d'invitation par Tatou (début du texte 1).

2. Je colorie :
en bleu le jour,
en rouge l'heure,
en jaune le lieu,
en vert la personne qui invite.

Inviter les enfants à choisir à chaque fois un dessin et à le colorier.

3. Je compare mes réponses avec celles de mes camarades.

Pour corriger cette activité, proposer une nouvelle écoute de ce passage puis questionner les enfants :

▶ *« Quand est invité Tatou ? Quel jour ? À quelle heure ? Et pouvez-vous me dire où il est invité et qui l'invite ? »*

Les enfants devront colorier en bleu « Samedi », en rouge « À 4 heures », en jaune « Dans mon jardin », et en vert « Selim ».

4. Saluer

5 mn

▌ Activité de clôture

Réunir les enfants et leur demander :

▶ *« Est-ce qu'aujourd'hui c'est l'anniversaire de quelqu'un dans la classe ? Est-ce que quelqu'un a fêté comme Selim son anniversaire pendant les vacances ? »*

Recueillir les réponses et proposer aux enfants de chanter une chanson pour ceux qui ont fêté leur anniversaire.

▶ *« Et si on chantait une chanson pour les enfants qui ont fêté leur anniversaire ! »*

NOS CONSEILS

Une activité rituelle sur les anniversaires des élèves de la classe vous sera proposée à partir de la quatrième séance de cette unité.

Deuxième séance

>La joie

30 minutes

matériel

- Les affichettes : la rivière, la grand-mère du Petit Chaperon rouge, Souricette, le Petit Chaperon rouge, Raton, Irène
- Une grande feuille de papier blanc
- Des enveloppes
- Des feuilles
- Le masque de Tatou
- Le cahier d'activités
- La cassette audio ou le CD (texte 2 et chansons d'anniversaire 1 et 2)

▌ Objet d'apprentissage

Cette séance travaille l'expression du vœu. Les enfants sont invités à faire un vœu, pour une échéance proche si possible, puis à le représenter sous la forme d'un dessin qu'ils pourront par la suite montrer aux autres. Cette séance travaille aussi l'écoute comparée de deux chansons traditionnelles d'anniversaire ainsi que la découverte des occasions les plus fréquentes de faire un vœu.

1. Accueillir   2 mn

▶ Activité rituelle

Accueillir les enfants avec le masque de Tatou :
▶ *« Ah, vous voilà les enfants. Hier, j'ai fait un vœu : je voudrais vous voir tous les jours de la semaine. Je voudrais vous voir le lundi, le mardi, le mercredi* (donner tous les jours de la semaine). *Oh ! mais c'est un vœu, alors je ne dois pas le dire, chut ! c'est un secret ! »*

2. Découvrir   10 mn

▶ Activité collective

Placer au tableau les trois affichettes suivantes : la rivière, Souricette en mariée, la grand-mère du Petit Chaperon rouge.
Poser les trois autres affichettes face retournée : le Petit Chaperon rouge, Raton, Irène. Demander aux enfants de nommer ce qu'ils voient puis d'imaginer qui pourrait aimer retrouver sa grand-mère, avoir de l'eau propre, trouver un mari pour Souricette. Laisser les enfants donner des réponses sans leur montrer les affichettes des trois personnages. Leur montrer ensuite les affichettes pour confirmer et valider les propositions.
Inviter ensuite les enfants à énoncer les vœux que les personnages auraient pu formuler. Par exemple pour la grand-mère, le Petit Chaperon rouge fait le vœu de retrouver sa grand-mère dans son lit. Amener les enfants à justifier leur réponse. Dans ce cas précis, les enfants peuvent dire :
▶ *« Oui, c'est le Petit Chaperon rouge parce qu'elle aime sa grand-mère. Elle voudrait trouver sa grand-mère dans son lit et pas le loup. »*

Procéder ainsi pour les deux autres affichettes. Raton fait le vœu de trouver un mari pour Souricette :
▶ *« Je voudrais trouver un mari pour Souricette. »*
Irène fait le vœu que l'eau de la rivière soit propre :
▶ *« Je voudrais avoir de l'eau propre dans la rivière. »*

Proposer aux enfants d'écouter à nouveau la fin du dialogue pour identifier les personnages et ce qu'ils font :
▶ *« Maintenant, nous allons écouter à nouveau la fin de l'enregistrement. Vous vous souvenez ? Avant de souffler ses bougies, Selim fait un vœu. »*

Texte 2 (fin du texte 1)

Selim va souffler ses bougies. Écoute ! Ses amis lui chantent une chanson.

Ses amis : Joyeux anniversaire Selim, Nos vœux les plus sincères Selim, Joyeux anniversaire Selim, Joyeux anniversaire !

Tatou : Vas-y Selim, souffle ! Bravo, toutes tes bougies sont éteintes. Ton vœu va se réaliser. Qu'est-ce que c'est ?

Selim : Je ne dois pas le dire. C'est un secret !

Amener les enfants à répéter le dialogue entre Tatou et Selim.
Demander aux enfants s'ils peuvent deviner le vœu fait par Selim :
▶ *« À votre avis, quel est le vœu de Selim ? »* Ensuite, leur demander d'imaginer le cadeau que Selim voudrait recevoir pour son anniversaire : *« C'est l'anniversaire de Selim. Il va recevoir des cadeaux comme des livres, des jouets, etc. Que voudrait-il comme cadeau ? Qu'est-ce qu'il aimerait ? »*

Écrire ou dessiner les propositions des enfants sur une grande feuille de papier et garder cette trace qui sera utilisée lors de la prochaine unité. Si un enfant propose un chat ou un chien demander aux enfants s'ils pensent que Tatou serait content. Les enfants découvriront bientôt que Tatou est jaloux que Selim ait un chien.

NOS CONSEILS

Vous pouvez vous assurer que les enfants ont bien compris le sens du mot « vœu » en leur demandant à quelles occasions ils font des vœux. Inscrire toutes les propositions des enfants sur une grande feuille. Vous pouvez compléter la liste des enfants en leur donnant d'autres exemples qu'ils n'auraient pas cités (bougies d'anniversaire soufflées d'un coup, étoile filante, premier fruit de la saison, cil sur une joue, etc.). Vous pouvez également les interroger sur les occasions que l'on a de présenter ses vœux aux autres : vœux pour le nouvel an, vœux de rétablissement pour une convalescence, vœux de bonheur aux jeunes mariés.

3. Représenter
10 à 15 mn

▶ Activité individuelle
voir cahier page 5

Inviter les enfants à ouvrir leur cahier à la page 5, activité 2, « Je fais un vœu ». Leur distribuer une enveloppe et une feuille et leur expliquer la situation :
▶ *« Maintenant, imaginez que c'est votre anniversaire et que vous soufflez toutes les bougies : vous faites un vœu et vous le dessinez. »*

Détailler les différentes étapes.
1. Je fais un vœu.
Leur donner des exemples : *« Je voudrais un petit frère ou une petite sœur ; je voudrais un chien pour mon anniversaire ; je voudrais un livre, etc. »*
Insister sur le caractère confidentiel d'un vœu : *« Attention, c'est un secret ! »*
2. Je dessine ce vœu.
3. Je colle mon enveloppe avec mon vœu à l'intérieur.

Une fois passée la date du vœu ou si les enfants le souhaitent, ils pourront ouvrir l'enveloppe et montrer leur dessin aux autres. Prévoir dans un coin de la classe un panneau sur lequel seront affichés les dessins des vœux avec le prénom de l'enfant, une phrase de commentaire écrite en français, et la date de réalisation du vœu, si celui-ci s'est réalisé.

NOS CONSEILS

Nous vous engageons à participer personnellement à cette activité en dessinant un vœu si possible en rapport avec la vie de la classe et facilement vérifiable par les enfants.

4. Saluer   3 mn

▶ Activité de clôture

Annoncer aux enfants que les amis de Selim vont leur chanter deux chansons d'anniversaire, celle qu'ils ont déjà entendue et une autre.

Chansons d'anniversaire 1 et 2

Joyeux anniversaire

Joyeux anniversaire,
Nos vœux les plus sincères,
Joyeux anniversaire,
Joyeux anniversaire !

Bon anniversaire

Bon anniversaire
Nos vœux les plus sincères
Que ces quelques fleurs
Vous apportent le bonheur !
Que l'année entière
Vous soit douce et légère,
Et que l'an fini,
Nous soyons tous réunis
Pour chanter encore
Bon anniversaire !

Après l'écoute recueillir les impressions des enfants :
▶ *« Quelle chanson préférez-vous ? »*
Les inviter à se saluer.

NOS CONSEILS

Le jour de cette deuxième séance sera peut-être la date d'anniversaire d'un des enfants ou d'un enseignant, les enfants pourront chanter la chanson d'anniversaire qu'ils préfèrent.

> La joie

30 minutes

m a t é r i e l

●

Le masque de Tatou

●

**Les affichettes :
le lampion, le jardin,
le cadeau, s'amuser,
danser, le gâteau
d'anniversaire**

●

**Le cœur tressé que
vous avez préparé**
(voir cahier d'activités
pages 62-63)

●

**La fiche technique
pour fabriquer le cœur
tressé** (mallette
pédagogique)

●

Des ciseaux

●

Des crayons de couleur

●

Le livre de l'élève

●

Le cahier d'activités

●

**La cassette audio
ou le CD** (chanson 1)

Troisième séance

▌ Objet d'apprentissage

Cette séance est consacrée à la découverte d'une nouvelle chanson. Pendant l'activité collective, les enfants sont amenés à écouter cette chanson pour remettre des affichettes dans l'ordre. L'activité individuelle est dédiée à la fabrication d'un cœur tressé dans lequel les enfants garderont les indices de ce premier module. C'est un temps d'appropriation, favorable à des prises de parole individuelles et à des échanges privilégiés entre les enfants et l'enseignant ainsi qu'entre les enfants.

1. Accueillir   3 mn

▶ Activité rituelle

Prendre le masque de Tatou et engager la conversation avec les enfants :
► *« Bonjour les enfants, est-ce que votre vœu s'est réalisé ? »*

Laisser les enfants répondre à cette question en reformulant systématiquement en français ce qu'ils disent. Leur demander de répéter après vous. Si leur vœu s'est réalisé, alors inviter les enfants à ouvrir leur enveloppe et à présenter ce vœu à leurs camarades.

NOS CONSEILS

Pour faciliter les prises de parole et l'animation de cet accueil, vous pouvez participer et présenter un vœu qui s'est réalisé pour vous.

2. Découvrir   10 mn

▶ Activité collective   voir livre page 8

Dans le désordre, déposer devant les enfants les affichettes suivantes : le lampion, le jardin, le cadeau, s'amuser, danser, le gâteau d'anniversaire.
Expliquer aux enfants qu'ils vont écouter une nouvelle chanson dans laquelle on entend tous les mots représentés par les différentes affichettes exposées. Leur demander de nommer ce qu'ils voient :
► *« Qu'est-ce que c'est ? »*

Inviter deux enfants volontaires à s'approcher des affichettes :
► *« Vous allez écouter la nouvelle chanson pour mettre les affichettes dans l'ordre. »*

Passer en revue encore une fois avec les enfants toutes les affichettes.
Expliquer au reste du groupe qu'ils doivent aider leurs camarades.
Passer la chanson qui se trouve page 8 du livre.

Chanson 1 — *Tatou, t'as tout !*

Les lampions sont accrochés
Le jardin est décoré
Les amis sont arrivés
Mais où est Tatou ?

Tatou, Tatou, t'as tout dans ton sac !
Tatou, Tatou, dans ton sac t'as tout !
Ton invitation, tu l'as ?
Mon invitation, je l'ai !

Les cadeaux sont emballés
On va tous bien s'amuser
On va rire, jouer, chanter
Mais où est Tatou ?

Tatou, Tatou, t'as tout dans ton sac !
Tatou, Tatou, dans ton sac t'as tout !
Et ton cadeau, tu l'as ?
Et mon cadeau, je l'ai !

La musique pour danser
Un bon gâteau pour goûter
Les bougies sont allumées
Mais où est Tatou ?
Je suis là, miaou !

Laisser du temps aux enfants pour mettre les affichettes dans l'ordre puis proposer une deuxième écoute pour vérifier les réponses.
Interroger ensuite les enfants :

▶ *« Quel cadeau Tatou va offrir à Selim ? »*

Passer parmi les enfants avec un livre ouvert pour leur montrer une nouvelle fois le cadeau emballé. Laisser les enfants émettre des hypothèses puis les guider en attirant leur attention sur le dessin du tee-shirt de Tatou.

▶ *« C'est un cœur et Tatou va offrir un cœur à Selim. Vous allez aussi fabriquer ce petit cœur. »*

3. Produire   15 mn

▶ Activité individuelle   voir cahier page 5

Demander aux enfants d'ouvrir leur cahier d'activités à la page 5, activité 3, « Je fabrique un cœur tressé ». Ce cœur tressé (bricolage d'origine danoise, qui peut servir de pochette) permettra aux enfants d'animer la chanson 2 (*Mon cœur*) proposée dans l'unité suivante et de recueillir les indices du module 1. Leur montrer un cœur tressé terminé pour qu'ils puissent avoir une représentation concrète de l'objet qu'ils vont fabriquer. Leur expliquer que ce cœur servira d'enveloppe pour y mettre les cinq indices qu'ils vont trouver tout au long de ce module :

▶ *« Nous allons fabriquer ce cœur pour y mettre tous les indices. »*

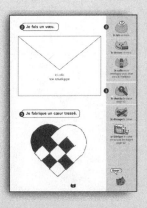

notes

Afficher la fiche technique au tableau. Amener les enfants à observer et à détailler les différentes étapes de l'activité :

1. Je cherche page 63 le cœur.
2. Je découpe le cœur.
3. Je fabrique le cœur en suivant les étapes page 62.

Laisser les enfants réaliser les deux premières étapes puis les aider en leur montrant les gestes décrits dans la fiche. À la fin du tressage, les enfants doivent pouvoir ouvrir complètement leur cœur tressé.

NOS CONSEILS

Profitez de cette activité pour réactiver la confiance des enfants, les amener à interagir en français et à s'entraider. Vous allez devoir vous-même aider certains enfants lors du tissage. Ceux qui ont terminé avant les autres peuvent être invités à personnaliser leur cœur, par exemple en coloriant chaque carreau obtenu sur la partie tissée de deux couleurs différentes. Vous pouvez profiter de ce coloriage pour réviser les couleurs. Vous pouvez également proposer aux enfants de personnifier le cœur en lui dessinant des yeux, une bouche.

4. Saluer

2 mn

▌ Activité de clôture

Proposer aux enfants d'écouter à nouveau la chanson *Tatou, t'as tout!*. Prendre congé des enfants en les saluant :

▶ *« Au revoir, les enfants ! À la prochaine fois ! »*

NOS CONSEILS

Les cœurs tressés doivent être utilisés au cours des prochaines séances. Par conséquent, il est préférable que les enfants ne les emportent pas chez eux.

Quatrième séance

matériel

● Le masque de Tatou

● De la colle

● Le calendrier
(voir mallette pédagogique)

● **Quatre très grandes feuilles** (de préférence de couleurs différentes) **découpées en forme de gâteaux**

● **Des petits papiers**

● **Les cœurs tressés**

● **Le livre de l'élève**

● **La cassette audio ou le CD** (chanson 1)

▮ Objet d'apprentissage

Comme dans le niveau 1 de la méthode, cette dernière séance est consacrée à la recherche du premier indice de ce module. Au fur et à mesure des unités, les enfants glisseront les indices trouvés dans le cœur tressé qu'ils ont fabriqué et les conserveront jusqu'à la fin de ce module. Tous ces indices conduiront les enfants au conte traditionnel présenté dans le module 2, *Blanche-Neige*. Par ailleurs, cette séance permet la mise en route d'une autre activité récurrente : la célébration des anniversaires. Les enfants vont être conduits à interagir en classe dans des situations familières en utilisant des outils linguistiques appropriés au thème.

1. Accueillir   3 à 5 mn

▶ Activité rituelle

Arriver avec le masque de Tatou en chantonnant et dire :
▶ *« Aujourd'hui je suis bien content. Vous savez pourquoi ?... Aujourd'hui, le + [date du jour], c'est un jour spécial pour moi. »*

Si les enfants n'ont pas deviné, ajouter :
▶ *« Aujourd'hui, je vais avoir des cadeaux, un gros gâteau et je vais souffler des bougies... et vous allez me chanter une petite chanson ! »*

Faire deviner l'âge de Tatou (trois ans) :
▶ *« Savez-vous combien je vais souffler de bougies ? »*

2. Produire   15 à 20 mn

▶ Activité collective

Afficher le calendrier collectif des anniversaires sur lequel vous aurez au préalable, inscrit la date de l'anniversaire de Tatou. Faire remarquer aux enfants les mots connus : calendrier, anniversaire, Tatou et le mois de l'année. Amener les enfants à comprendre la fonction de ce nouvel écrit. Demander à quelques enfants leur date d'anniversaire. Répéter tous les mois de l'année avant d'arriver au mois de naissance de l'enfant. Par exemple, si l'élève est né le 18 mars. Chercher avec les enfants en montrant et en énonçant les mois de l'année « Janvier, février, mars ». Chercher ensuite le jour en montrant et en énonçant les nombres « 1, 2, 3, ..., 18 ». Demander à l'enfant concerné d'écrire son prénom.
Inviter un autre enfant à donner la date d'anniversaire de son camarade :
▶ *« Son anniversaire, c'est le +(date). »*

Montrer aux enfants les quatre feuilles découpées en forme de gâteaux que vous aurez différenciées par des couleurs et sur lesquelles vous aurez écrit les noms des quatre saisons précédés de la bonne préposition (en automne, en hiver, au printemps, en été) ainsi que les mois correspondant

notes

aux saisons. Faire observer que sur chaque gâteau sont écrits les noms des saisons et les noms des mois. Expliquer aux enfants :

▶ *« Nous allons compléter ces gâteaux pour savoir qui est né en automne, en hiver, au printemps ou en été. »*

Avec les enfants lister les mois pour chacune des saisons. Faire remarquer que certains mois se trouvent sur deux gâteaux et qu'il va falloir faire attention aux jours. Écrire les mois sur les gâteaux en inscrivant également les jours :

▶ *« Automne : du 21 septembre au 21 décembre »*

Distribuer à chaque enfant un petit papier :

▶ *« Je vous donne un papier pour écrire votre prénom et votre date d'anniversaire. Vous dessinerez ensuite votre gâteau avec le nombre de bougies correspondant à votre âge : si vous avez 7 ans vous dessinerez 7 bougies. »*

Montrer aux enfants un exemple, avec un petit papier pour Tatou :

▶ *« Regardez, c'est écrit : Tatou + [la date de la séance] et il y a un gâteau avec 3 bougies. Quelle est la date d'anniversaire de Tatou ? En quelle saison est-il né ? »*

Aider les enfants à trouver la réponse en utilisant les grands gâteaux. Faire coller le gâteau de Tatou sur le gâteau des saisons. Dire aux enfants :

▶ *« Eh oui, l'anniversaire de Tatou c'est en (ou au) + [saison]. C'est, [la date de la séance]. C'est aujourd'hui ! Bon anniversaire, Tatou ! »*

Accorder aux enfants quelques minutes pour remplir les papiers. Regrouper les enfants devant les quatre gâteaux. Les aider individuellement à identi-fier le gâteau sur lequel ils doivent coller leur papier. Lorsque le papier est collé, demander à l'enfant :

▶ *« Tu es né(e) en quelle saison ? »*

Aider les enfants à formuler une phrase :

▶ *« Je suis né(e) en (ou au) + [saison]. »*

Lorsque les papiers sont tous collés, faire un petit jeu qui consiste à trouver le prénom d'un enfant :

▶ *« Il (ou elle) est né(e) le 7 juin ! »*, *« Il (ou elle) est né(e) en hiver »*, etc…

Vous pouvez également faire chercher tous les enfants qui sont nés le même mois, le même jour, qui ont le même nombre de bougies sur leur gâteau. Si, sur les gâteaux, les papiers ont été collés sans prendre garde à l'ordre chronologique, chercher pour chaque saison l'ordre des anniver-saires. Faire apparaître cet ordre en numérotant par exemple les papiers. Ne pas oublier de coller aussi votre gâteau.

Afficher les quatre feuilles sur un mur ou les suspendre au plafond comme des mobiles, ce qui vous permet d'utiliser les deux faces des feuilles.

NOS CONSEILS

Vous pouvez profiter de cette séance pour présenter les saisons telles qu'on les connaît en France (l'automne, l'hiver, le printemps, l'été) mais aussi telles qu'elles sont peut-être vécues dans votre pays : saison des pluies, saison de sécheresse.

Pour évoquer ces saisons, qu'elles soient « symboliques » ou qu'elles correspondent à une réalité, essayez de vous procurer des témoins de ces saisons (images, dessins, photos, vêtements, fruits en plastique, objets). Ce thème peut être approfondi en dehors des heures consacrées au français. Pendant les cours d'éducation artistique, les feuilles pour-ront être décorées selon les saisons. L'ordre chronologique qui tiendrait compte des années peut être recherché en mathématiques.

3. Identifier

3 à 5 mn

▌ Activité individuelle

voir livre page 9

Demander aux enfants d'ouvrir leur livre à la page 9 puis les interroger :

▶ *« Quel est le gâteau d'anniversaire de Selim ? »*

Les enfants justifient leur choix en revenant à la double page précédente. Distribuer ou demander aux enfants de prendre un petit morceau de feuille pour y écrire l'âge de Selim :

▶ *« Quel âge a Selim ? »*

Chaque enfant écrit le chiffre qu'il a trouvé puis il glisse son indice dans son cœur tressé. L'indice à trouver est le chiffre 7. En effet, Selim a 7 ans car son gâteau a sept bougies.

Passer parmi les enfants et les questionner sur l'âge des membres de leur famille, de leur animal domestique, etc.

NOS CONSEILS

Vous pouvez expliquer aux enfants que, comme pour le niveau 1, ils doivent conserver les indices trouvés parce qu'ils leur serviront pour une nouvelle histoire.

4. Saluer

3 mn

▌ Activité de clôture

Proposer aux enfants de chanter la chanson *Tatou, t'as tout !*
Prendre congé des enfants en les saluant :

▶ *« Au revoir, les enfants ! À + [jour de la prochaine séance] ! »*

NOS CONSEILS

Il est important de fêter les anniversaires des enfants en classe, ne serait-ce qu'en chantant une des deux chansons vues page 23.

notes

Tatou et les sentiments

2x30 minutes

matériel

- **Des cartes blanches**
- **Une carte d'invitation** (voir ci-après)
- **Une grande feuille blanche** (sur laquelle vous avez recopié la carte d'invitation de Selim)
- **Une boîte aux lettres** (que vous avez fabriquée avec un petit carton ou une boîte à chaussures)
- **Des crayons de couleur**
- **Des ciseaux**
- **Des feutres** (rouge, bleu, vert, jaune et orange)
- **Le cahier d'activités**

Activité complémentaire

▌Objet d'apprentissage   voir cahier page 8

Les activités complémentaires, conçues pour développer les compétences de compréhension et d'expression écrites, sont construites à partir de la pédagogie dite des « chantiers d'écriture ». La première partie est consacrée à l'identification des principales informations figurant habituellement sur une carte d'invitation. La deuxième partie porte sur la rédaction d'une carte d'invitation à partir d'un modèle.

▶ Première partie

À partir du modèle ci-joint préparer une carte d'invitation.

> **Bonjour +** [votre prénom] **!**
>
> **Je t'invite à une fête,** + [jour de la semaine]
> **[préposition]** + [lieu choisi]
> **à** + [heure choisie].
> **À** + [jour de la semaine] **!**
>
> [prénom de votre choix en signature]

Accueillir les enfants en leur annonçant que vous avez reçu une invitation pour une fête d'anniversaire. Leur montrer la carte d'invitation et la commenter avec eux. Vous pouvez soit demander aux enfants de se rapprocher autour de vous pour former un cercle et voir de près la carte ; soit vous pouvez passer parmi les enfants pour leur montrer le document.

Recopier ensuite cette carte d'invitation au tableau ou sur une grande feuille puis vous munir de cinq feutres (rouge, bleu, vert, orange et jaune) pour colorier au fur et à mesure les informations que vous allez demander aux enfants de repérer :

▶ *« Regardez bien cette invitation. Qui peut m'indiquer le lieu de la fête, le jour et l'heure, le nom ou le prénom de la personne qui m'invite et enfin la formule de salutation »*

Inviter les enfants volontaires à se déplacer pour pointer les informations recherchées.

Colorier en jaune le lieu de la fête, en rouge l'heure, en vert le nom de la personne qui invite, en bleu le jour de la fête et en orange le nom de la personne qui reçoit l'invitation (c'est-à-dire vous).

Demander ensuite aux enfants d'ouvrir leur cahier à la page 8, activité 1, « Je retrouve l'invitation de Selim ».

Leur laisser du temps pour observer les documents. Répondre à leurs interrogations. Puis expliquer l'activité avant de décomposer les étapes :

▶ *« Où se trouve l'invitation que Selim a envoyée à Tatou ? »*

1. Je cherche l'invitation de Selim.

Passer parmi les enfants pour vérifier leurs réponses et leur demander de vous montrer la carte d'invitation de Selim. Leur demander aussi :

▶ *« Reconnaissez-vous sur cette page d'autres documents ? »*

Les enfants devraient identifier la carte de félicitations, une chanson. Si vous le pouvez, leur montrer la chanson *Lundi, mardi...* dans un livre de l'élève *Tatou 1*, page 40 et la carte d'anniversaire issue du cahier d'activités de *Tatou 1*, page 58.

2. Je colorie en bleu le jour, en rouge l'heure de la fête, en jaune le lieu, en vert le nom de la personne qui invite et en orange le nom de la personne qui a reçu l'invitation.

Proposer une correction collective. Utiliser une grande feuille blanche sur laquelle vous avez recopié en très grand l'invitation de Selim. Avec des feutres de couleur, colorier les phrases de la bonne couleur pour que les mots disparaissent. Ne resteront lisibles que les formules générales de l'invitation.

▶ Deuxième partie

Demander aux enfants d'ouvrir leur cahier à la page 8, activité 2, « Je rédige une invitation ». Leur expliquer qu'ils vont offrir une carte à un ou à une de leurs camarades :

▶ *« Nous allons écrire des cartes d'invitation. »*

Reprendre collectivement la structure du texte de la carte d'invitation. Montrer au fur et mesure les couleurs :

▶ *« Ici, en jaune, c'est le lieu de la fête. En rouge, l'heure de la fête, etc. »*

Décomposer ensuite avec les enfants les étapes suivantes :

1. J'invite un ami ou une amie.

Leur expliquer que chaque enfant doit recevoir une carte. Préparer une boîte avec des petits papiers sur lesquels vous aurez écrit les prénoms des enfants de la classe. Chaque enfant tirera un prénom au hasard sans le montrer aux autres. C'est une surprise !

2. Je complète ma carte et je la recopie.

Écrire au tableau :

Répartis sur cinq colonnes : 1) quelques prénoms d'enfants de la classe ; 2) les jours de la semaine ; 3) des horaires variés ; 4) des lieux de fête (dans mon jardin, dans mon école, près de la rivière, chez moi, etc.) ; 5) d'autres prénoms d'enfants. Lire avec les enfants tous les mots écrits au tableau puis le modèle de la carte. Demander aux enfants de la compléter au fur et à mesure.

Quand les enfants ont fini, passer parmi eux pour valider leur travail et les inviter à recopier leur carte sur un carton vierge. Les élèves recopient sur leur cahier à partir du tableau les mots dont ils ont besoin.

Inviter les enfants à décorer ensuite leur carte avant de la glisser dans la boîte aux lettres de la classe que vous aurez fabriquée. Choisir alors un ou plusieurs enfants qui seront les facteurs et distribueront ce courrier.

>La tristesse

30 minutes

- **Le calendrier**

- **La feuille de papier**
(sur laquelle vous avez écrit les hypothèses émises par les enfants au cours de la deuxième séance de l'unité précédente)

- **Le livre de l'élève**

- **Le cahier d'activités**

- **La cassette audio ou le CD** (texte 3)

Première séance

▌ Objet d'apprentissage

Cette séance permet d'introduire un sentiment déjà vu au niveau 1 : la tristesse. L'activité collective porte sur la compréhension ciblée d'un texte enregistré. Ce support contient de nombreux indices sonores qui facilitent sa compréhension. Quant à l'activité individuelle, c'est une activité de rappel et de transition entre les deux niveaux de la méthode qui permet de réactiver des structures travaillées dans le niveau 1.

1. Accueillir   3 mn

▌ Activité rituelle

Vérifier avec les enfants et à l'aide du calendrier des anniversaires si c'est le jour de l'anniversaire d'un ou d'une camarade de la classe :
▶ *« Est-ce que c'est aujourd'hui l'anniversaire de quelqu'un ? Regardons notre calendrier. »*

Si oui, inviter les enfants à chanter tous ensemble une des chansons consacrées à la célébration des anniversaires.
À l'aide de la feuille sur laquelle vous avez écrit les hypothèses concernant le cadeau de Selim, demander aux enfants :
▶ *« Vous vous souvenez les amis ? Avant de souffler ses bougies, Selim a fait un vœu ! Voilà les propositions que vous aviez faites. »*

Les lire en les pointant une à une sur cette feuille.

2. Explorer   10 à 15 mn

▌ Activité collective   voir livre pages 10-11

Expliquer aux enfants :
▶ *« Quels sont les cadeaux de Selim ? Nous allons écouter l'enregistrement pour le savoir. Selim est-il content ? Tatou est-il content ? Vous êtes prêts ? Écoutez ! »*
Passer l'enregistrement du texte.
Recueillir les réponses des enfants puis leur demander d'ouvrir le livre pages 10-11 :
▶ *« Regardez votre livre pages 10-11. Trouvez-vous d'autres informations ? »*
Accepter toutes les réponses puis proposer aux enfants une seconde écoute du texte pour les vérifier et les rectifier.

Résumer la situation :
▶ *« C'est l'anniversaire de Selim. Il ouvre ses cadeaux. Son vœu se réalise, il reçoit un petit chien en cadeau. Mais Tatou est très triste parce qu'il a peur que ce chien lui vole son copain, Selim. »*

Texte 3

Selim ouvre ses cadeaux. Écoute…

Selim : Un joli cœur tressé, une petite voiture, un livre de magie, un ballon… Merci mes amis ! Vous êtes tous très gentils !

Rose : Regarde, Selim, il reste encore un cadeau ! C'est bizarre, il bouge !

Tatou : Oh ! là, là ! J'espère que ce n'est pas un chat ou un autre animal !

Selim : Je sais ce que c'est ! Mon vœu se réalise !… Oh ! là, là ! Génial, un chien ! Oh ! comme il est beau ! Comme il a de grandes oreilles ! Tu fais le p'tit fou !

Tatou : Oh non ! J'en étais sûr !

Selim : Tu as vu, Tatou ? Tu as un nouvel ami ! Viens ! Oh ! là, là ! Non ! Ne vous disputez pas, s'il vous plaît !

Rose : Ça va être difficile !

Selim : Tu crois ? Je ne comprends pas ! Moi, je suis si content d'avoir un chien. Je vais bien m'en occuper !

Tatou part dans un coin du jardin. Comme il a l'air triste !

Rose : Ça va, Tatou ? Tu fais la tête ? Mais, mais… Tu pleures ! Qu'est-ce qui se passe ?

Tatou : J'ai de la peine, Rose ! Regarde ce chien ! Il va me voler mon copain… Selim va s'occuper de lui et il ne va plus jouer avec moi. Je suis tellement triste !

Rose : Mais non, Tatou ! Selim est content ! Il voulait un chien et son vœu se réalise. Et puis, tu sais, il est petit, ce chien, il a deux mois ! Selim doit s'occuper de lui mais… Allez ! Viens avec nous, Tatou !

Tatou : Laisse-moi tranquille, s'il te plaît ! Je veux rester seul !

notes

3. Identifier   10 mn

▶ Activité individuelle   voir cahier page 6

Inviter les enfants à ouvrir leur cahier à la page 6, activité 1, « Je trouve le personnage qui est triste ». Les laisser observer et commenter les trois scènes. Les guider si nécessaire :

▶ *« Avez-vous déjà vu ces images ? Où ? Qui est triste de voir la Terre sale ? Qui est triste de voir Souricette qui embrasse le soleil et qui est triste de voir le chien dans le cadeau ? »*

Deux de ces images s'appuient sur le niveau 1 de la méthode (modules 3 et 4). Il s'agit de compléter les dessins en collant le personnage qui est triste d'assister à ces scènes.

Lire aux enfants les phrases qui illustrent les scènes.

Décomposer avec eux les trois étapes qui suivent :
1. Je cherche les personnages tristes page C.
Les enfants ont à choisir trois personnages parmi ces cinq autocollants : Tatou, Rose, le rat gris, Lucienne, Irène.

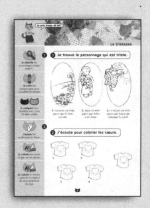

33

2. Je colle les personnages pour compléter les dessins.
Passer parmi les enfants pour les amener à justifier leurs choix et pour aider ceux qui le demandent.
3. Je compare mes résultats avec ceux de mon voisin.
Proposer une correction collective. Lire à nouveau les phrases qui illustrent les scènes.
Demander aux enfants :
▶ *« Tatou est triste maintenant mais est-ce qu'il a déjà été triste ? Quand était-il triste ? »*

Les enfants pourront évoquer Tatou chez le dragon. Les amener à justifier leurs réponses. Par exemple :
▶ *« Tatou était triste parce qu'il était perdu. »*

4. Saluer   5 mn

▎ Activité de clôture

Demander aux enfants :
▶ *« Est-ce que vous vous souvenez de la poésie de Lucienne ? »*

Leur rappeler la poésie puis leur demander de la réciter avec vous. Si vous avez le livre fabriqué avec les enfants au cours du niveau 1 (module 3), vous pouvez leur montrer.

Paroles	Accompagnement gestuel possible
Lucienne, la magicienne	Balancer sa main de gauche à droite et de droite à gauche comme si vous teniez une baguette magique dans la main.
A de la peine	Mettre sa main sur son cœur.
La Terre a mal aux pôles	Puis tourner sur soi en s'arrêtant sur « pôles ».
La Terre a mal aux mers	Puis se balancer de gauche à droite et de droite à gauche.
Monte sur ses épaules	Poser ses deux mains sur ses deux épaules.
Cherche le bon air	Se grandir sur la pointe des pieds et inspirer très fort.
Lucienne la magicienne	Retomber brusquement et reprendre le balancement de sa main.
A de la peine	Mettre sa main sur son cœur.
La Terre a mal aux fleurs	Puis tourner sur soi en s'arrêtant sur « fleurs ».
La Terre a mal aux bois	Puis se balancer d'avant en arrière et vice versa.
Offre-lui ton cœur	Porter ses deux mains sur son cœur puis les mettre en avant comme pour offrir quelque chose.
Elle compte sur toi.	Pointer l'index en avant en désignant quelqu'un.

Deuxième séance

> La tristesse

30 minutes

Tatou et les sentiments

matériel

- Le calendrier
- Affichettes : Tatou sent les roses, Tatou prend son goûter, Tatou glisse sur le sac en forme de nuage, Tatou cherche sa maison, Tatou tombe dans la rivière, Tatou triste, Tatou content
- Trois cœurs orange et deux cœurs gris que vous aurez préparés
- Des crayons de couleur (gris, orange)
- Le livre de l'élève
- Le cahier d'activités
- La cassette audio ou le CD (texte 4)

▌ Objet d'apprentissage

Cette séance travaille essentiellement l'expression des deux sentiments déjà rencontrés. L'activité collective a comme objectif la recherche, la perception et le rendu de sensations. C'est par le mime que les enfants seront conduits à explorer la joie et la tristesse. Après cette activité de découverte, il s'agit d'identifier ces sentiments dans les intonations de deux phrases prononcées de deux manières différentes. Ce travail sensibilise les enfants à la reconnaissance des intentions de communication dans le discours.

1. Accueillir   5 mn

▶ Activité rituelle

Regarder avec les enfants et à l'aide du calendrier des anniversaires si c'est le jour de l'anniversaire d'un ou d'une camarade de la classe :
▶ *« Est-ce que c'est aujourd'hui l'anniversaire de quelqu'un ? Regardons notre calendrier. »*

Si oui, inviter les enfants à chanter tous ensemble une des chansons consacrées à la célébration des anniversaires.
Leur demander :
▶ *« Y a-t-il des vœux qui se sont réalisés ? »*

Puis les inviter à chanter avec vous, avec ou sans l'enregistrement, la chanson *Tatou, t'as tout !* Ne pas chanter la dernière strophe. S'arrêter ou arrêter l'enregistrement et demander aux enfants :
▶ *« Où est Tatou ? »* Appeler Tatou : *« Tatou ! Tatou ! »* Leur expliquer : *« Eh oui ! Tatou n'est pas là, il veut rester seul. Il est triste. Il fait la tête.* Mimer cette expression et au besoin l'expliquer. *Pourquoi ? Vous vous souvenez ? »* Laisser les enfants répondre et les aider à formuler en français leurs réponses.

2. Explorer   10 mn

▶ Activité collective   voir livre pages 6-7 et 10-11

Montrer les affichettes de Tatou triste et de Tatou content :
▶ *« Regardez bien Tatou et faites comme lui. »*

Faire observer aux enfants que le cœur sur le tee-shirt de Tatou change de couleur (livre pages 6-7 et 10-11).
▶ *« Quand Tatou est content, le cœur est orange. Quand Tatou est triste, le cœur est gris. »*
Prendre les autres affichettes et les cœurs orange et gris que vous avez préparés.

À chaque nouvelle affichette, demander aux enfants de reproduire les mimiques de Tatou et à un enfant volontaire de choisir un cœur parmi les cœurs gris et les cœurs orange. Présenter, au fur et mesure des mimes,

35

le vocabulaire lié à l'expression des sentiments : « être content(e) », « joyeux(se) », « triste ». Lorsque les cinq affichettes ont été montrées, les laisser exposées avec les cœurs qui leur correspondent et amener les enfants à résumer :

▶ *« Quand Tatou est content, gai, joyeux : le cœur est orange comme quand Tatou arrive à l'anniversaire de Selim. Quand Tatou est triste, le cœur est gris comme quand Tatou voit le petit chien sortir du cadeau. »*

Placer les affichettes à l'intérieur d'un sac ou d'une enveloppe.
Proposer aux enfants de jouer :
▶ *« Nous allons jouer à un nouveau jeu : le jeu des sentiments. Vous êtes prêts ? »*

Tirer une des affichettes sans la montrer aux enfants puis mimer le sentiment représenté sur l'affichette tirée. Par exemple, Tatou sent les roses du jardin. Interroger les enfants :
▶ *« Comment est Tatou ? »* Amener les enfants à répondre : *« Tatou est heureux. Il sent les roses du jardin. »*

Céder votre place à un enfant volontaire qui, à son tour, tire une affichette sans la montrer et mime la scène et le sentiment correspondant. Les enfants du groupe doivent nommer le sentiment et la scène ainsi mimés. L'enfant qui trouve le premier remplace celui qui vient de mimer et ainsi de suite.

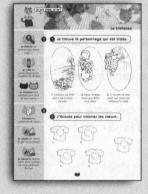

3. Identifier   10 mn

▶ Activité individuelle   voir cahier page 6

Inviter les enfants à ouvrir leur cahier, page 6, activité 2, « J'écoute pour colorier les cœurs ». Les laisser émettre des hypothèses sur ce qu'ils vont faire :
▶ *« Qu'est-ce qu'on vous demande de faire ? »*

Guider leurs réponses en prenant appui sur les pictogrammes.

Décomposer avec eux les étapes suivantes :

1. J'écoute les sentiments de Tatou.
Expliquer aux enfants :
▶ *« Vous allez entendre Tatou. Écoutez une première fois sans rien colorier. Écoutez pour savoir s'il est triste ou joyeux. »*
Passer le texte enregistré. Proposer aux enfants une deuxième écoute pour colorier les cœurs de la couleur qui convient.

2. Je colorie les cœurs en gris ou en orange.
Quand Tatou est triste, les enfants colorient le cœur en gris, quand il est content, ils colorient le cœur en orange.
Pour expliquer cette deuxième tâche, se servir des affichettes qui seront exposées pendant toute l'activité.
Corriger au fur et à mesure les réponses.

Texte 4

1. Oh, un petit chien ! *(intonation triste)*

2. Oh, un petit chien ! *(intonation joyeuse)*

3. Bonjour, Selim ! *(intonation joyeuse)*

4. Bonjour, Selim. *(intonation triste)*

3. Je colorie le dernier cœur de la couleur de mon sentiment du jour.

Leur demander enfin de colorier le dernier cœur selon leur sentiment du jour :

▶ *« Il reste un cœur. C'est votre cœur. Comment vous sentez-vous aujourd'hui ? Moi, je me sens + [adjectif correspondant à votre sentiment du jour]. Je colorie le dernier cœur en + [la couleur du sentiment]. »*

Les enfants peuvent choisir parmi les deux sentiments qui ont été présentés. Ils peuvent aussi exprimer d'autres sentiments comme la jalousie, la honte, la tendresse, auquel cas ils colorieront leur cœur avec une couleur différente.

Passer parmi les enfants pour les inviter à s'exprimer sur ce qu'ils font et apporter selon les demandes le vocabulaire nécessaire.

4. Saluer   5 mn

▌ Activité de clôture

Proposer à ceux qui le souhaitent de présenter à leurs camarades leur cœur :

▶ *« J'ai colorié mon cœur en rose parce que aujourd'hui je suis câlin(e) » ;*
« J'ai colorié mon cœur en orange parce que aujourd'hui je suis content(e). »

Saluer les enfants :

▶ *« Au revoir, à + [jour de la prochaine séance]. J'espère que la prochaine fois Tatou ne sera plus triste ! »*

NOS CONSEILS

Corriger systématiquement les marques du genre des adjectifs qualificatifs : content/contente ou joyeux/joyeuse. Lorsque vous interrogez les enfants, pensez à toujours donner les adjectifs aussi bien au féminin qu'au masculin. Grâce à une pratique régulière, les enfants intégreront implicitement ces règles de grammaire.

> La tristesse

30 minutes

Troisième séance

matériel

- Le calendrier
- Les cœurs tressés préparés au cours de l'unité précédente
- Les affichettes : le cadeau, le chien
- Des crayons de couleur orange
- La lettre de Tatou aux parents
- Le livre de l'élève
- Le cahier d'activités
- La cassette audio ou le CD (chanson 2)

▌ Objet d'apprentissage

Cette séance vise à mémoriser une nouvelle chanson. La présentation de cette chanson s'effectue lors de l'activité collective. Il s'agit d'associer des gestes aux paroles. L'apprentissage se prolonge lors de l'activité individuelle qui consiste à compléter un « souffleur ». Le souffleur est une trace écrite et illustrée qui aide les enfants à mémoriser une chanson, un texte. Cette activité permet en outre de travailler l'expression de la temporalité (opposition passé/présent).

1. Accueillir   3 mn

▶ Activité rituelle

Accueillir et saluer les enfants. Regarder avec eux et à l'aide du calendrier des anniversaires si c'est le jour de l'anniversaire d'un ou d'une camarade de la classe :
> ► *« Est-ce que c'est aujourd'hui l'anniversaire de quelqu'un ? Vérifions sur notre calendrier. »*

Si oui, inviter les enfants à chanter tous ensemble une des chansons consacrées à la célébration des anniversaires. Leur demander ensuite :
> ► *« Y a-t-il des vœux qui se sont réalisés ? »*

Ajouter en mimant chacun des sentiments :
> ► *« Comment vous sentez-vous, aujourd'hui ? tristes ? content(e)s ? autrement ? »*

Accorder du temps aux enfants pour percevoir ce qu'ils ressentent puis pour l'exprimer.

2. Explorer   10 mn

▶ Activité collective   voir livre page 12

Demander aux enfants de prendre avec eux leur cœur tressé puis de former un cercle autour de vous. Se placer au milieu du cercle avec les affichettes du cadeau et du chien posées par terre. Prendre dans la main le cœur tressé que vous avez préparé. Expliquer aux enfants :
> ► *« Nous allons écouter une nouvelle chanson, Mon cœur. Regardez bien mes gestes pour les répéter ensuite. Vous avez tous vos cœurs ? Bien, c'est parti ! »*

Passer la chanson qui se trouve page 12 du livre et la mimer au fur et à mesure de son audition (voir tableau).

Chanson 2   *Mon cœur*

notes

Paroles	Accompagnement gestuel possible
Qu'est-ce qui se passe, mon cœur ?	Mettre le cœur tressé sur la main et le regarder en mettant l'autre main sur la hanche.
Tu roulais VROUM VROUM	Faire semblant d'accélérer sur une moto.
Et maintenant, voilà que t'as plus de moteur	Mettre le cœur à l'oreille et faire non de la tête.
Qu'est-ce qui se passe, mon cœur ?	Poser le cœur tressé sur la main et le regarder en mettant l'autre main sur la hanche.
Tu battais BOUM BOUM	Faire semblant de jouer du tambour.
Te voilà triste mon cœur	Poser le cœur sur la main, le regarder tristement et le caresser.
C'est quoi ce cadeau !	Regarder par terre assez tristement l'affichette du cadeau.
Moi, je l'aime pas trop !	Faire « non » de la tête et du bras avec le cœur tressé en main.
J'ai peur que ce chien	Faire la moue et pointer de l'autre main l'affichette du chien.
Me vole mon copain !	Faire un geste rapide qui symbolise la prise de quelque chose à la hâte.
Qu'est-ce qui se passe, mon cœur ?	Mettre le cœur tressé sur la main et le regarder en mettant l'autre main sur la hanche.
Tu chantais YOU PLA BOUM	Faire semblant de chanter devant un micro.
Et maintenant, voilà que tu pleures	Faire semblant de s'essuyer les yeux.
Qu'est-ce qui se passe, mon cœur ?	Poser le cœur tressé sur une main et le regarder en mettant l'autre main sur la hanche.
Tu tombes BADABOUM	Laisser tomber le cœur.
Te voilà brisé mon cœur !	Mettre sa tête dans les mains, désolé.
C'est quoi ce cadeau !	Regarder par terre assez tristement l'affichette du cadeau.
Moi, je l'aime pas trop !	Faire « non » avec le cœur tressé en main, « non » de la tête et du bras.
J'ai peur que ce chien	Faire la moue et pointer de l'autre main l'affichette du chien.
Me vole mon copain !	Faire un geste rapide qui symbolise la prise de quelque chose à la hâte.

Après cette première audition, reprendre systématiquement chaque ono-matopée comme « Vroum, vroum ». Trouver son équivalence dans la langue d'enseignement :

▶ *« En français, les motos font « vroum, vroum » et ici comment font-elles ? »*

Inviter les enfants à écouter à nouveau la chanson et à vous accompagner dans la gestuelle. Enfin leur demander :

▶ *« Est-ce que cette chanson vous rend tristes ou joyeux(ses) ? »*

3. Interlude   5 mn

▶ Activité passerelle

Enchaîner la conversation en demandant aux enfants :

▶ *« Quand vous êtes tristes, préférez-vous être seul(e)s ? Avez-vous quelque chose pour vous consoler ? »*

Être théâtral, mimer la tristesse puis faire semblant de prendre un objet et de se consoler en se balançant avec l'objet. Vous pouvez, par exemple, apporter ce qui vous console personnellement (un disque, du chocolat, un coussin, un livre, une photographie de la personne qui vous console, qui vous aide quand vous êtes triste…). Expliquer aux enfants :

▶ *« Tatou est triste et seul. Il faut aider notre ami à se consoler. Comment faire ? »*

Montrer la lettre, que vous aurez aussi traduite dans la langue d'enseigne-ment, et la lire :

Lettre de Tatou

Cher(s) parent(s),

Vous vous souvenez de moi ? Je suis Tatou, le chat qui parle français. J'ai des problèmes et je suis très triste. J'aimerais savoir comment votre enfant se console lorsqu'il est triste. Quel objet a-t-il pour l'aider dans ses moments difficiles ? Quelle personne le réconforte ? Pouvez-vous l'aider à choisir un objet ou une photographie et lui permettre de l'apporter à la prochaine séance de français ?
Merci beaucoup,

Tatou, le chat

Expliquer aux enfants que Tatou espère trouver parmi ces objets quelque chose qui pourra le consoler aussi. C'est grâce à l'exposition de ces objets que Tatou se consolera et sortira de son silence lors de la séance suivante.

NOS CONSEILS

Si les enfants n'ont pas d'objet à apporter, vous pouvez leur demander de dessiner à la maison ce qu'ils font quand ils sont tristes. Ils pourront ainsi apporter ces dessins en classe et les commenter.

4. Relier   10 mn

▌ Activité en binôme   voir cahier page 7

Demander aux enfants d'ouvrir leur cahier d'activités à la page 7, activité 3, « Je complète le souffleur pour mémoriser la chanson ». Les laisser observer les illustrations :

▶ *« Que voyez-vous ? Est-ce que ce sont tous les cœurs de la chanson de Tatou ? Ce sont des cœurs contents ou des cœurs tristes ? »* Seuls sont représentés les cœurs gais, il manque les cœurs tristes.

Laisser les enfants émettre des hypothèses sur l'activité et commenter avec eux les dessins des cœurs. Leur expliquer :

▶ *« Avec les autocollants, nous allons compléter un souffleur pour nous aider à chanter la nouvelle chanson et à la mémoriser. »*

Le mot « souffleur », emprunté au théâtre sera réutilisé au cours des modules 2 et 4 qui proposent une approche théâtrale des contes.

Décomposer avec eux les différentes étapes en vous aidant des pictogrammes.

1. Je cherche les cœurs tristes page C.

Demander aux enfants de commenter les images qui illustrent la chanson : le cœur qui tombe, le cœur qui est brisé, le cœur qui n'a plus de moteur, le cœur qui pleure, le cœur qui est triste.

2. J'écoute la chanson pour mettre les cœurs dans l'ordre.

Demander aux enfants de vous montrer les autocollants au fur et à mesure de l'écoute de la chanson.

3. Je colle les cœurs dans l'ordre.

Après le cœur n° 1, les enfants colleront le cœur qui marche à côté de la moto. Après le cœur n° 3, ils colleront le cœur assis. Après le cœur n° 5, ils colleront le cœur qui pleure. À l'emplacement du cœur n° 7, ils colleront le cœur qui tombe et à l'emplacement du cœur n° 8, ils colleront le cœur brisé.

4. Je colorie les cœurs contents en orange.

5. Je compare mes réponses avec celles de mes camarades.

Encourager les enfants à comparer leurs réponses avec celles de leur voisin ou de leur voisine.

Passer parmi eux pour valider leur travail.

5. Saluer   2 mn

▌ Activité de clôture

Proposer aux enfants de chanter la nouvelle chanson en s'aidant du souffleur nouvellement créé.

Prendre congé des enfants et leur rappeler de ne pas oublier la lettre aux parents :

▶ *« Surtout, n'oubliez pas la lettre de Tatou ! »*

> **La tristesse**

30 minutes

matériel

- Le calendrier
- La lettre de Tatou
- Des étiquettes vierges pour chaque enfant
- Le livre de l'élève

notes

Quatrième séance

▌ Objet d'apprentissage

Après avoir identifié et exploité certains sentiments, les enfants sont invités à s'exprimer sur ce qu'ils font lorsqu'ils sont tristes, c'est-à-dire à traduire à par le langage leurs propres sentiments. Pour faciliter cette prise de parole, on fait appel au vécu des enfants.

1. Accueillir   3 mn

▶ Activité rituelle

Accueillir et saluer les enfants. Regarder avec eux et à l'aide du calendrier des anniversaires si c'est le jour de l'anniversaire d'un ou d'une camarade de la classe :

▶ *« Est-ce que c'est aujourd'hui l'anniversaire de quelqu'un ? Vérifions sur notre calendrier. »*

Si oui, inviter les enfants à chanter tous ensemble une des chansons consacrées à la célébration des anniversaires. Leur demander :

▶ *« Y a-t-il des vœux qui se sont réalisés ? »* et aussi *« Comment êtes-vous, aujourd'hui ? tristes ? content(e)s ? en colère ? »*

Montrer à nouveau la lettre de Tatou :

▶ *« Vous vous souvenez de la lettre de Tatou ? Ceux qui ont apporté un objet ou qui ont fait un dessin, allez le chercher et apportez–le, s'il vous plaît ! »*

2. Exprimer   15 mn

▶ Activité collective

Demander aux enfants de déposer les objets qu'ils ont apportés, soit au milieu d'un cercle qu'ils vont former, soit sur une table. Présenter l'objet que vous avez apporté :

▶ *« Voilà, je vous présente l'objet que je prends pour me consoler quand je suis triste. C'est + [le nom de l'objet]. »*

Leur demander de dire ce qu'ils font avec cet objet. Par exemple :

▶ *« Je mange du chocolat. J'écoute un disque. Je prends mon ours en peluche, etc. »*

Écrire sur une étiquette le nom de l'enfant et celui de l'objet. Les objets sont exposés dans la classe.

Programmer les présentations sur plusieurs séances afin de donner à tous ceux qui le souhaitent la possibilité de s'exprimer.

Pour les enfants qui ne préfèrent pas laisser cet objet dans la classe, vous pouvez proposer de réaliser un dessin pour mettre en scène cet objet et ce qu'ils font pour se consoler. Un autre moyen consiste à photocopier les objets, le résultat est souvent très intéressant même pour des objets de volume.

Si vous avez à votre disposition un appareil photo, c'est l'occasion de l'utiliser pour conserver un souvenir de ces moments de partage. Vous pouvez ainsi constituer un album de classe. Cet album pourra rester au coin bibliothèque parmi les autres livres. C'est une manière de donner de l'importance et une raison d'être aux productions des enfants. Il pourra aussi être le cadeau des enfants pour Tatou afin de le consoler.

3. Identifier   10 mn

▶ Activité individuelle   voir livre page 13

Demander aux enfants d'ouvrir leur livre page 13 et d'observer les images pour trouver un objet qui n'apparaît pas la deuxième image. L'intrus est la pomme qui se trouve parmi les cadeaux offerts à Selim.

La pomme sera aussi un cadeau dans le module 2, un cadeau empoisonné, mais cela les enfants ne le savent pas encore.

Demander aux enfants de dessiner sur une petite feuille l'intrus. Comparer les résultats. Interroger les enfants afin qu'ils justifient leur choix. Ceux qui se sont trompés dessinent à nouveau la pomme. Avant d'inviter les enfants à glisser ce nouvel indice dans leur cœur tressé, leur proposer d'écrire sous leur dessin « la pomme » que vous aurez écrit au tableau.

NOS CONSEILS

Lorsque les enfants sont bien engagés dans cette dernière activité, mettre le masque de Tatou et aller observer l'exposition. C'est le geste des enfants, les objets qu'ils ont apportés qui font sortir Tatou de son silence.

4. Saluer   2 mn

▶ Activité de clôture

Tatou remercie les enfants pour cette belle exposition :
▶ *« Mes amis, je vous remercie pour cette belle exposition. Je me sens mieux ! Vous m'avez consolé ! »*

Tatou et les enfants se saluent.

notes

2×30
minutes

- Le calendrier
- Une grande feuille
- Des crayons de couleur
- Le cahier d'activités

Activité complémentaire

▌ Objet d'apprentissage
voir cahier page 9

Les deux parties de cette activité complémentaire participent au projet des « chantiers d'écriture » qui visent à donner du sens à l'apprentissage de la lecture et de l'écriture par le biais de documents variés. Le travail proposé ici porte sur le carnet de santé d'un animal de compagnie, qui permet aux enfants de se familiariser avec des données telles que l'adresse et la date de naissance. Cette activité est aussi l'occasion pour les enfants de laisser libre cours à leur imagination, de débattre entre eux et de personnaliser la méthode *Tatou 2*, puisqu'ils doivent attribuer un nom au chien de Selim et une adresse à Tatou.

▌ Première partie

Recopier au tableau ou sur une grande feuille les données qui se trouvent sur le carnet de santé donné en modèle sur le cahier d'activités.
Demander aux enfants d'ouvrir leur cahier page 9, activité 1 « Je complète le carnet de santé du chien. »
Décomposer avec eux les différentes étapes de l'activité.

1. J'observe le document.

▶ *« Qu'est-ce que c'est ? Avez-vous déjà vu un document comme celui-ci ? »*
Conduire les enfants à identifier le type de document, en vous appuyant sur les illustrations et les mots connus.

▶ *« À quoi sert ce carnet ? Avez-vous vous aussi un carnet de santé ? »*
Montrer aux enfants un carnet de santé (d'un enfant, d'un animal) si vous en avez la possibilité.

▶ *« À qui est ce carnet de santé ? Comment le savez-vous ? Qu'est-ce qu'on peut apprendre dans un carnet de santé ? »*
Au fur et à mesure que les enfants donnent une réponse en profiter pour leur faire observer à quel endroit est écrite l'information ou pour la compléter.
Faire remarquer que le chien n'a pas de nom. C'est la classe qui va choisir le nom du chien.
Pour choisir le nom du chien, inviter les enfants à travailler en commun avec un autre camarade. Le premier choix se fait en binôme, puis chaque groupe de deux enfants ainsi constitué propose le nom retenu à l'ensemble du groupe classe. À partir de ces propositions que vous écrivez au tableau, procéder à un vote.

2. J'écris le nom du chien et sa date de naissance.

Lorsque le nom est décidé, l'écrire au tableau et demander aux enfants de le recopier au bon endroit sur leur cahier d'activités.

Pour compléter la date de naissance, demander aux enfants s'ils la connaissent ou s'ils peuvent la déduire ? Leur demander :
▶ *« Quel âge a + [nom du chien] le jour de l'anniversaire de Selim ? »*
Il a deux mois (Rose le dit à Tatou à la fin du premier dialogue).
▶ *« Quelle est la date de l'anniversaire de Selim ? »*
Garder comme jour celui de la découverte du dialogue à la première séance. À partir de ces données, et à l'aide du calendrier, on peut trouver la date de naissance du petit chien. L'écrire au tableau vous-même ou demander à un enfant volontaire d'essayer de l'écrire. Demander la date d'anniversaire du petit chien. Ceci permet de faire un lien avec l'unité précédente et de bien mettre en valeur la différence entre la date de naissance (qui comporte l'année) et la date d'anniversaire.

3. J'entoure en rouge l'animal, en vert son nom, en jaune sa date de naissance, en noir le nom de son propriétaire et en bleu son adresse.

Repérer et nommer à nouveau avec les enfants les entrées du carnet. Au fur et à mesure, entourer d'une couleur différente sur le tableau ou sur la feuille la ligne qui renseigne sur l'espèce de l'animal (en rouge), le nom de l'animal (en vert), la date de naissance (en jaune), le nom du propriétaire (en noir) et l'adresse de l'animal (en bleu).

Comme dans l'unité précédente (travail sur la carte d'invitation), vous faites ainsi apparaître les principales informations du document, son ossature. Questionner les enfants pour vérifier leur compréhension du texte. Les amener à établir des liens entre le carnet reproduit sur le cahier d'activités et l'ossature du texte affiché devant eux :

▶ *« Qu'y a-t-il écrit ici ? Chien. Pourquoi ? Parce que c'est un chien. Qu'y a-t-il écrit ici ? Selim. Pourquoi ? Parce que + [nom du chien] est le chien de Selim, etc. »*

Une fois votre travail terminé demander aux enfants de faire de même sur leur cahier. Ils peuvent soit recopier directement votre exemple du tableau, soit entourer les informations sous votre dictée et sans modèle sous les yeux. Questionner au fur et à mesure les enfants pour les guider :

▶ *« Quel animal est-ce ? Comment s'appelle le chien ? Quand est-il né ? Qui est son propriétaire ? Où habite-t-il ? »*

Dans ce cas, il conviendra de reprendre en fin d'activité le modèle pour le comparer avec le résultat obtenu par les enfants.

NOS CONSEILS

Au moment du choix du nom du chien, en profiter pour demander aux enfants s'ils connaissent des noms de chiens connus, héros de bandes dessinées, de films, de dessins animés, de livres, de feuilletons, etc. Vous pouvez aussi faire la liste des noms de chiens les plus répandus dans votre pays. Vous pouvez leur dire qu'en France, des noms fréquemment donnés sont, par exemple : Médor, Rex, Max, Milou, etc.

Vous pouvez aussi expliquer qu'à chaque année correspond une lettre de l'alphabet pour nommer les chiens de race. Ainsi, un propriétaire doit normalement donner à son chien un nom commençant par la lettre correspondant à son année de naissance, si bien qu'on peut, lorsque l'on connaît ce code, connaître l'âge d'un chien grâce à son nom. Ce travail vous permettra d'anticiper sur les activités construites autour de l'alphabet lors du module 3.

▶ Deuxième partie

Demander aux enfants d'ouvrir leur cahier d'activités page 9, activité 2, « Je complète le carnet de Tatou ». Leur expliquer :

▶ *« Nous avons le carnet de santé de + [nom du chien]. Mais vous savez, Tatou n'a pas de carnet de santé. Heureusement, il n'est jamais malade. Mais Tatou doit avoir un carnet de santé ! »*

Faire observer aux enfants le deuxième carnet de santé (c'est celui de Tatou) :

▶ *« Comment savez-vous que c'est un carnet de santé ? Comment savez-vous que c'est celui de Tatou ? »*

Décomposer avec eux les étapes de l'activité.

1. Je compare ce carnet avec celui du chien.

Demander aux enfants de se mettre par deux pour chercher ensemble toutes les informations qui manquent sur le carnet de santé de Tatou. Leur laisser le temps de comparer, passer dans les groupes pour faciliter la discussion et favoriser la confrontation des idées.

notes

notes

Interroger les enfants :

▶ *« Quelles sont les informations qui manquent sur le carnet de santé de Tatou ? »*

Au fur et à mesure qu'un groupe de deux enfants donne une réponse, demander à l'ensemble du groupe classe s'il valide ou non la réponse. Utiliser le vocabulaire employé lors de l'observation du carnet de santé du petit chien.

Écrire au fur et à mesure les réponses apportées par les enfants. Si les enfants disent : « Il n'y a pas écrit Tatou », écrire Tatou au tableau mais sans ordonner les réponses par rapport au carnet de santé. Si des enfants disent : « On ne sait pas quel animal c'est ». Demander alors aux enfants :

▶ *« Quel animal est-ce ? »*

Une fois que la réponse « chat » est donnée, l'écrire au tableau, toujours sans ordonner les réponses.

Les trois dernières informations vont demander de nombreux échanges à la classe. Les réponses vont varier d'un enfant à l'autre, d'une classe à l'autre. Pour la date de naissance, les enfants regarderont sur le calendrier des anniversaires, ou sur les grandes feuilles en forme de gâteaux, la date d'anniversaire de Tatou (qui correspond à la date de la troisième séance de l'unité précédente) et pourront déduire son année de naissance à partir de son âge (trois ans). Ensuite chaque classe pourra proposer un propriétaire et une adresse. L'adresse peut être inventée en prenant exemple sur celle de Selim. Vous pouvez proposer à chaque groupe de deux élèves de trouver une adresse puis de la soumettre au groupe classe.

Lorsque que les enfants se sont mis d'accord, écrire au tableau ces trois informations.

2. J'écris les informations qui manquent.

Il s'agit d'un travail en binôme. Les enfants peuvent se concerter avant d'écrire chaque information. Ils peuvent encore prendre appui sur le carnet de santé du chien. Demander à chaque enfant d'écrire sous cette activité le prénom de l'enfant qui a travaillé avec lui. S'il ne sait pas écrire ce prénom, son camarade peut l'écrire lui-même ou s'essayer à épeler son prénom.

Passer auprès de chaque groupe pour encourager les échanges, les stratégies et veiller à la bonne réalisation de la tâche.

Une fois le travail terminé, inviter Tatou à venir voir son carnet de santé (il sera bien utile pour aller chez le vétérinaire dans l'avant-dernière unité de ce module consacrée à la peur).

NOS CONSEILS

Proposer aux enfants qui ont des animaux domestiques de fabriquer pour eux un carnet de santé en français. Ils pourront le faire à la maison puis les exposer dans la classe. Ceux qui n'ont pas d'animaux pourront réaliser le carnet de santé d'un animal qu'ils connaissent, ou d'un animal imaginaire.

Première séance

matériel

- Le calendrier

- Un cache que vous aurez préparé (feuille grandeur d'une page du livre et deux trombones)

- Affichettes : **Tatou est jaloux** (cœur vert), **Tatou est en colère** (cœur noir) et **Tatou est joyeux** (cœur orange)

- Des crayons de couleur

- Le livre de l'élève

- Le cahier d'activités

- La cassette audio ou le CD (textes 5 et 6)

▌ Objet d'apprentissage

L'objectif est d'amener les enfants à reconnaître le sentiment de jalousie et à rapporter des faits personnels liés à ce sentiment. L'activité collective correspond à une mise en situation. Elle permet d'introduire le sentiment de jalousie et d'apporter le vocabulaire nécessaire à la compréhension du dialogue. Quant à l'activité individuelle, il s'agit d'identifier, c'est-à-dire de repérer et de nommer, les intentions de communication d'un locuteur à partir de son intonation.

1. Accueillir   3 à 5 mn

▶ Activité rituelle

Accueillir et saluer les enfants. Inviter l'un d'entre eux à venir regarder le calendrier des anniversaires et à procéder au rituel que vous avez instauré en classe. Leur demander ensuite :

▶ *« Y a-t-il des vœux qui se sont réalisés ? »*

Interroger ensuite les enfants :

▶ *« Mais, où est le chien de Selim ? »*

NOS CONSEILS

Si vous avez fait l'activité complémentaire précédente, appeler le chien par son nom. Si vous n'avez pas fait l'activité complémentaire, nous vous invitons à proposer aux enfants de donner un nom au chien de Selim. Si vous avez le temps, en début ou en fin de séance, vous pouvez organiser un vote pour que les enfants choisissent un nom pour le chien (voir guide pages 44-45). Sinon, vous pouvez leur demander de réfléchir chez eux à un nom pour le chien et de procéder à un vote ou à un tirage au sort au début de la séance suivante.

2. Explorer   10 à 15 mn

▶ Activité collective   voir livre pages 14-15

Mettre un cache (fixé avec des trombones) sur l'image de gauche, ouvrir le livre et montrer aux enfants la double page dont la partie gauche est cachée. Leur faire décrire la moitié visible. Faire remarquer la couleur noire du cœur :

▶ *« Tatou est très en colère* (mimer ce sentiment). **Il est noir de colère. »**

Leur demander ensuite pourquoi Tatou est en colère et quel dessin il pourrait y avoir sous le cache en page de gauche.

>La jalousie

Recueillir les réponses des enfants et introduire le sentiment de jalousie. Amener les enfants à établir un lien entre ce sentiment de Tatou et leur vécu personnel :

▶ *« Avez-vous déjà été jaloux(ses) ? De qui ? »*

Inviter les enfants à ouvrir leur livre aux pages 14-15. Proposer aux enfants de décrire la page de gauche :

▶ *« Qui reconnaissez-vous ? Où sont-ils ? Que font-ils ? De quelle couleur est le cœur du tee-shirt de Tatou ? »*

Les aider à répondre en français (Tatou est vert de jalousie) en introduisant au fur et à mesure le vocabulaire du dialogue.

Inviter les enfants à écouter le texte pour vérifier les hypothèses émises.

Texte 5

Tatou arrive chez Selim pour jouer avec lui. Écoute...

Tatou : Bonjour Selim ! Je viens jouer avec toi !

Selim : Mais il est dix heures et je pars promener mon chien. Tu veux venir avec nous ?

Tatou : Non, je vais rester ici.

Selim : Comme tu veux ! À plus tard Tatou !

Selim part promener son chien. Tatou le regarde. Il est jaloux.

Selim : Viens mon beau chien, on va se promener !

Chien : Où allons-nous ? Dans la forêt ?

Selim : Comme tu veux !

Chien : Super ! Nous allons courir, jouer, sauter.

Selim : Oui, bien sûr, mon beau chien !

Tatou : Oui, bien sûr, mon beau chien ! Mon beau chien ! Non il n'est pas beau, avec ses grandes oreilles ! Ah, tu ne veux plus jouer avec moi ! Ah, tu préfères l'autre là-bas ! D'accord ! Eh bien, puisque c'est comme ça, je vais m'amuser tout seul ! Tiens, je vais me cacher... Où ça ? Sous l'armoire ?... Non... Dans l'armoire ?... Non plus. Sur l'armoire ? Oui ! Oh hisse ! Mais c'est trop haut ! Et hop, moi aussi je sais sauter ! Oh ! la boîte avec les lampions ! et... badaboum, par terre les lampions ! Moi aussi je sais sauter ! Voilà, voilà !

Tatou est très en colère ! Il est comme fou ! Il perd un peu la tête et saute sur les lampions ! Oh ! mais attention Tatou ! Un lampion commence à se déchirer ! Oh ! là, là !... Ouf, Tatou s'arrête mais... il est trop tard !

Tatou : Oh ! là, là ! Qu'est-ce que j'ai fait ?

Tatou a des regrets ! Il a fait une grosse bêtise ! Que va dire Selim ?

Confirmer ou rectifier après l'écoute les hypothèses des enfants puis résumer avec eux la situation :

▶ *« Tatou arrive chez Selim pour jouer avec lui mais Selim part promener son chien. Tatou est jaloux. Il se met en colère et il fait des bêtises. Il fait tomber la boîte de lampions et saute dessus. Un lampion se déchire. Tatou s'arrête mais c'est trop tard. Que va dire Selim ? »*

3. Identifier   10 mn

▶ Activité individuelle   voir cahier page 10

Inviter les enfants à ouvrir leur cahier, page 10, activité 1, « J'écoute pour colorier les cœurs ». Les amener à établir un lien entre cette activité et l'activité 2, page 6 :

▶ *« Avez-vous déjà fait ce type d'activités ? Qu'est-ce qu'on vous demande de faire ? »*

Les enfants s'aident des pictogrammes pour comprendre les étapes à suivre.

1. J'écoute les sentiments de Tatou.

Expliquer aux enfants :

▶ *« Vous allez entendre Tatou dire trois fois la même phrase. Écoutez une première fois sans rien colorier. Écoutez pour identifier s'il est en colère, jaloux ou content ? »* Passer le texte enregistré.

2. Je colorie les cœurs en vert, en noir et en orange.

Proposer aux enfants une deuxième écoute pour colorier les cœurs de la couleur qui convient. Pour expliquer cette deuxième tâche, se servir des affichettes qui seront exposées pendant toute l'activité :

▶ *« Si Tatou est jaloux vous coloriez le cœur en vert. Si Tatou est en colère vous coloriez le cœur en noir. Si Tatou est joyeux vous coloriez le cœur en orange. »*

Corriger au fur et à mesure les réponses en attirant l'attention des enfants sur les changements d'intonation.

3. Je colorie le dernier cœur de la couleur de mon sentiment du jour.

Leur expliquer enfin :

▶ *« Il reste un cœur. C'est votre cœur. Comment vous sentez-vous aujourd'hui ? Moi, je suis + [votre sentiment du jour] parce que + [explication]. Je colorie le dernier cœur en + [la couleur du sentiment]. »*

Les enfants peuvent choisir parmi les sentiments qui ont été présentés ou exprimer d'autres sentiments. Dans ce cas, ils choisiront d'autres couleurs. Passer parmi les enfants pour les inviter à s'exprimer sur ce qu'ils font et apporter selon les besoins le vocabulaire nécessaire.

Texte 6

1. Regardez ces grandes oreilles ! *(intonation jalouse)*
2. Regardez ces grandes oreilles ! *(intonation colérique)*
3. Regardez ces grandes oreilles ! *(intonation joyeuse)*

4. Saluer   3 mn

▶ Activité de clôture

Reprendre la dernière chanson apprise, *Mon cœur.*
Dans un premier temps, ne faire que les gestes sans chanter. Puis, chanter la chanson en joignant les gestes aux paroles.

NOS CONSEILS

Pour vous accompagner, vous pouvez utiliser la version instrumentale puis la version chantée.

> La jalousie

30 minutes

matériel

- **Trois cœurs**
  (gris, noir, blanc)
- **Le calendrier**
- **Le cahier d'activités**
- **La cassette audio
  et le CD** (chanson 1)

notes

Deuxième séance

▍ Objet d'apprentissage

Cette séance est construite à partir de la bêtise de Tatou (les lampions déchirés). Au cours de l'activité collective, les enfants sont amenés à imaginer et à reproduire différentes réactions de Selim et de Tatou en travaillant l'intonation, les mimiques et la gestuelle. L'activité individuelle invite les enfants à évoquer des situations vécues pour les raconter en employant des formes verbales au passé.

1. Accueillir — 3 mn

▶ Activité rituelle

Accueillir et saluer les enfants. Inviter l'un d'entre eux à venir regarder le calendrier des anniversaires et à procéder au rituel que vous avez instauré en classe. Leur demander :
▶ *« Y a-t-il des vœux qui se sont réalisés ? »*

Les inviter à résumer le dernier épisode des aventures de Tatou :
▶ *« Vous vous souvenez de ce qui s'est passé la dernière fois ? »*

Recueillir leurs réponses puis les interroger :
▶ *« À votre avis, que va-t-il se passer ? Comment va réagir Selim ? Et que va répondre Tatou ? Nous allons imaginer ces scènes. »*

2. Expliquer — 15 mn

▶ Activité collective

Partager le groupe en deux :
▶ *« Un groupe représente Tatou et un groupe représente Selim. »*

Expliquer au premier groupe :
▶ *« Vous êtes le groupe des Selim. Vous trouvez le lampion qui est déchiré. Quel est votre sentiment ? »*

Enumérer les possibilités et les illustrer par trois cœurs (que vous aurez préparés), un gris (tristesse), un noir (colère) et un blanc (pardon).
Inviter les enfants à proposer des gestes et des phrases qui accompagnent chaque sentiment.
Par exemple, montrer le cœur gris, faire semblant de pleurer et dire :
▶ *« Oh, non mes jolis lampions ! »*

Montrer le cœur noir, faire semblant de se mettre en colère et dire :
▶ *« Pourquoi tu as fait ça ? Je ne veux plus jouer avec toi ! »*

Montrer le cœur blanc, hausser les épaules, sourire et dire :
▶ *« Ce n'est pas grave Tatou, je te pardonne ! »*

Expliquer maintenant à l'autre groupe :
▶ *« Vous êtes le groupe des Tatou. Qu'allez-vous dire à Selim ? Qu'allez-vous faire ? ».*

Montrer le cœur gris et demander au groupe des Selim de faire le mime correspondant. Demander au groupe des Tatou de proposer des réactions. Par exemple, Tatou peut dire :
▶ *« Ne pleure pas Selim, je vais réparer le lampion. »*

Procéder de la même manière avec les autres cœurs. Voici des énoncés possibles pour le groupe des Tatou. A la colère de Selim, Tatou peut répondre :
▶ *« Ne te fâche pas Selim, je vais réparer le lampion. »*

Au pardon de Selim, Tatou peut répondre :
▶ *« Merci Selim, tu es très gentil, je vais réparer le lampion. »*

Proposer aux enfants de se mettre par deux et de mimer et d'interpréter librement cet échange entre Tatou et Selim. Les binômes qui le désirent peuvent le faire devant leurs camarades.

notes

3. Exprimer   10 mn

▶ Activité individuelle   voir cahier page 10

Demander aux enfants d'ouvrir leur cahier d'activités page 10, activité 2, « Je fais parfois des bêtises ». Les inviter à observer les trois scènes pour les commenter :

▶ *« Que voyez-vous ? Que font-ils ? »* Les enfants doivent être capables de décrire en français ces trois scènes. Un garçon découpe un livre. Un garçon fait tomber un vase. Une fille coupe les moustaches d'un chat en peluche.

Décomposer avec les enfants les trois étapes suivantes :
1. Je colorie les bêtises que j'ai faites.
2. Je dessine une autre bêtise que j'ai faite.
3. Je présente mon dessin aux autres.
Passer parmi les enfants pour les aider à réaliser l'activité et les préparer à la présentation de leur bêtise. Cette présentation aura lieu à la séance suivante.

4. Saluer   2 mn

▶ Activité de clôture

Terminer la séance en proposant aux enfants de chanter la première chanson, *Tatou, t'as tout !*

> La jalousie

30 minutes

matériel

- Le calendrier
- Le livre de l'élève
- Le cahier d'activités
- La cassette audio ou le CD (chanson 3)

Troisième séance

▌ Objet d'apprentissage

Cette séance vise à explorer une nouvelle chanson. L'activité collective consiste à découvrir les paroles et les gestes afin de les reproduire. L'activité individuelle permet aux enfants de prendre la parole en face de leurs camarades et à raconter l'une de leurs bêtises.

1. Accueillir   2 mn

▶ Activité rituelle

Accueillir et saluer les enfants. Inviter l'un d'entre eux à venir regarder le calendrier des anniversaires et à procéder au rituel que vous avez instauré en classe. Leur demander ensuite :
▶ **« Y a-t-il des vœux qui se sont réalisés ? »**

2. Explorer   10 mn

▶ Activité collective   voir livre page 16

Proposer aux enfants d'observer les gestes de la nouvelle chanson *Je perds la tête* qui se trouve page 16. Leur demander de faire un demi-cercle autour de vous et mimer la chanson sans les paroles avec la version instrumentale.

Chanson 3   *Je perds la tête !*

Paroles	Accompagnement gestuel possible
Je guette, j'observe	Porter une main sur le front, faire semblant de regarder à droite puis à gauche.
Je m'énerve	Jouer avec ses doigts, froncer les sourcils, rouler des yeux.
J'observe, je guette	Porter une main sur le front, faire semblant de regarder à droite puis à gauche.
Je perds la tête !	Mettre sa tête dans ses deux mains.
Je suis vert de jalousie	Croiser les bras, l'air grognon.
Pourquoi mon frère, mon ami	Tendre les bras.
Ne s'occupe plus de moi	Laisser retomber les bras le long du corps et baisser la tête.
Et préfère l'autre là-bas	Relever la tête et montrer quelqu'un d'autre.

J'avais tout	Joindre les bras comme s'ils contenaient un trésor.
Je n'ai plus rien	Ouvrir les bras et laisser s'échapper ce que l'on avait.
Plus personne qui me donne la main.	Mettre la main en avant et faire « non » de la tête tristement.
Je guette, j'observe	Porter une main sur le front, faire semblant de regarder à droite puis à gauche.
Je m'énerve	Jouer avec ses doigts, froncer les sourcils, rouler des yeux.
J'observe, je guette	Porter une main sur le front, faire semblant de regarder à droite puis à gauche.
Je perds la tête !	Mettre sa tête dans ses deux mains.
Je suis noir de colère	Mettre les poings sur les hanches, l'air très en colère.
Pourquoi mon ami, mon frère	Tendre les bras en avant.
Ne joue plus avec moi	S'accroupir.
Et préfère l'autre là-bas	Se relever et montrer quelqu'un d'autre.
Je casse tout	Serrer les poings et faire semblant de taper devant soi, comme sur une porte.
Je n'aime plus rien	Taper sur son cœur en faisant « non » de la tête.
Je voudrais qu'on me tende la main	Chaque enfant tend la main à son voisin, qui lui serre la main.
Je guette, j'observe	Porter une main sur le front, faire semblant de regarder à droite puis à gauche.
Je m'énerve	Jouer avec ses doigts, froncer les sourcils, rouler des yeux.
J'observe, je guette	Porter une main sur le front, faire semblant de regarder à droite puis à gauche.
Je regrette…	Mettre les mains jointes derrière le dos, tête baissée.

Après cette première observation, demander aux enfants de reproduire les gestes dont ils se souviennent. Reproduire vous-même ces gestes en y ajoutant les paroles correspondantes. Par exemple, un enfant met sa tête dans ses deux mains. Dire :
▶ *« Oui, c'est bien ! »*
Reproduire le geste et dire en même temps :
▶ *« Je perds la tête ! »*
Continuer ainsi pour plusieurs gestes.

Proposer aux enfants d'écouter la chanson pour découvrir les paroles qui vont avec l'accompagnement gestuel qu'ils ont déjà vu.

3. Produire

15 mn

▎ Activité individuelle

voir cahier page 10

Demander aux enfants qui le souhaitent de présenter la bêtise qu'ils ont dessinée lors de l'activité individuelle de la deuxième séance. Orienter la présentation suivant trois pôles : la bêtise en elle-même : « J'ai cassé le vase. » ; la cause : « Je voulais le prendre. » ; les conséquences : « Mon papa était en colère ! » ou « J'ai ramassé les morceaux. » Les enfants sont ainsi amenés à utiliser les temps du passé.

Continuer avec plusieurs enfants et encourager les prises de paroles en public.

4. Saluer

3 mn

▎ Activité de clôture

Demander aux enfants de former un cercle et de reprendre avec ou sans enregistrement la nouvelle chanson accompagnée de la gestuelle.

Ceux qui le souhaitent pourront suivre sur leur livre page 16.

Prendre congé des enfants.

notes

Quatrième séance

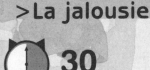

> La jalousie

30 minutes

matériel

- Le calendrier

- Des bandes de papier blanc

- De la colle

- Des ciseaux

- Des crayons de couleur

- Le livre de l'élève

- Le cahier d'activités

- La cassette audio ou le CD (chanson 3)

▌ Objet d'apprentissage

Cette séance est consacrée à la recherche du troisième indice de ce module. Pour trouver ce nouvel indice, les enfants vont devoir reconstituer un puzzle. Cette activité est complète puisque pour la réussir ils vont devoir comparer, classer puis transposer. Les enfants vont être ainsi amenés à utiliser du vocabulaire relatif à l'espace : ici, là, à droite, à gauche, au-dessus, au-dessous, à côté de, en haut, en bas, etc.

1. Accueillir   5 mn

▶ Activité rituelle

Accueillir et saluer les enfants. Inviter l'un d'entre eux à venir regarder le calendrier des anniversaires et à procéder au rituel que vous avez instauré en classe. Leur demander ensuite :

▶ *« Y a-t-il des vœux qui se sont réalisés ? »*

NOS CONSEILS

Lorsque vous avez le temps, demander à un ou deux enfants : « Comment ça va aujourd'hui ? Comment ça allait hier ? » Ce préambule peut servir à régler certains conflits nés durant l'interclasse ou la récréation et amène les enfants à s'exprimer sur leurs sentiments dans un contexte passé.

2. Identifier   5 mn

▶ Activité collective   voir livre page 17

Demander aux enfants d'ouvrir leur livre à la page 17 pour chercher un nouvel indice :

▶ *« Qui se cache derrière ce lampion déchiré ? »*

Recueillir quelques réponses, les noter sur le tableau ou sur une grande feuille, sans les commenter et passer à l'activité suivante. Il s'agit d'une reine, Éloïse, la femme d'Éloi, le roi des airs, que les enfants vont découvrir grâce à un puzzle.

Inviter les enfants à revenir sur les pages 6-7, 10-11, et 14-15 de leur livre pour observer attentivement tous les lampions. Leur demander de nommer les personnages qu'ils reconnaissent et de compter à chaque fois les lampions.

3. Identifier

15 mn

▶ Activité individuelle

voir cahier page 11

Expliquer aux enfants que pour trouver l'indice et vérifier leurs hypothèses, il va falloir qu'ils reconstituent un puzzle. Demander aux enfants d'ouvrir leur cahier d'activités à la page 11, activité 3, « Je fais un puzzle ». Détailler avec eux les étapes de l'activité.

1. Je cherche les pièces du puzzle page D.
Leur expliquer que pour reconstituer le puzzle ils doivent assembler les pièces qui se trouvent page D.

2. Je colle les pièces au bon endroit.

3. Je compare mon puzzle avec celui de mes camarades.
Lorsque tout le monde a fini, demander aux enfants d'essayer d'identifier l'indice. Leur poser les questions suivantes :
▶ *« Est-ce un homme ou une femme ? À qui ressemble-t-il (elle) ? »*
Les enfants devraient noter une ressemblance avec Éloi.
▶ *« Vous vous souvenez d'Éloi ? Qui est Éloi ? Alors qui est cette dame ? Sa fille, sa mère, sa femme ? Qu'est-ce qu'elle porte sur la tête ? Pourquoi ? »*
Reprendre le livre à la page de l'indice et répondre à la question : « Qui se cache derrière ce lampion déchiré ? » L'indice à trouver est le mot « reine ». Demander aux enfants d'écrire sur une petite feuille : « Une reine » et de dessiner une couronne. C'est le troisième indice à glisser dans le cœur tressé.
Reprendre le cahier d'activités.
▶ *« Et à votre avis comment pourrait s'appeler cette reine ? Regardez ! »*
Écrire au tableau : Éloi, le roi, et Éloïse, la reine. Demander à un enfant volontaire de lire ces deux énoncés avec votre aide.

4. J'écris le nom du personnage.
Relire vous-même les deux énoncés et demander aux enfants d'écrire sous le puzzle : « Éloïse, la reine ». Faire un modèle pour ceux qui le désirent.

4. Saluer

3 à 5 mn

▶ Activité de clôture

Tatou remercie les enfants.
▶ *« Oh, le lampion d'Éloïse est réparé, merci de votre aide ! »*

Inviter les enfants à chanter et à mimer la chanson, *Je perds la tête !*

Activité complémentaire

▌ Objet d'apprentissage   voir cahier page 14

Cette activité complémentaire s'inscrit dans la continuité des « chantiers d'écriture » initiés dès la première unité de ce module. Le travail proposé porte cette fois-ci sur les mots d'excuse. Dans un premier temps, les enfants observent et trient les informations, puis ils produisent à leur tour un document personnalisé à partir des modèles précédemment analysés. Ils apprennent notamment à identifier et à distinguer différentes phrases, pour en choisir une.

◗ Première partie

Inviter les enfants à ouvrir leur cahier d'activités à la page 14, activité 1, « Je repère les informations ».
Décomposer avec eux les étapes de l'activité.

1. J'observe les mots d'excuse.
Amener les enfants à identifier le type de document, en vous appuyant sur les illustrations et les mots connus :
▶ *« Qu'est-ce que c'est ? À quoi servent ces documents ? »*
Les lire et leur expliquer qu'il s'agit de mots d'excuse.
À partir du premier mot d'excuse que vous avez recopié sur une grande feuille, repérer et nommer avec les enfants les différentes informations : le nom de la personne à qui est adressé le mot d'excuse, la phrase qui explique la bêtise, la formule pour s'excuser, la promesse et le nom de la personne qui a écrit le mot d'excuse. Au fur et à mesure, entourer le nom de la personne qui reçoit le mot en jaune, la phrase qui explique la bêtise en rouge, la formule pour s'excuser en vert, la promesse en bleu, le nom de la personne qui a écrit le mot d'excuse en orange.
Comme dans les activités complémentaires précédentes vous faites ainsi apparaître l'ossature du texte.
Questionner les enfants pour vérifier leur compréhension du texte :
▶ *« Qui a écrit ? À qui ? Pourquoi ? Que demande-t-il ou que demande-t-elle ? »*
Inviter ensuite les enfants à repérer ces informations sur leur cahier, sur chacun des deux mots d'excuse.

2. J'entoure en jaune le nom de la personne qui reçoit le mot, en rouge la bêtise, en vert la formule pour s'excuser, en bleu la promesse, en orange le nom de la personne qui a écrit le mot.
Demander aux enfants de prendre des crayons jaune, rouge, vert, bleu et orange. Leur expliquer :
▶ *« Vous allez entourer à l'aide des crayons de couleur les informations recherchées. »*
Une fois l'activité terminée, relire chaque mot d'excuse en pointant un mot ou une phrase et la couleur correspondante :
▶ *« Qu'est-ce qui est écrit ici, en + [couleur] ? »*
Aider les enfants à répondre :
▶ *« C'est la bêtise. C'est la promesse, etc. »*

NOS CONSEILS

Vous pouvez choisir de laisser la grande feuille affichée, afin que les enfants puissent la recopier et s'en inspirer pour le deuxième mot d'excuse, ou bien de la retirer et de guider les enfants par vos questions.

matériel

● **Des crayons de couleur** (vert, rouge, jaune, bleu et orange)

● **Une grande feuille** (sur laquelle vous avez recopié le texte du premier mot d'excuse)

● **Des bandes de papier assez grandes**

● **Un gros feutre**

● **Le cahier d'activités**

notes

▶ Deuxième partie

Afficher une à une les bandes de papier que vous avez préparées et sur lesquelles vous avez écrit de la couleur qui convient les phrases suivantes : en vert les mots d'excuse « Pardon ! » et « Excuse-moi ! », et en rouge les différentes bêtises « J'ai découpé ton livre. / J'ai cassé ton vase. / J'ai coupé les moustaches de ta peluche. » Ces phrases se trouvent page C du cahier sous forme d'autocollants.

Les montrer aux enfants et les lire à voix haute. Inviter les enfants à répéter après vous la phrase écrite. Continuer ainsi pour toutes les phrases.

Puis leur proposer de lire une des phrases qu'ils devront pointer. Encourager les enfants à se déplacer au tableau pour pointer la phrase qui correspond à la phrase entendue.

Les inviter à ouvrir leur cahier d'activités page 14, activité 2, « J'écris un mot d'excuse » et décomposer avec eux les étapes suivantes :

1. Je cherche les phrases page C.

2. Je colle les phrases à l'endroit qui convient.
Attirer l'attention des enfants sur les couleurs des autocollants. Elles doivent les guider dans la réalisation de l'activité.

3. J'écris à qui j'envoie le mot d'excuse et mon nom aux endroits qui conviennent.
Passer parmi les enfants pour les inviter à lire individuellement les phrases qu'ils ont choisi de mettre pour rédiger leur mot d'excuse et pour les aider à écrire des noms.

NOS CONSEILS

Penser à faire une différenciation pour les enfants plus à l'aise à l'écrit. Leur permettre, par exemple, d'écrire des mots d'excuse plus longs ou plus personnalisés. En situation, ne pas hésiter à élargir la notion du mot d'excuse en expliquant qu'il ne s'agit pas forcément d'une bêtise (impossibilité d'aller à un rendez-vous, de se rendre à une fête, oubli, etc.)

Première séance

▌ Objet d'apprentissage

Toute cette unité est consacrée à la peur. Elle peut s'inscrire dans un travail en transdisciplinarité avec des enseignants d'arts plastiques et d'expression corporelle. L'activité collective permet de vérifier la compréhension orale des enfants en sollicitant les prises de parole. L'activité individuelle consiste à remettre dans l'ordre les moments clés du texte enregistré.

---

matériel

- Le livre de l'élève
- Le cahier d'activités
- La cassette audio ou le CD (texte 7 et chanson 3)

notes

1. Accueillir   3 à 5 mn

▶ Activité rituelle

Accueillir les enfants avec le masque de Tatou :
▶ *« Merci de m'avoir aidé à réparer le lampion de la reine Éloïse. Mais vous savez, les enfants, je suis encore jaloux de + [nom du chien] : il m'a volé mon ami et… Tiens, j'ai une idée ! »*
Puis ôter le masque et leur dire en chuchotant :
▶ *« J'espère que ce n'est pas encore une bêtise ! »*

NOS CONSEILS

Le rituel des anniversaires (vérification sur le calendrier et chansons s'il y a lieu) peut désormais être pris en charge par les enfants. Ainsi, à tour de rôle, un enfant pourra, à chaque début de séance, venir regarder le calendrier des anniversaires et interroger ses camarades : « Y a-t-il des anniversaires à souhaiter dans la classe ? » Le même enfant pourra demander si des vœux se sont réalisés.

---

2. Explorer   15 mn

▶ Activité collective   voir livre pages 18-19

Inviter les enfants à fermer les yeux pour écouter la suite des aventures de Tatou. Créer une ambiance propice à l'écoute. Lorsque la classe est calme et attentive, commencer lentement, en chuchotant, à faire entrer les enfants dans le monde de Tatou :
▶ *« Les enfants, écoutez, vous êtes chez Selim. Il fait nuit. Tatou et + [nom du chien] sont seuls. Écoutez…* (laisser un long silence puis imiter les douze coups de minuit) *Il est minuit. Que va-t-il se passer ? »*

Passer l'enregistrement et veiller à ce que les enfants gardent les yeux fermés pendant l'écoute.

notes

Texte 7

Il est minuit. Tatou va encore faire une bêtise. Écoute…

Tatou : J'ai une idée. Je vais me déguiser en fantôme pour faire peur au chien. Voilà, je me mets un drap sur le dos. Je suis prêt. Hou ! Hou ! Hou ! ! !

Chien : Qu'est-ce que c'est ? C'est toi, hibou ?

Tatou : Je suis le fantôme de minuit !

Chien : Oh ! là, là ! Un fantôme ! J'ai peur ! Je vais me cacher ! Vite à l'abri, sous l'escalier ! Laisse-moi tranquille ! Au secours !

Tatou : Ne te cache pas. Je vais te trouver, tu sais. Pour moi la nuit, tout est net ! Je n'ai pas besoin de lunettes ! Tu as pris la place de Tatou dans le cœur de Selim.

Chien : Mais non ! Selim adore Tatou !

Tatou : Ce n'est pas vrai, il ne joue plus avec moi, euh, avec Tatou. Tu vas partir et promets-moi de ne pas revenir dans cette maison. Ouh !

Chien : Pitié, monsieur le fantôme ! Je ne sais pas où aller ! Et Selim…

Au même moment, Tatou avance sur la table. Il ne voit pas le miroir. Il tombe.

Chien : Tatou ? Tatou, c'est toi ! Tu m'as fait peur ! Mais, tu t'es fait mal ! Oh ! tu saignes ! Oh ! là, là ! tu as un morceau de miroir dans la patte !

Tatou : J'ai encore fait une bêtise. C'est de ma faute, laisse-moi !

Chien : Mais non, je vais t'aider ! Je vais enlever ce morceau de miroir ! Tu es prêt ?

Tatou : Merci, tu es gentil.

Chien : Tu saignes beaucoup ! Ça va ?

Tatou : J'ai mal ! Mm, je suis désolé, j'ai été méchant avec toi !

Chien : C'est peut-être aussi de ma faute ! Je t'ai un peu volé Selim !

Selim : Mais, mais qu'est-ce qui se passe ici ? Oh ! Tatou ! Papa, maman ! Venez vite, Tatou a eu un accident !

Recueillir les impressions des enfants :
▶ *« Avez-vous eu peur ? Qui avez-vous entendu ? Qui est le fantôme ? Avez-vous reconnu quelqu'un d'autre que le chien et Tatou ? Qui est-ce ? »*

Proposer aux enfants d'ouvrir leur livre aux pages 18-19 pour vérifier leurs réponses. Détailler avec eux les illustrations. Faire remarquer la couleur du cœur sur la médaille du chien. Expliquer qu'en français, quand on a très peur, on dit « avoir une peur bleue ».
Décrire avec les enfants la double page en utilisant le vocabulaire présent dans le dialogue. Montrer le chien qui se met « à l'abri » sous l'escalier, l'horloge et l'heure pour expliquer les douze coups de minuit. Proposer aux enfants de sonner les douze coups de minuit puis leur demander :
▶ *« À quelle heure a lieu la leçon de français ? La leçon de gymnastique ? »*
Essayer de trouver des exemples permettant aux enfants d'employer des heures exactes, par exemple : « à sept heures », « à deux heures ».
Résumer la situation en posant des questions et, au fur et à mesure, écrire les réponses qui vous sont données par les enfants :
- **Quelle l'heure est-il ?** Il est minuit.
- **À qui Tatou veut-il faire peur ?** Tatou veut faire peur à + [nom du chien].

- **Comment se déguise-t-il ?** Il se déguise en fantôme.
- **Où + [nom du chien] se met-il à l'abri ?** Il se met à l'abri sous l'escalier.
- **Que se passe-t-il ?** Tatou tombe avec le miroir. Un morceau de verre lui blesse la patte.
- **Que fait + [nom du chien] ?** Il enlève le morceau de verre.
- **Qui ouvre la porte ?** Selim ouvre la porte.

3. Relier   10 mn

▌ Activité individuelle   voir cahier page 12

Demander aux enfants d'ouvrir leur cahier, page 12, activité 1, « Je remets les images dans l'ordre ». Observer avec eux les six tableaux et détailler les étapes de l'activité :

▶ *« Nous allons écouter à nouveau l'enregistrement pour remettre ensuite les images dans l'ordre. »*

1. J'écoute le dialogue.
Demander aux enfants d'écouter très attentivement l'enregistrement sans rien noter et éventuellement en fermant les yeux.

2. Je numérote les images dans l'ordre de l'histoire.

3. Je compare mes résultats avec ceux de mes camarades.
Passer parmi les enfants pour modérer les échanges et pour aider ceux qui en ont besoin. Pour la correction collective, inviter les enfants à justifier leurs réponses en décrivant les images et en expliquant les différents moments de l'histoire, à l'aide des phrases écrites au tableau.
L'ordre des images est : 3, 1, 2, 6, 5, 4.

4. Saluer   2 à 3 mn

▌ Activité de clôture

Commenter cette nouvelle aventure :
▶ *« Ah ! là, là ! Tatou a encore perdu la tête ! »*

Inviter les enfants à chanter et à mimer la chanson, *Je perds la tête !*

notes

> La peur

30 minutes

matériel

- La lettre de Tatou

- La reproduction du tableau *Le cri*
(cahier p. 15, guide pédagogique p. 207, mallette pédagogique)

- Une grande feuille
(sur laquelle vous avez reproduit la feuille de sondage du cahier)

- Les cœurs tressés

- Le cahier d'activités

- La cassette audio ou le CD (chanson 2)

notes

Deuxième séance

▌ Objet d'apprentissage

Cette séance vise à explorer sous différentes formes le sentiment de la peur. C'est à partir d'un célèbre tableau du peintre norvégien, Munch, que les enfants sont conduits à imiter le personnage du tableau et à imaginer ce qui peut causer sa peur. L'expression de la peur est corporelle avant d'être verbale. C'est pourquoi un travail sur l'expression corporelle est proposé dans l'activité collective. L'activité individuelle propose aux enfants de réaliser un sondage sur le thème de la peur. Les enfants devront interroger leurs camarades puis présenter les résultats de l'enquête. Il s'agit alors d'amener les enfants à prendre la parole en public.

1. Accueillir   5 mn

▌ Activité rituelle

Accueillir et saluer les enfants et inviter un enfant à venir s'enquérir des anniversaires et des vœux réalisés.

Leur montrer la reproduction du tableau de Munch *Le Cri*. Leur demander :
▶ **« À votre avis, pourquoi est-ce que je vous montre ce tableau ? »**
Conduire les enfants à établir des liens entre les histoires de Tatou et cette reproduction. Le lien est la peur. Demander aux enfants :
▶ **« Avez-vous déjà rencontré des personnages qui ont peur dans Tatou ? »**
Les enfants pourront répondre que Tatou avait peur de l'orage ou que le Petit Chaperon rouge avait peur du loup. Continuer à questionner les enfants :
▶ **« Et Tatou, de quoi avait-il peur quand il était triste à l'anniversaire de Selim ? »**
Les enfants pourront répondre, par exemple, qu'il avait peur que le chien lui vole son copain. Enfin demander :
▶ **« Et maintenant, qui a peur ? de quoi ? de qui ? Et Selim, est-ce qu'il a peur quand il voit Tatou blessé ? »**

2. Explorer   8 mn

▌ Activité collective

Demander aux enfants de se placer debout devant la reproduction du tableau de Munch, comme s'ils étaient dans un musée. Leur demander de décrire ce qu'ils voient. Dans un premier temps, dire aux enfants qu'il s'agit de la reproduction d'un tableau. Donner le nom du peintre, l'écrire au tableau, reprendre avec votre doigt les courbes qui entourent le personnage, nommer les couleurs et pointer les différents éléments que l'on voit sur le tableau comme le pont. Demander aux enfants :
▶ **« Où se trouve le personnage ? »**

Inviter les enfants à prendre la même posture que le personnage du tableau. Insister pour que les gestes soient exactement reproduits au niveau du corps, des mains, de la bouche et des yeux. Interroger aussi les enfants sur les gestes, les mimiques qui, pour eux, expriment la peur. Le cri est une façon d'extérioriser sa peur, il en existe d'autres (se cacher le visage avec les mains, mettre une main devant sa bouche, écarquiller les yeux, trembler, etc.). Vous pouvez suggérer aux enfants de décrire ou de mimer toutes ces manifestations de la peur, parfois liées à des expressions comme « avoir la chair de poule »).

Leur demander ensuite de proposer un titre au tableau. Noter les propositions des enfants puis donner son titre *Le Cri* et l'écrire au tableau lorsque le sentiment de peur est compris. Faire l'inventaire avec les enfants de ce qui peut bien faire crier ce personnage :

▶ *« À votre avis, pourquoi ce personnage crie-t-il ? De quoi ce personnage peut-il avoir peur ? »*

Recueillir les propositions. Pour chaque proposition, la replacer dans la réalité du tableau de Munch :

▶ *« Est-ce que cela peut être des souris ? Non, le personnage ne regarde pas par terre. »*

NOS CONSEILS

Il n'est pas rare que les enfants recherchent une unique réponse à cette question et qu'ils vous demandent si vous savez de quoi le personnage a peur et pourquoi il crie. Les enfants vont faire un sondage et pourront s'apercevoir que, si la peur est un sentiment largement partagé dans la classe, tout le monde n'a pas peur pour les mêmes raisons.

Vous trouverez le tableau et de quoi approfondir cette démarche à l'adresse suivante :

http://www.museumsnett.no/nasjonalgalleriet/

3. Interlude   3 mn

▌ Activité passerelle

Expliquer aux enfants que Tatou aimerait qu'ils fassent un tableau pour représenter leur peur, un peu à la manière de Munch. Pour cela, ils auront éventuellement besoin d'une photo d'eux. Leur annoncer qu'ils organiseront ensuite une exposition pour les parents et les autres classes.

Leur lire la lettre en français puis la traduction que vous en avez faite dans la langue d'enseignement. Ensuite la distribuer à chacun.

Lettre de Tatou

Cher(s) parent(s),

Je suis Tatou, le chat qui parle français ! Avec votre enfant, nous allons préparer une petite exposition sur le thème de la peur. Pour cela, nous avons besoin d'une photographie d'identité récente de votre enfant. Merci de votre aide ! Miaou !

Tatou

NOS CONSEILS

À la place de la lettre, vous pouvez, si vous avez un appareil photo à disposition, prévoir une séance photo avec les enfants en classe. Pour cela vous devez peut-être demander l'autorisation des parents.

4. Représenter | 10 mn

▶ Activité individuelle   **voir cahier page 13**

Demander aux enfants d'ouvrir leur cahier à la page 13, activité 2, « Je fais un sondage ». Les interroger :

▶ *« De quoi s'agit-il ? Avez-vous déjà fait une activité de sondage ? »*

Énumérer avec eux les dessins :

▶ *« Je vois des serpents, des sorcières, des fantômes, des monstres, une seringue. »*

Expliquer aux enfants par des mimes que les seringues servent à faire des piqûres. Leur demander s'ils connaissent d'autres choses qui font des piqûres (les cactus, les abeilles, les moustiques…).

Détailler avec eux les différentes étapes de l'activité :

1. Je demande à cinq camarades : « Est-ce que tu as peur des… ? »

Expliquer aux enfants qu'ils doivent s'assurer que chaque enfant de la classe a été interrogé au moins une fois par un autre camarade.

2. J'écris les prénoms de mes camarades et je fais une croix pour indiquer de quoi ils ont peur.

Expliquer aux enfants qui auraient des difficultés à écrire les prénoms de leurs camarades que ces derniers peuvent les écrire eux-mêmes. Leur dire que si des enfants n'ont peur d'aucune des cinq propositions, ils pourront s'exprimer lors de la mise en commun des résultats.

3. Je présente les résultats à toute la classe.

Prendre la grande feuille sur laquelle vous avez reproduit le sondage en y inscrivant tous les prénoms des enfants et sur laquelle vous aurez ajouté une colonne intitulée « Autre ».

Pour chaque prénom, demander à ceux qui ont interrogé cet enfant :

▶ *« De quoi + [prénom de l'enfant] a-t-il (elle) peur ? »*

Puis demander à l'enfant s'il a peur d'autre chose. Il pourra alors venir le dessiner sur la grande feuille en face de son prénom, dans la colonne « Autre » et l'écrire avec votre aide.

Vous pouvez afficher cette feuille de sondage ainsi que la reproduction du *Cri de Munch* dans la classe ou, dans le couloir, afin d'intriguer les autres classes.

NOS CONSEILS

Profiter de cette activité pour rappeler aux enfants les règles de vie de la classe : « Je me déplace doucement. »

4. Saluer | 4 mn

▶ Activité de clôture

Demander aux enfants s'ils connaissent une chanson qui contient le mot « peur ». Il s'agit de la chanson, *Mon cœur*.

Inviter les enfants à prendre leurs cœurs tressés. Faire écouter la version instrumentale en leur proposant de l'accompagner avec la gestuelle.

notes

Troisième séance

▌ Objet d'apprentissage

Cette séance est construite autour de l'exploration d'un poème mettant en scène les personnages les plus fréquemment associés à la peur. Il s'agit de dramatiser ce texte afin de permettre aux enfants de se l'approprier. Ce travail sur le sentiment de la peur est complété par une activité de création plastique, une carte pop-up, au cours de laquelle les enfants seront amenés à s'exprimer sur leurs peurs, à expliquer ce qu'ils font, à demander des précisions. Cette activité se poursuit à la séance suivante car l'aspect esthétique doit être soigné puisqu'ils exposeront ensuite leurs réalisations.

1. Accueillir   3 mn

▶ Activité rituelle

Accueillir et saluer les enfants et inviter un enfant à venir s'enquérir des anniversaires et des vœux réalisés.

Demander aux enfants de venir s'installer autour de vous, devant le tableau de Munch, la reproduction de la poésie et la grande feuille de sondage. Expliquer aux enfants :

▶ *« Écoutez bien ce poème pour l'apprendre ensuite. »*

2. Explorer   5 mn

▶ Activité collective   **voir livre page 20**

Réciter la poésie, page 20 du livre de l'élève, en vous inspirant de l'enregistrement (ou passer l'enregistrement).

Après le dernier cri (ricanement de la sorcière), attendre un peu et faire un cri franc, net, et puissant, qui puisse surprendre les enfants et les faire sursauter.

Attendre les impressions des enfants puis leur proposer de la répéter.

NOS CONSEILS

Afin de privilégier le travail sur l'intonation, nous n'avons pas prévu d'accompagnement gestuel pour cette poésie. Si vous avez du temps, une fois que les enfants la connaîtront bien, vous pourrez réfléchir avec eux à une mise en gestes possible.

matériel

- La reproduction du tableau *Le Cri*
- La grande feuille de sondage
- Une grande feuille sur laquelle vous avez écrit la poésie
- Des crayons de couleur, des feutres, etc.
- De la colle
- Des ciseaux
- Des feuilles de papier
- Une carte pop-up que vous avez fabriquée
- La fiche technique pour fabriquer une carte pop-up
- Le livre de l'élève
- Le cahier d'activités
- La cassette audio ou le CD (poésie 1)

notes

Poésie 1   *Le Cri*

Dans ma maison, à chaque saison
Je vois ce qui n'existe pas !
Ça marche, ça rit
C'est peut-être une momie !
MMMMMMM !

Dans l'armoire, tous les soirs
Je vois ce qui n'existe pas !
Ça grince, ça respire !
C'est peut-être un vampire !
OHHHHHHHHH !

Sous le lit, toutes les nuits
Je vois ce qui n'existe pas !
Ça fait des claquettes
C'est peut-être un squelette !
CLIC-CLAC-CLIC-CLAC

Derrière les rideaux, le matin très tôt
Je vois ce qui n'existe pas !
Ça vole dans les airs
C'est peut-être une sorcière !
AH AH AH AH !

AH !

3. Produire   17 mn

▶ Activité individuelle   voir cahier page 13

Inviter les enfants à ouvrir leur cahier d'activités à la page 13, activité 3, « Je fabrique une carte pop-up ». Observer la reproduction d'une carte pop-up. Leur demander s'ils ont deviné en quoi consiste l'activité. Leur montrer la carte pop-up que vous avez réalisée, puis décomposer avec eux les différentes étapes de l'activité.

1. Je vais chercher mon matériel.

2. Je fabrique ma carte pop-up en suivant les étapes page 60.
Expliquer aux enfants que la carte pop-up qu'ils vont fabriquer doit représenter une des choses qui leur fait peur et qu'ils ont mentionnée lors du sondage. Vérifier à l'aide de la feuille collective de sondage, affichée au tableau, que les enfants ont bien compris en demandant à un enfant s'il sait ce qu'il va dessiner sur sa carte. Ne pas hésiter à interroger plusieurs enfants pour vérifier que l'intention de l'activité est comprise.
Afficher au tableau la fiche technique « Pour fabriquer une carte pop-up ». La commenter avec les enfants qui pourront suivre au tableau ou directement sur leur cahier (page 60), toutes les étapes de fabrication :
– Prendre une feuille et la plier en deux.
– À partir de la pliure, découper huit fentes pour obtenir quatre bandes de longueurs et de largeurs différentes.
– Ouvrir la feuille à 90 degrés et faire ressortir les bandes.

– Prendre une feuille de même format, la plier en deux, y insérer la première, elle aussi pliée en deux. Coller les deux feuilles ensemble en mettant la colle seulement aux quatre coins.

– Dessiner en dessous de la pliure ce qui servira de sol.

– Dessiner en dessus de la pliure ce qui servira de fond.

– Sur une autre feuille, faire son autoportrait en petit. Expliquer aux enfants qu'ils doivent se dessiner en train d'avoir peur. Ils peuvent utiliser les photos prises en classe ou apportées de la maison. Les enfants qui le souhaitent, si le format s'y prête, pourront directement coller leur photo en y apportant des changements au feutre.

– Dessiner ce qui vous fait peur, dessiner d'autres éléments comme un arbre, une autre personne, etc. sur une autre feuille.

– Découper puis coller ces éléments contre les bandes.

Expliquer aux enfants qu'ils auront du temps à la prochaine séance pour finir leur réalisation et passer dans les rangs pour les aider.

Demander aux enfants d'écrire leur prénom sur les différents supports de leur production. Prendre le temps de bien ramasser les productions sans les abîmer.

NOS CONSEILS

Encourager les enfants à utiliser d'autres techniques que le coloriage aux crayons de couleur. Ils peuvent utiliser des feutres, des craies grasses, des fusains, faire des collages, des peintures. Dans ce cas-là, bien entendu, il faudra mettre ces outils et ce matériel à leur disposition.

4. Saluer   5 mn

▌ **Activité de clôture**

Proposer aux enfants d'écouter la poésie, *Le Cri*.

> La peur

30 minutes

matériel

- La reproduction du *Cri*
- La grande feuille sur laquelle vous avez écrit la poésie
- Des feuilles de papier
- Des crayons de couleur et/ou peinture, feutres, etc.
- De la colle
- Des ciseaux
- Les cœurs tressés
- Le livre de l'élève
- Le cahier d'activités
- La cassette audio ou le CD (poésie 1)

Quatrième séance

▌ Objet d'apprentissage

Cette séance s'inscrit dans la continuité de la troisième séance. Dans un premier temps, les enfants vont se consacrer à leur production artistique et la terminer. Les réalisations des enfants donnent lieu à une exposition. L'activité collective (recherche d'un quatrième indice) repose sur la déduction. Il s'agit ici de repérer une caractéristique commune à plusieurs objets pour trouver celui qui n'est justement pas représenté.

1. Accueillir   5 mn

▶ Activité rituelle

Accueillir et saluer les enfants et inviter un enfant à venir s'enquérir des anniversaires et des vœux réalisés.
Distribuer à chaque enfant la carte pop-up qu'il a commencée à la séance précédente.

2° Fabriquer   10 mn

▶ Activité individuelle   voir cahier pages 13-14

Aider les enfants à terminer les réalisations artistiques, avant de passer à la dernière étape de l'activité.

3. J'expose ma carte pop-up.
Avec les enfants, exposer au fur et à mesure les réalisations achevées dans la classe ou dans le couloir. Écrire sur une pancarte le titre de l'exposition : « Les tableaux de la peur » et la date.
Afficher également *Le Cri* de Munch, le tableau de sondage et la reproduction de la poésie.

NOS CONSEILS

Attention, si vous prévoyez de faire l'activité complémentaire (pages 70-71), attendre que cela soit fait pour monter l'exposition avec les enfants. Si vous fêtez Halloween (31 octobre) ou une autre fête autour du thème de la peur, vous pouvez retarder un peu la date de cette exposition pour la faire coïncider avec cette fête. Pour faire connaître votre exposition, pensez à préparer des affiches que vous pourrez placer dans des endroits stratégiques, les enfants pourront participer au coloriage, à l'affichage. L'élaboration d'affiches constitue l'un des chantiers d'écriture proposés au cours du module 4.

3. Identifier   10 mn

▶ Activité collective   voir livre page 21

Demander aux enfants de se regrouper par deux ou trois. Leur donner une feuille de papier et un crayon. Demander à chaque groupe d'ouvrir un livre à la page 21. Les enfants vont être amenés à chercher le nouvel indice. Tous les objets dessinés ont une caractéristique en commun (ils sont tous brisés, cassés, déchirés, fissurés). Lorsque les enfants pensent avoir trouvé leur point commun, leur expliquer :

▶ **« Il manque un objet. Lequel ? Qu'est-ce qui pourrait aussi être dessiné sur cette page ? »**

L'indice à trouver est le miroir.

Distribuer à chaque groupe une feuille de papier. Chaque groupe choisit un dessinateur et un ambassadeur. Les ambassadeurs se réunissent devant le tableau et dévoilent leur indice en justifiant la réponse de leur groupe. Si les enfants ont effectivement trouvé la caractéristique commune aux objets dessinés, mais qu'ils ont proposé un autre objet que le miroir, les encourager :

▶ **« Vous êtes sur la bonne voie : cherchez l'indice pages 18-19. »**

Les inviter enfin à recopier sur une petite feuille le mot « miroir » que vous avez écrit au tableau et à en faire un petit dessin au dos qui leur permettra d'identifier le mot. Avant de glisser ce nouvel indice dans le cœur tressé, demander aux enfants s'ils se souviennent des autres indices. Ils pourront les nommer de mémoire ou les lire en s'aidant au besoin de leurs dessins.

4. Saluer   5 mn

▶ Activité de clôture

Prendre le temps d'observer et de commenter les réalisations avec les enfants. Favoriser les remarques et les échanges. Dire aux enfants qu'ils peuvent inviter leur famille et leurs amis à venir voir cette exposition. À partir de la grande feuille, réciter la poésie *Le Cri* en montrant clairement aux enfants que vous êtes en train de lire le texte. Les inviter à suivre la lecture sur leur livre page 20.

> La peur

30 minutes

matériel

- La reproduction du *Cri*

- Une grande feuille sur laquelle vous avez reproduit le cartel

- Des petits cartons

- Des supports visuels géographiques (planisphère ou globe terrestre)

- Une grande règle graduée

- Des crayons de couleur

- Le cahier d'activités

Activité complémentaire

▌ Objet d'apprentissage
voir cahier page 15

Cette activité complémentaire, conçue comme les précédentes, porte sur la fiche signalétique ou « cartel » qui accompagne les œuvres dans les expositions et dans les musées. Les enfants sont d'abord amenés à découvrir les différentes informations qu'un cartel comporte avant de produire leur propre cartel qui accompagnera la carte pop-up qu'ils ont réalisée au cours de la séance précédente. Cette activité, qui peut être travaillée en transdiscipinarité (géographie, géometrie, calcul) permet aussi aux enfants de mieux se connaître puisqu'ils vont devoir donner des renseignements personnels (date de naissance, lieu de naissance) et donner un titre à leur réalisation.

◗ Première partie

Inviter les enfants à ouvrir leur cahier à la page 15, activité 1, « Je repère les informations ».

Décomposer avec eux les deux étapes de l'activité.

1. J'observe les deux documents.
Afficher la reproduction du *Cri* et recopier au tableau ou sur une grande feuille le cartel de la page 15 du cahier d'activités.

▶ *« Qu'est-ce que c'est ? Avez-vous déjà vu ce document ? Où ? »*

Amener les enfants à identifier le type de document, en vous appuyant sur la reproduction du *Cri* et les mots connus à l'intérieur du cartel.

Les interroger :

▶ *« À quoi sert ce document ? Quelles sont les informations que l'on apprend ? Sait-on le titre de l'œuvre ? »*

Demander à un enfant volontaire de montrer l'endroit où l'on peut trouver cette information sur le cartel puis d'essayer de la lire. Entourer en bleu le titre de l'œuvre. Puis demander aux enfants :

▶ *« Sait-on qui est l'auteur de l'œuvre ? »*

Proposer à un enfant volontaire de montrer la réponse sur la reproduction et d'essayer de lire le nom « MUNCH ». Entourer en jaune le prénom et le nom de l'artiste. Demander aux enfants à quoi correspondent les dates et les mots écrits à côté du nom « MUNCH ». En vous appuyant sur leurs réponses et en les commentant, entourer en orange le lieu et la date de naissance de l'artiste, en violet le lieu et la date de mort de l'artiste. Demander aux enfants à quoi correspond la date écrite à côté du titre. Écouter leurs hypothèses puis valider ou non et donner la réponse. Entourer en rouge la date de réalisation. Continuer ensuite :

▶ *« Sait-on si la peinture est grande ou petite ? »*

Demander à un enfant volontaire de montrer l'endroit où l'on peut trouver cette information sur le cartel et d'essayer de lire cette information. Entourer en rose les dimensions de l'œuvre. Inviter les enfants à imaginer la grandeur de la peinture en vous aidant d'une règle graduée.

2. J'entoure les informations de la couleur demandée.
Demander aux enfants de reproduire l'ossature du cartel que vous avez fait apparaître, soit en s'aidant du modèle au tableau, soit en suivant vos indications. Les enfants devront colorier en rose les dimensions de l'œuvre, en bleu le titre de l'œuvre, en rouge la date de réalisation, en jaune le prénom et le nom de l'artiste, en orange le lieu et la date de naissance de l'artiste, en violet le lieu et la date de mort de l'artiste.

Amener les enfants à comparer avec le modèle. S'il y a des erreurs, corriger en coloriant au lieu de simplement entourer.

NOS CONSEILS

Les dates risquent de poser quelques problèmes aux enfants, mais c'est en les intégrant dans des documents que vous leur permettrez de se familiariser avec ces données, ne serait-ce qu'en écrivant régulièrement la date au tableau. Pensez aussi à montrer la Norvège aux enfants et si possible les deux villes : Løten et Ekely (près d'Oslo) afin de travailler la notion de ville par rapport au pays.

▶ Deuxième partie

Inviter les enfants à découvrir l'activité 2 de la page 15, « J'écris mon cartel ». Puis leur demander :

▶ *« Qu'allez-vous faire ? »*

Vérifier les hypothèses en décrivant le document. Décomposer les quatre étapes de l'activité.

1. Je pense à un titre pour ma carte pop-up.

Demander à chaque enfant le titre de sa carte pop-up et l'écrire au tableau ou sur un papier que vous aurez distribué au préalable aux enfants. Commencer par les enfants qui ont déjà l'idée d'un titre. Guider au besoin les enfants dans leur recherche en leur donnant des exemples variés du point de vue de la forme : « La Peur », « J'ai peur du noir », « Autoportrait », voire « Sans titre ».

2. J'écris mon cartel.

À l'aide de l'ossature colorée du cartel rappeler l'information qui doit être donnée pour chaque ligne. Par exemple demander aux enfants :

▶ *« Vous vous souvenez quelle est l'information entourée en bleu et celle, à côté, entourée en rouge sur la première ligne ? »*

Demander à un enfant ce qu'il va écrire. Interroger les enfants pour savoir s'ils vont avoir tous la même date. Puis l'écrire au tableau ou dicter les quatre chiffres de l'année en cours. Continuer ainsi pour chaque ligne.

Demander à un enfant ce qu'il va écrire. Pour les années de naissance, l'activité complémentaire portant sur le carnet de santé (page 44) devrait aider les enfants. S'ils ne connaissent pas leur année de naissance, ils connaissent leur âge, et pourront par conséquent calculer leur année de naissance. Ensuite localiser la ville sur le planisphère ou le globe. Écrire pour chaque enfant l'information au tableau ou sur le papier. Procéder ainsi pour toutes les informations. Pour les dimensions, faire mesurer les œuvres par un enfant volontaire.

Demander aux enfants d'écrire leur cartel en copiant au bon endroit toutes les informations demandées. Passer parmi eux pour les aider à repérer les informations et l'endroit où ils devront les écrire sur leur cahier.

3. Je recopie mon cartel.

Une fois que vous aurez vérifié les modèles de cartels complétés, distribuer aux enfants une petite carte et leur demander de recopier très soigneusement leur cartel en leur expliquant qu'il sera exposé à côté de leur œuvre.

4. J'expose mon cartel avec ma carte pop-up.

Les premiers spectateurs de l'exposition seront les enfants eux-mêmes. Profiter de cet instant pour faire présenter chaque cartel par son enfant.

NOS CONSEILS

Les enfants ne connaîtront peut-être pas leur ville de naissance. Leur suggérer de laisser l'espace vide et de se renseigner auprès de leurs parents pour obtenir cette information.

notes

> L'amitié

1 **30** minutes

matériel

• Le livre de l'élève

• Le cahier d'activités

• La cassette audio ou le CD (texte 8)

Première séance

▌ Objet d'apprentissage

Cette séance est consacrée à la compréhension du dernier épisode de ce module. L'activité collective vise à éveiller la curiosité des enfants et à les faire émettre des hypothèses quant à la situation. Une écoute plus dirigée est proposée dans l'activité individuelle puisqu'il s'agit d'écouter une nouvelle fois le texte pour compléter un tableau. Cette activité permet aux enfants de vérifier leur compréhension orale tout en faisant appel à la reconnaissance de l'écrit. L'objectif n'est pas d'apporter les bonnes réponses mais de laisser les enfants justifier leurs choix.

1. Accueillir   5 mn

▶ Activité rituelle

Un enfant volontaire prend en charge le rituel des anniversaires et demande à ses camarades s'il y a des vœux qui se sont réalisés.
Inviter les enfants à raconter ce qui s'est passé lors des épisodes précédents. Vous pouvez ouvrir un livre devant les enfants et commenter avec eux les doubles pages des unités précédentes, tout en les leur montrant.

2. Explorer   10 mn

▶ Activité collective   voir livre pages 22-23

Inviter les enfants à ouvrir leur livre pages 22-23. Les amener à décrire ce qu'ils voient en les questionnant :
▶ *« Qui est ce monsieur ?* (montrer le vétérinaire) *Où sont les personnages ? Pourquoi le cœur du tee-shirt de Tatou est-il bleu ? »*
Montrer également le carnet de santé de Tatou et faire un lien avec l'activité complémentaire de l'unité B (la tristesse), si vous l'avez faite avec vos élèves. Établir un lien entre cette page, l'unité précédente et le sondage du cahier d'activités :
▶ *« De quoi Tatou a-t-il peur ? Et vous, avez-vous peur chez le docteur ? De quoi avez-vous peur ? »*

Puis montrer sur un livre la page de droite :
▶ *« Que se passe-t-il sur cette page ? Quel temps fait-il ? Que fait Selim ? Où sont Tatou et + [nom du chien] ? »*

Apporter au fur et à mesure le vocabulaire dont ils auront besoin pour comprendre le texte audio. Les enfants décrivent la double page et vous reformulez lorsque c'est nécessaire.
Leur proposer de découvrir ce qui se passe et d'écouter le dialogue pour vérifier leurs hypothèses.

Texte 8

Tatou est chez le vétérinaire. Écoute…

Vétérinaire : Que s'est-il passé Tatou ?

Tatou : J'ai mal ! J'ai fait une bêtise.

Vétérinaire : N'aie pas peur ! Je vais te faire une piqûre.

Tatou : Mais j'ai une peur bleue des piqûres, moi ! Aïe, aïe, aïe !
Je n'aime pas ça, les piqûres !

Vétérinaire : Voilà, ça y est ! Maintenant, une aiguille, du fil, je vais
recoudre tout ça ! Ça va Tatou ?

Tatou : Oh ! là, là, là !

Selim : Ne t'inquiète pas, je suis là !

Chien : Donne-moi ta patte !

Tatou : Tu es gentil, merci !

*Voilà, le vétérinaire a terminé. Tatou doit faire attention. Il doit bien
prendre ses médicaments.*

Vétérinaire : Et ce petit chien ? Comment va-t-il ?

Chien : Très bien, docteur ! Merci ! Euh, on y va Selim !

Selim : Oui, allons-y !

Selim, Tatou, le petit chien : Merci beaucoup, docteur ! Au revoir !

*Tatou est guéri. C'est l'hiver. Selim, Tatou et le chien sont dans
le jardin. Que fait Selim ?*

Chien : Bravo, c'est très réussi Selim ! Tatou est très beau.

Tatou : Attends, Selim n'a pas terminé ! Toi aussi, tu vas être très beau !

Selim : Tiens, avec cette boule de neige, je vais faire la tête !

Tatou : Tu vas lui faire la tête, mais pourquoi ?

Chien : Mais non, Tatou, il va faire ma tête, pas me faire la tête !

Selim : Ah Tatou, toujours prêt à défendre ton ami.

Tatou : C'est normal !

Selim : Moi, je vous adore tous les deux !

Tatou et le chien : Nous aussi on t'adore ! Pour Selim, hip, hip, hip, hourra !

notes

3. Identifier
10 mn

▶ **Activité individuelle**   **voir cahier page 16**

Demander aux enfants d'ouvrir leur cahier à la page 16, activité 1, « Je vérifie que j'ai bien compris ». Leur expliquer le fonctionnement du tableau :

▶ *« Ici, ce sont des phrases. Il faut choisir entre vrai, faux ou je ne sais pas.
Par exemple, phrase 2 : Le vétérinaire fait une piqûre à Selim. C'est vrai ?
C'est faux ? »*

Laisser les enfants répondre et, selon leurs réponses, les guider par des
questions. Leur expliquer :

▶ *« Si vous pensez que le vétérinaire fait une piqûre à Selim, vous mettez
une croix dans la première colonne (vrai), si vous pensez que le vétérinaire ne fait pas une piqûre à Selim, alors vous faites une croix dans la
deuxième colonne (faux), enfin si vous ne savez pas, vous mettez une
croix dans la dernière colonne (je ne sais pas). »*

Lire à voix haute les phrases écrites dans le tableau, en donnant à chaque fois le numéro qui l'accompagne. Demander aux enfants de les répéter après vous puis de vous montrer du doigt les phrases que vous allez lire à nouveau:

▶ **«Je vais lire les phrases. Vous allez avec votre doigt me montrer la phrase que vous entendez. Vous êtes prêts? Montrez-moi: "Selim est triste. Il fait la tête".»**

Pour expliquer cette phrase vous pouvez la mimer. Continuer ainsi en vérifiant que les enfants comprennent bien les phrases écrites. Penser à leur expliquer que les phrases 4 et 5 concernent la deuxième partie de l'enregistrement, c'est-à-dire la scène illustrée page de droite sur le livre. Décomposer ensuite avec les enfants les différentes étapes.

1. J'écoute pour compléter le tableau.
Leur expliquer:

▶ **« Vous allez écouter à nouveau le texte. Laissez vos crayons de papier de côté. À la fin de l'écoute, vous compléterez le tableau. »**
Passer l'enregistrement.

2. Je choisis les réponses avec un camarade.
Demander aux enfants de se mettre deux par deux. Les enfants, par binôme, échangent leurs points de vue et discutent des réponses à apporter.

3. Je mets une croix (un X) dans la colonne qui convient.
Demander aux enfants de compléter au crayon à papier le tableau et d'écrire sous le tableau le nom du camarade avec lequel ils ont fait cette activité.
La correction se fait collectivement. Il s'agit d'insister sur les explications, que les enfants et vous-même fournirez à partir de l'enregistrement, et non pas sur les bonnes ou les mauvaises réponses.
Les réponses attendues sont:

	Vrai	Faux	Je ne sais pas
1) Tatou est chez le vétérinaire.	X		
2) Le vétérinaire fait une piqûre à Selim.		X	
3) Tatou a peur des piqûres.	X		
4) Selim est triste. Il fait la tête.		X	
5) Tatou est l'ami du chien.	X		

NOS CONSEILS

La colonne «Je ne sais pas» permet aux enfants de dire ouvertement qu'ils ne savent pas répondre aux questions. Faire des erreurs, reconnaître que l'on ne sait pas, fait également partie de l'apprentissage.

4. Saluer
5 mn

▶ Activité de clôture

Proposer aux enfants de réciter la poésie, *Le Cri*.
Saluer les enfants et les inviter à vous saluer à leur tour.

Deuxième séance

30 minutes

matériel

- Le livre de l'élève

- Le cahier d'activités

- La cassette audio
ou le CD (chanson 4)

notes

▌ Objet d'apprentissage

Cette séance travaille l'exploration de la nouvelle chanson de Tatou, intitulée *Mon ami*. Au cours de l'activité collective les enfants sont invités à danser sur l'air de cette nouvelle chanson et à découvrir les paroles. L'activité individuelle permet de travailler les expressions idiomatiques entendues dans la chanson. Ces deux activités ont été aussi conçues pour travailler l'opposition présent/passé et l'expression de ces temps en français.

1. Accueillir   3 mn

▶ Activité rituelle

Préparer la salle de classe en écartant les tables et les chaises.
Accueillir les enfants et les saluer un par un :
▶ *« Bonjour + [prénom d'un enfant]. »*
Faire signe à l'enfant de venir vous donner la main. Saluer un autre enfant et lui faire signe de donner la main à son camarade, et ainsi de suite. À la fin de cette activité, tous les enfants se donnent la main et forment une chaîne.
Commencer à marcher doucement en mettant la version instrumentale de la chanson *Mon ami*.

2. Explorer   12 à 15 mn

▶ Activité collective   voir livre page 24

Pendant l'écoute de la version instrumentale de la chanson, marcher doucement puis couper la chaîne en deux files qui se font face.
À la fin de l'écoute, expliquer aux enfants :
▶ *« Vous vous souvenez, Tatou était triste et maintenant Tatou n'est plus triste parce qu'il a un nouvel ami. »*

Choisir au hasard une des files et dire :
▶ *« Vous, vous êtes Tatou quand il était triste. Comment faisait Tatou ? »*
Les laisser mimer la tristesse et solliciter leurs réponses :
▶ *« Tatou avait un cœur gris sur son tee-shirt ; il pleurait ; il voulait être seul ; il faisait la tête ; il avait le cœur brisé ; etc. »*

Amener les enfants à parler d'eux lorsqu'ils sont tristes :
▶ *« Et, vous comment êtes-vous quand vous êtes tristes ? »*
Introduire les expressions imagées « avoir le cœur gros » et « voir tout en noir » qui évoquent la tristesse, la peine, le pessimisme. Leur demander enfin :
▶ *« Pourquoi Tatou était-il très triste ? Pourquoi faisait-il la tête ? »*

>L'amitié

Les enfants devraient être capables d'expliquer en français les causes :

▶ *« Il était triste parce Selim a eu un chien pour son anniversaire. »*

Reformuler les phrases si des erreurs sont commises notamment dans l'expression du passé. Ajouter :

▶ *« Vous vous souvenez, lorsque Tatou était triste, que faisait-il aussi ?... Vous vous souvenez des lampions déchirés, du fantôme ? Tatou n'était pas très gentil avec Selim et + [nom du chien]. Tatou a été méchant, il a fait des bêtises. »*

Puis, s'adresser à l'autre file :

▶ *« Vous, vous êtes Tatou maintenant. Il n'est plus triste. Tatou est heureux maintenant. Est-ce qu'il voit la vie en noir ?* (mimer la tristesse) *Alors de quelle couleur Tatou voit-il la vie ? »*

Laisser les enfants répondre puis expliquer que lorsqu'on est très heureux, on peut dire en français : « Je vois la vie en rose. »

Interroger à nouveau les enfants :

▶ *« Tatou n'est plus triste. Est-ce qu'il a le cœur gros ?* (mimer la tristesse) *Alors comment est le cœur de Tatou ? »*

Introduire l'expression « avoir le cœur léger ». Inviter alors les enfants de cette file à mimer Tatou qui est heureux. Enfin leur demander :

▶ *« Pourquoi Tatou n'est plus triste, pourquoi est-il heureux ? »*

Solliciter leurs réponses :

▶ *« Il est heureux parce qu'il a un ami. Le chien est très gentil. Il lui a tendu la patte* (mimer ce geste)*. »*

Enfin, dire aux enfants :

▶ *« Nous allons découvrir la nouvelle chanson de Tatou. »*

Chanson 4   *Mon ami*

J'avais le cœur gros	J'ai été méchant
J'ai le cœur léger	Tu es très gentil
Je voyais tout en noir	Je faisais la tête
Je vois la vie en rose	Tu m'as tendu la patte
Tu es mon ciel bleu	**Tu es mon ciel bleu**
Mon trésor joli	**Mon trésor joli**
Tu me rends heureux	**Tu me rends heureux**
Mon ami	**Mon ami**

Après une première écoute de la chanson reproduite page 24 du livre de l'élève, leur expliquer qu'ils vont apprendre une petite danse :

▶ *« La file qui représente Tatou quand il était triste avance d'un pas vers l'autre file lorsque Tatou dit qu'il était triste (par exemple : " J'avais le cœur gros ") puis recule. La file qui représente Tatou heureux avance d'un pas vers l'autre file lorsque Tatou dit qu'il est heureux (par exemple : " J'ai le cœur léger ") puis recule et ainsi de suite. Pendant le refrain on se prend par la main et on se balance de gauche à droite. »*

Pendant le deuxième couplet, procéder de la même manière. Tatou a été méchant parce qu'il était triste, donc les enfants qui représentent Tatou triste avancent d'un pas. Pour « Tu es très gentil », les enfants qui représentent Tatou heureux avancent d'un pas et ainsi de suite. Pendant le refrain les enfants des deux files se prennent par la main et se balancent de gauche à droite.

À la fin, inviter les enfants d'une des files à retourner à leur place, puis ceux de l'autre file, pour éviter des déplacements trop bruyants dans la classe ainsi que des bousculades.

NOS CONSEILS

L'activité complémentaire aura pour objet de découvrir et d'écrire des cartes humoristiques explicitant des expressions telles que « Mon trésor joli », « Mon ciel bleu ». Si vous choisissez de ne pas proposer l'activité complémentaire à vos élèves, prenez quelques minutes pour expliquer le refrain et ses intentions. Vous pouvez demander aux enfants comment leurs parents les appellent : « Mon petit chat ? Ma princesse ? Mon trésor ? »

3. Représenter   7 mn

▌ Activité individuelle   voir cahier page 17

Demander aux enfants d'ouvrir leur cahier page 17, activité 2, « Je connais la chanson ». Leur laisser du temps pour découvrir l'activité.

Décrire avec les enfants les images du cahier puis décomposer avec eux l'activité :

1. Je cherche les images page C.
Inviter les enfants à décrire ces images.

2. Je pense à la chanson.

3. Je colle les images à l'endroit qui convient.
Passer parmi les enfants pour les aider à choisir les images et à les coller à l'endroit qui convient. Les encourager à expliquer ce qu'ils font et à décrire les images.

4. Je compare mes résultats avec ceux de mes camarades.
Proposer ensuite une correction collective. En face du cœur gros, les enfants colleront le cœur léger, en face de Tatou voit la vie en noir, Tatou voit la vie en rose, en face du Tatou méchant, le chien gentil, en face de Tatou qui fait la tête, le chien qui tend la patte.

4. Saluer   5 mn

▌ Activité de clôture

Inviter les enfants à chanter et à danser à nouveau sur la chanson, *Mon ami*. À la fin de la danse, les enfants saluent leurs voisins en se serrant la main et en se disant « au revoir ».

notes

> L'amitié

30 minutes

matériel

- Des ciseaux
- Une grande feuille pour reproduire la comptine
- Le cahier d'activités
- La cassette audio ou le CD (comptine 1)

notes

Troisième séance

▌ Objet d'apprentissage

Cette séance est construite autour d'une nouvelle comptine. L'activité collective, consacrée à la découverte de cette comptine, fait appel aux connaissances des enfants en leur proposant d'associer des couleurs et des sentiments par le biais d'expressions idiomatiques. L'activité individuelle consiste en la fabrication d'un jeu de dominos, conçu à partir de la comptine, avec lequel les enfants seront amenés, par des associations logiques, à mémoriser la comptine et les expressions idiomatiques qu'elle contient tout en jouant.

1. Accueillir   3 mn

▌ Activité rituelle

Après le rituel des demandes concernant les anniversaires et les vœux réalisés, faire écouter la comptine *L'Arc-en-ciel des sentiments* ou la réciter sans l'enregistrement. Recueillir ensuite les impressions générales :
▶ *« Avez-vous aimé cette comptine ? »*

Comptine 1

L'Arc-en-ciel des sentiments

Noir de colère
Vert de jalousie
Bleu de peur
Rouge de honte

Orange comme un feu de joie
Tous ces sentiments
Font de moi
Un être vivant !

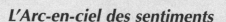

2. Explorer   10 mn

▌ Activité collective

Inviter les enfants à écouter à nouveau la comptine, puis leur demander de répéter après vous la comptine phrase par phrase en marquant bien l'intonation et en accompagnant au besoin de gestes et de mimiques pour bien rendre chacun des sentiments.

Afficher au tableau la feuille sur laquelle vous avez écrit la comptine. Utiliser des couleurs, le noir pour « noir de colère », le vert pour « vert de jalousie », etc., pour aider les enfants à se repérer dans le texte.

Reprendre la récitation de cette comptine en montrant au fur et à mesure les phrases écrites sur la feuille. Inviter alors les enfants à réciter avec vous, tout en étant vigilant sur la qualité de l'intonation et de la prononciation.

NOS CONSEILS

Vous pouvez varier la récitation en expliquant aux enfants : « Nous allons encore réciter la comptine. Cette fois, je vais commencer et + [prénom de l'enfant qui est à votre droite] va dire la phrase suivante, puis + [prénom de l'enfant qui est à droite du premier enfant] va dire la phrase suivante et ainsi de suite jusqu'à ce que tout le monde ait dit une phrase de la comptine. »

3. Fabriquer   15 mn

▶ Activité individuelle   voir cahier page 17

Proposer aux enfants d'ouvrir leur cahier d'activités page 17, activité 3, « Je fabrique mon jeu de dominos ». Leur demander :
▶ *« Qu'allez-vous faire ? »*

Décomposer avec les enfants les étapes de réalisation de l'activité :

1. Je cherche mon jeu page A.
Demander aux enfants de décrire les plaquettes du jeu de dominos.

2. Je découpe les dominos.
Expliquer aux enfants :
▶ *« Vous allez découper les dominos pour jouer ensuite avec d'autres camarades puis avec votre famille. »*
Laisser les enfants découper leur jeu de dominos. Passer parmi eux pour les amener à dire ce qu'ils font, ce qu'ils voient sur les dominos.

3. Je joue en suivant la règle du jeu.
Lorsque tous les enfants ont découpé leurs plaquettes, leur donner la règle du jeu :
Ce jeu, qui reprend et illustre la comptine, fonctionne par associations. Les enfants, par groupes de deux ou trois, doivent reconstituer la comptine dans son entier en mettant côte à côte tous les dominos.
Chaque joueur place les six dominos devant lui, comme un paquet de cartes, face cachée. Un joueur commence. Il retourne un domino et il le pose au milieu sur la table. L'enfant à sa droite retourne au hasard un de ses dominos. Il essaie de le placer. Il faut associer les cœurs avec les expressions correspondantes. S'il ne peut pas, il replace son domino sous le paquet et passe son tour. C'est le tour du voisin de gauche. Et ainsi de suite jusqu'à ce que la comptine soit reconstituée. Le gagnant est celui qui finit en premier la « boucle » de la comptine.
Lorsqu'un joueur pose un domino sur la table en l'associant à un autre, lui demander de dire à voix haute l'expression qui correspond, par exemple « vert de jalousie ».
Pour expliquer le jeu, prendre appui sur la règle écrite au tableau ou sur la grande feuille puis donner un exemple. Emprunter des dominos et jouer avec deux autres enfants. Puis inviter les enfants à jouer entre eux.
Les enfants pourront glisser leurs dominos dans une enveloppe pour les réutiliser, notamment à la séance suivante mais aussi, par exemple, lors d'une séance portfolio.

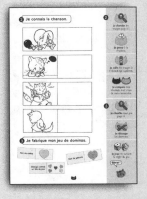

notes

4. Saluer   2 mn

▶ Activité de clôture

Inviter les enfants à réciter la comptine avant de se quitter. Les enfants se saluent et vous saluent.

> L'amitié

30 minutes

matériel

- Les cœurs tressés
- Des feuilles
- Le livre de l'élève
- Le cahier d'activités
- La cassette audio ou le CD (comptine 1)

Quatrième séance

▌ Objet d'apprentissage

Cette dernière séance est consacrée à la recherche du dernier indice qui sera mis dans le cœur tressé et conservé pour amener le prochain module. Cette recherche d'indice fait appel à la déduction et permet de prolonger le travail initié depuis le début (et plus particulièrement avec la comptine) sur l'expression de la couleur. Quant à l'activité en petits groupes, il s'agit de permettre aux enfants de jouer ensemble avec leurs dominos en les encourageant à parler français.

1. Accueillir   3 à 5 mn

▶ Activité rituelle

Après les demandes rituelles concernant les anniversaires et les vœux réalisés, inviter les enfants à réciter *L'Arc-en-ciel des sentiments.*

NOS CONSEILS

Les enfants qui le désirent peuvent réciter la comptine devant leurs camarades. Il s'agit d'inviter les enfants à prendre la parole en public. Insister sur la qualité de l'interprétation, de l'intonation. Les corrections seront apportées de préférence à la fin de la comptine afin de ne pas interrompre un enfant en cours de récitation.

2. Identifier   5 mn

▶ Activité collective   voir livre page 25

Demander aux enfants d'ouvrir leur livre page 25. Les laisser commenter la page et recueillir leurs commentaires. Leur demander de décrire les dessins et apporter au fur et à mesure le vocabulaire dont ils ont besoin :
▶ *« C'est une goutte de sang. C'est un citron. C'est une émeraude. C'est un corbeau... »*
Amener les enfants à associer un élément dessiné (la mer, le citron, etc.) à une des couleurs (le bleu, le jaune, etc.) de la palette. Introduire les expressions de couleur suivantes :
▶ *« En français, on dit "jaune citron", "vert émeraude", "rouge sang", et pour décrire un noir très profond "aile de corbeau". »*

Les inviter à se regrouper par deux pour trouver ensemble la couleur qui n'a pas de représentation :
▶ *« Il y a une couleur qui est seule! Quelle est la couleur qui n'a pas de dessin correspondant ? »*
Laisser quelques minutes aux groupes pour trouver la couleur. Il s'agit du blanc.

Recueillir les réponses des groupes concernant la couleur et amener les enfants à trouver l'élément correspondant à cette couleur, à associer cette couleur à quelque chose qu'ils connaissent. Attention, cette chose doit appartenir au dernier épisode de l'histoire de Tatou. Si les groupes éprouvent des difficultés, procéder à la manière d'une devinette. Cette chose se trouve dans la chanson *Lundi, Mardi…* ; cette chose est dessinée page 23 du livre ; cette chose est froide…

Après un échange de points de vue, apporter la réponse et écrire au tableau l'élément recherché : « La neige ». Lorsque les enfants ont trouvé l'indice, vous pouvez introduire l'expression idiomatique « blanc comme neige » qui sert à exprimer la pureté, l'innocence. Distribuer aux enfants un morceau de papier sur lequel ils retracent le mot écrit au tableau et l'illustrent. L'indice est glissé dans le cœur tressé avec les quatre autres indices.

NOS CONSEILS

Ce travail sur les couleurs (présent dans tout ce module 1) peut donner lieu à des activités dans la langue d'enseignement des enfants, comme la création d'un petit livre bilingue sur ces expressions liées aux couleurs. Vous pouvez également entreprendre un travail en liaison avec l'enseignant d'arts plastiques. Enfin, à l'issue de ce travail interdisciplinaire, si vous en avez la possibilité, proposer le jeu « La ronde des couleurs ». Pour jouer à ce jeu, il faut une balle de tennis ou un ballon. Les élèves forment un grand cercle. Ils se lancent la balle. L'enfant qui lance la balle dit une couleur, par exemple, orange. Celui qui l'attrape doit donner un nom de chose orange, ou reprendre un élément de la comptine. S'il réussit, il doit relancer la balle en disant une autre couleur. S'il se trompe en disant le nom d'un objet qui n'est pas orange ou qu'il attend trop longtemps avant de pouvoir répondre, il recule d'un pas.

3. Appliquer   15 à 20 mn

▌ Activité par deux

Inviter les enfants à prendre leurs dominos et à se regrouper par deux ou par trois pour jouer aux dominos.
Rappeler la règle du jeu que vous avez écrite au tableau ou sur une grande feuille.
Jouer à nouveau avec deux enfants pour illustrer concrètement ces règles.
Laisser les enfants jouer entre eux. Pendant qu'ils jouent, passer parmi les groupes pour les observer et pour les encourager à communiquer en français.
Pour observer les enfants, utiliser des grilles d'observation (voir page 11 de ce guide et page 11 du guide du niveau 1).

4. Saluer   3 à 5 mn

▌ Activité de clôture

Inviter les enfants à réciter individuellement la comptine devant leurs camarades avant de se saluer.

2×30
minutes

matériel

•

Des crayons de couleur

•

Le cahier d'activités

Activité complémentaire

▌ Objet d'apprentissage   voir cahier page 18

Cette activité permet aux enfants de mieux se connaître et de se découvrir puisqu'ils vont se dire les petits noms ou sobriquets donnés par leurs proches et les illustrer. Elle permet un travail sur la langue à partir du vécu affectif des enfants. L'activité s'inscrit dans la continuité des chantiers d'écriture et permet aux enfants de découvrir un moyen transitoire d'accéder à la production écrite : la dictée à l'adulte.

▶ Première partie

Demander aux enfants d'ouvrir leur cahier à la page 18, activité 1, « Je repère les informations ».

Décomposer avec eux les différentes étapes de l'activité :

1. J'observe les cartes.

Décrire avec eux les deux cartes humoristiques présentées :

▶ *« Sur la première carte, qui est dessiné ? À quoi ressemble-t-il ? C'est un chien ? C'est un trésor ? Que dit-il ? »*

Montrer aux enfants la phrase écrite en haut de la page sur la carte de gauche. Faire reconnaître aux enfants le mot « Tatou ».

Demander aux enfants d'essayer de lire ce que dit Tatou. Ensuite, leur lire la phrase. Établir un lien entre ce dessin et le refrain de la chanson de cette unité : « Tu es mon ciel bleu, mon trésor joli. »

Procéder de la même manière avec la seconde carte.

2. J'écoute pour découvrir ce qui est écrit sur les cartes.

Demander aux enfants de bien écouter la lecture que vous faites de ces deux cartes. Changer de voix suivant les différents personnages.

3. J'entoure les informations de la couleur demandée.

Afficher ou écrire au tableau, en respectant les dispositions, le texte des deux cartes.

Demander aux enfants d'entourer en vert ce que dit le personnage que l'on ne voit pas (« Tu viens, mon trésor ! » ; « Tu viens, ma sirène ! »), en orange ce que répond le personnage que l'on voit (« Mais je ne suis pas… »).

4. Je colorie les informations de la couleur demandée.

Demander ensuite aux enfants de colorier en vert le nom du personnage que l'on ne voit pas (« Tatou », « Maman »), en orange le personnage que l'on voit (les enfants colorient la tête de Rose et du chien), en rouge tous les mots que l'on voit sur les deux cartes (« Tu viens », « Mais je ne suis pas », « moi », « je suis »).

Procéder aux différents coloriages. Faire remarquer aux enfants les mots qui n'ont pas été coloriés. Lire ces mots aux enfants et leur dire que pour chaque carte il s'agit, premièrement, du petit nom donné au personnage dessiné par celui que l'on ne voit pas (« mon trésor » et « ma sirène »), ce sobriquet étant repris ensuite par le personnage dessiné (« un trésor », « une sirène »), et, deuxièmement, de l'identité du personnage dessiné (« un chien », « une petite fille »).

Terminer l'activité en demandant à plusieurs enfants si quelqu'un les appelle « mon trésor » ou « ma sirène ».

NOS CONSEILS

Les enfants peuvent essayer de lire en français par transfert de compétences si leur niveau de lecture en langue maternelle est avancé et si le code écrit de la langue d'enseignement n'est pas trop éloigné du code écrit du français. Sinon, il est important de lire souvent devant les enfants afin de faciliter ces transferts.

Si vous pensez que les enfants connaissent déjà les éléments tels que les guillemets dans leur langue maternelle ou d'enseignement en profiter pour mettre en évidence l'utilisation des guillemets et de la bulle, et leur distinction. Une manière amusante de présenter les guillemets consiste à les comparer à des volets qui s'ouvrent et se ferment devant la personne qui parle. La personne ne peut parler que lorsqu'ils sont ouverts.

◗ Deuxième partie

Inviter les enfants à passer ensuite à l'activité 2, page 18, « Je fabrique ma carte humoristique ».

Commenter avec eux les deux étapes de l'activité :

1. Je pense au nom que ma famille me donne.

S'ils n'en ont pas, ils peuvent en inventer un.

2. Je complète ma carte humoristique.

Les enfants vont compléter leur carte sur leur cahier d'activités grâce à un procédé qui s'appelle la dictée à l'adulte. C'est donc l'enseignant qui va écrire ce que lui dicte l'enfant. Vous pouvez procéder de différentes manières suivant la maturité de vos élèves. Voici quelques possibilités :

a. L'enseignant écrit directement les mots sur la carte.

b. L'enseignant écrit les mots sur un papier ou au tableau et les enfants devront recopier eux-mêmes ces mots sur la carte.

c. L'enseignant écrit les mots sur des petites étiquettes qui seront collées par les élèves.

Afin de vous permettre de passer auprès de tous les enfants, leur demander de faire leur dessin, puis de le colorier et de commencer à le compléter. Les enfants devraient pouvoir écrire sans votre aide « un petit garçon » ou « une petite fille ». Si ce n'est pas le cas, écrire ces mots au tableau.

Interroger individuellement les enfants :

▶ *« Comment te dessines-tu ? »* Leur donner le mot en français s'ils ne le connaissent pas.

▶ *« Qui t'appelle + [nom donné à l'enfant en français] ? »* Leur donner également ce mot en français s'ils ne le connaissent pas ; par exemple « ma sœur ».

▶ *« Est-ce que tu es + [nom donné à l'enfant en français] ? »* Puis réagir aussitôt : ▶ *« Mais tu es un petit garçon/une petite fille, toi ! »*

Demander à l'enfant ce qu'il faut écrire et où l'écrire. Choisir une des manières de procéder décrites ci-dessus. Il vous suffit d'écrire une fois le petit nom affectueux donné à l'enfant à l'intérieur de la première phrase incomplète ainsi que le nom de la personne qui appelle l'enfant par ce nom. Les enfants pourront ensuite compléter seuls le reste de la carte à l'aide des deux modèles présents sur le cahier d'activités.

Lorsque toutes les cartes sont terminées, demander aux enfants de les présenter en essayant de les lire avec votre aide.

NOS CONSEILS

Vous pouvez leur proposer de recopier leur carte sur une feuille chez eux. Ainsi vous pourrez ensuite exposer les cartes humoristiques des enfants.

Suivant la culture, certains termes et thèmes seront plus souvent cités que d'autres. C'est en cela que cette activité touche au domaine de l'interculturel. En français, les petits noms affectueux fréquemment donnés sont, pour les garçons, « mon poussin, mon trésor, mon ange, mon chaton, etc. » et pour les filles, « ma princesse, ma puce, ma souris, etc. ».

auto-évaluation

Utiliser le portfolio

À la fin de ce module, nous vous invitons à planifier trois ou quatre séances d'évaluation. Pour animer ces séances, vous trouverez sur le site Internet de Tatou un portfolio ainsi que des informations complémentaires.

http://www.tatoulematou.com

Ces séances offrent l'occasion à l'ensemble des enfants de revoir ce qu'ils ont produit et de reprendre les activités qu'ils souhaitent développer, compléter, enrichir.

L'ensemble des informations recueillies lors de ces séances constituent une base qui permet aussi de communiquer clairement avec les parents et avec les enfants sur ce qui a été accompli dans un temps donné, celui d'un module.

Les séances de portfolio s'organisent par ateliers tournant. Pendant que certains enfants travaillent seuls ou avec certains de leurs camarades, vous travaillez avec un petit groupe d'enfants pour compléter avec eux une grille d'auto-évaluation. Les groupes alternent d'une séance à une autre : ceux et celles qui ont travaillé individuellement s'entretiennent avec vous et vice-versa.

Module 2
Blanche-Neige

Module 2

Compétence à développer : interagir en français

Composantes de la compétence	Manifestations	Contenu
L'enfant comprend un message oral et/ou écrit.	• Manifeste sa compréhension ou son incompréhension. • Répond d'une manière appropriée. • Tient compte des réactions de son interlocuteur. • Reconnaît l'intention de communication proposée et le sujet annoncé. • Réagit au message visuel, oral et/ou écrit. • Établit des liens entre les niveaux 1 et 2 et les modules.	**Stratégies propres aux activités d'écoute** Activation des connaissances antérieures sur le sujet. Repérage de mots-clés. Identification de l'intention de communication. Inférence. **Stratégies propres aux activités d'interaction** Utilisation du langage verbal ou non verbal pour demander de répéter, de reformuler. Utilisation du langage non verbal ou verbal pour marquer l'incompréhension, l'accord ou le désaccord. Utilisation de gestes, de mimes ou de dessins pour se faire comprendre.
L'enfant produit un message oral et/ou écrit.	• Présente ses productions. • S'engage dans l'interaction. • Prend part aux échanges en classe. • Formule ses demandes de manière appropriée. • Fait part de ses préférences, de ses sentiments à l'égard des situations présentées. • Transpose des éléments empruntés à des textes lus ou entendus.	**Stratégies propres aux activités de lecture et d'écriture** Reconnaissance globale en contexte des mots fréquents. Reconnaissance de l'intention de communication. Prédiction du contenu à partir d'éléments visuels. Reconnaissance du destinataire et de l'émetteur. **Types de textes** • Textes littéraires Récit adapté Adaptation théâtrale de ce récit Chanson et comptine • Textes courants Fiche technique Carte de félicitation
L'enfant démontre son ouverture à une autre langue et à d'autres cultures.	• Participe aux expositions, aux fêtes et autres manifestions liées à l'apprentissage du français. • Utilise des idées, des expressions ou des mots provenant des dialogues, des chansons, des poèmes écoutés. • Exprime spontanément son intérêt pour les activités menées en français.	**Éléments syntaxiques** Formulation de questions (qui ? que ? où ? qu'est-ce que… ? est-ce que ?). Expression du passé. **Vocabulaire** Vocabulaire relatif au monde du livre. Vocabulaire relatif à l'histoire de Blanche-Neige (les sentiments, les nains, la reine, le roi, le prince, le chasseur, le cercueil, le miroir etc.).

Ce module est centré sur un nouveau conte populaire : l'histoire de Blanche-Neige.
Une reine fait le vœu d'avoir un enfant. Son vœu se réalise et elle appelle sa petite fille
Blanche-Neige, mais bientôt la reine meurt. Son mari, le roi, se remarie avec une reine
méchante. Elle est belle mais jalouse de Blanche-Neige car son miroir magique lui a dit
que Blanche-Neige était plus belle qu'elle. Elle demande au chasseur de tuer Blanche-
Neige mais le chasseur a pitié d'elle et il l'abandonne dans la forêt. Blanche-Neige arrive
chez les sept nains, devient leur amie et habite chez eux. Mais un jour la méchante reine
interroge son miroir magique et apprend que Blanche-Neige est chez les sept nains. Elle
se déguise en marchande et vient la trouver alors que les sept nains sont partis travailler.
Elle offre à Blanche-Neige un pomme empoisonnée. Quand les sept nains rentrent chez
eux, ils trouvent Blanche-Neige par terre, sans vie. Ils la mettent dans
un cercueil de verre pour continuer à la voir. Un jour, un prince passe devant le cercueil
et tombe amoureux d'elle. Il veut l'emporter dans son château, mais le cercueil tombe
et le morceau de pomme empoisonnée sort de la bouche de Blanche-Neige qui
se réveille. Tout le monde est très heureux et le prince épouse Blanche-Neige.

Tableau des contenus du module 2

Thème	*Blanche-Neige*
Contenu linguistique *Éléments syntaxiques*	Il était une fois… **Les comparaisons :** (couleur) + (comme) + (nom) Formulation de questions Temps du récit
Vocabulaire	La princesse, le roi, la reine, le miroir, la sorcière, la marchande, le chasseur, les nains, le prince, le cercueil, empoisonner, l'abri, l'assiette, le couteau, la cuillère, etc.
Activités du cahier	Fabriquer un mini livre. Compter les indices. Fabriquer des marionnettes et le miroir. Remettre l'histoire dans l'ordre chronologique. Imaginer le début d'une histoire. Jouer une scène. Associer des sentiments et des images.
Activité complémentaire	Analyser une carte de félicitations et en rédiger une. Jouer l'histoire de Blanche-Neige.
Supports sonores	**Saynète** entre les marionnettes **Adaptation théâtrale** du conte **Comptine** sur les livres **Chanson** du miroir **Histoire racontée** de Blanche-Neige
Supports visuels	**Affichettes :** le chiffre 7, le miroir, la reine, la neige, la pomme, Un jeu de cartes de l'histoire à photocopier et à découper.
Support d'évaluation	Portfolio http://www.tatoulematou.com

Blanche-Neige

Première séance

matériel

- Le livre de la comptine (voir cahier d'activités)
- La fiche technique pour fabriquer le livre
- Des ciseaux
- Des feuilles de papier épais
- Du ruban adhésif
- Le cahier d'activités
- La cassette audio ou le CD (comptine 2)

notes

▌ Objet d'apprentissage

Ce module est consacré à un travail de compréhension globale de l'histoire de Blanche-Neige. Dans cette première séance, les enfants sont invités à apprendre une nouvelle comptine autour du livre puis à fabriquer le livre de la comptine en suivant la même approche qu'au niveau 1: attitude positive envers la lecture, respect du livre, etc.

1. Accueillir   5 mn

▶ Activité rituelle

Accueillir les enfants en leur montrant le livre que vous avez fabriqué. Demander:
▶ *« Qu'est-ce que c'est ? Cela vous rappelle quelque chose ? »*
Recueillir les propositions des enfants et les inviter à réciter, s'ils s'en souviennent, la *Comptine des livres*, apprise au niveau 1.

2. Explorer   10 mn

▶ Activité collective

Introduire la nouvelle comptine et la faire écouter en la mimant.
▶ *« Aujourd'hui, j'ai une nouvelle comptine à vous réciter. Écoutez et regardez mes gestes pour pouvoir les répéter ensuite. »*

Comptine 2

Paroles	Accompagnement gestuel
Un livre, c'est une couverture Qui tient chaud.	Faire semblant de se mettre une couverture sur les épaules.
Un livre, c'est une aventure Qui fait froid dans le dos.	Hausser les épaules, croiser les bras et se frotter énergiquement.
Un livre, c'est un auteur Qui joue avec ton cœur.	Faire semblant d'écrire, puis mimer les battements du cœur en posant ses mains sur son cœur.
Un livre, c'est une collection De rires, de pleurs et de frissons.	Faire semblant de rire, puis de pleurer, puis d'avoir froid.
Le Petit Chaperon Marie sa fille Souricette !	Se serrer les deux mains.
Le rat Raton Apporte une galette !	Faire semblant d'offrir quelque chose en le présentant sur les deux paumes des mains.
Un livre, c'est un pitre C'est un copain !	Faire le clown en souriant.
Un livre, c'est un titre J'ai oublié le mien !	Mettre sa main devant la bouche en ayant l'air ennuyé.

Proposer aux enfants d'écouter à nouveau la comptine et les inviter à vous accompagner par des gestes. Mimer la comptine sans l'accompagner des paroles. Puis la reprendre une dernière fois en ajoutant les paroles aux gestes.

NOS CONSEILS

Une affiche, sur laquelle vous avez écrit et illustré la comptine, peut être accrochée au mur.

3. Produire | 10 mn

▌ Activité individuelle   voir cahier page 20

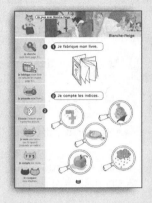

Blanche-Neige

Expliquer aux enfants qu'ils vont fabriquer un nouveau livre. Leur montrer celui que vous avez réalisé. Lire aux enfants le texte de la comptine reproduit dans le livre en montrant également les illustrations. Leur demander de trouver un titre pour ce nouveau livre :

▶ *« Un livre, c'est un titre : il faut donner un titre à ce livre ! »*

Écrire la proposition retenue au tableau. Par exemple, les enfants pourront choisir : « Un livre, c'est super ! » ou « Un livre, c'est… »
Inviter les enfants à ouvrir leur cahier d'activités, page 20, activité 1, « Je fabrique mon livre ». Leur laisser le temps de redécouvrir l'activité puis commenter avec eux les différentes étapes de la réalisation en vous aidant des pictogrammes et de la fiche technique que vous aurez disposée sur un support mural.

1. Je cherche mon livre page 31.

2. Je fabrique mon livre en suivant les étapes page 61.
Passer parmi les enfants pour les aider à réaliser le livre et pour encourager la coopération entre eux. Quand ils arrivent à la dernière étape de fabrication (la couverture), montrer que le livre est cette fois-ci constitué de deux parties distinctes : la couverture et l'ouvrage. Distribuer à chaque enfant une feuille épaisse, blanche ou de couleur, de la grandeur d'une double page du mini-livre et qui sera la couverture. Inviter les enfants à plier la feuille qui sert de couverture en deux, à mettre le livre à l'intérieur, et à coller avec du ruban adhésif, dans le sens de la longueur, l'intérieur de la couverture avec la première page du livre, puis de la même façon la dernière page du livre avec l'intérieur de la quatrième de couverture. Inviter les enfants à recopier le titre du livre, choisi par le groupe, et que vous avez écrit au tableau.

3. Je présente mon livre.
Encourager les enfants à personnaliser leur livre (en le coloriant, par exemple, ou en illustrant la couverture), puis à vous montrer et à se montrer leur livre.

4. Saluer | 5 mn

▌ Activité de clôture

Le livre est terminé. Proposer aux enfants de le lire ensemble. Pour conclure cette séance, demander aux enfants :
▶ *« Aimez-vous ce livre ? »*

NOS CONSEILS

Vous pouvez encourager les enfants à emporter chez eux ce livre et à le lire à leur famille ou à leurs amis. Vous pouvez également en fabriquer un autre (plus grand et sur papier cartonné, par exemple) pour la bibliothèque.

notes

Deuxième séance

matériel

•
Les affichettes des indices : le chiffre 7, le miroir, la reine, la neige, la pomme

•
Les cœurs tressés

•
Le livre de l'élève

•
Le cahier d'activités

•
La cassette audio ou le CD (textes 9 et 10)

notes

▌ Objet d'apprentissage

Cette séance est consacrée à l'écoute de l'histoire de Blanche-Neige. Il s'agit de consolider les stratégies d'écoute. C'est une approche d'immersion dans une narration en langue étrangère. L'enregistrement à plusieurs voix facilite la compréhension par les enfants. Le récit est raconté au passé comme c'est presque toujours le cas pour ce genre littéraire. Il est important d'offrir aux enfants la possibilité d'entendre en contexte ces temps de l'indicatif qu'ils rencontreront ultérieurement. Mais il ne s'agit en aucun cas de les nommer ou d'en d'expliquer les emplois. L'activité individuelle propose, quant à elle, une écoute dirigée durant laquelle les enfants prêtent attention à des éléments précis du récit (les indices trouvés dans le module 1) qu'ils doivent identifier.

1. Accueillir   3 à 5 mn

▶ Activité rituelle

Accueillir les enfants et leur montrer les cinq affichettes des indices du module 1 (le chiffre 7, la pomme, la reine, la neige et le miroir), retournées et que vous aurez disposées au préalable sur un support mural. Demander aux enfants s'ils se souviennent des indices :

▶ *« Qui peut me rappeler les indices que vous avez trouvés ? Regardez dans vos cœurs tressés. »*

Chaque fois qu'un indice est nommé, retourner l'affichette correspondante et faire semblant de le mettre dans un livre matérialisé par vos deux mains. Par exemple :

▶ *« Super ! Une pomme. Et hop ! Je la mets dans mon livre. »*

Glisser l'affichette de la pomme dans vos mains. Les enfants font de même avec leurs indices.

À partir de ces indices, amener les enfants à imaginer l'histoire qu'ils vont écouter :

▶ *« Connaissez-vous une histoire avec une reine et une pomme ?… Une reine et un miroir ? Et puis une princesse blanche comme la neige avec sept… ? »*

Écrire sur une grande feuille ou au tableau les propositions des enfants pour en garder une trace et pouvoir les comparer après l'écoute de l'histoire.

2. Explorer   15 mn

▶ Activité collective   voir livre pages 28-29

Inviter les enfants à prendre leur livre, pages 28-29. Leur expliquer qu'ils vont écouter une histoire et que Tatou les accompagnera tout au long de la lecture. Chaque fois qu'il faudra tourner une page, ils entendront : « Miaou ! Tourne la page ».

Faire écouter l'histoire puis recueillir les impressions des enfants. Leur demander :

▶ *« Connaissiez-vous cette histoire ? Avez-vous eu peur ? »*

Demander aux enfants de donner le titre de l'histoire qu'ils ont écoutée dans les différentes langues représentées dans le groupe. Écrire les titres sur une feuille que vous pourrez afficher dans la classe. Leur demander s'ils connaissent d'autres versions de cette histoire, s'ils connaissent d'autres fins, s'ils peuvent imaginer la suite :

▶ **« Que va-t-il se passer quand la reine va savoir que Blanche-Neige n'est pas morte ? »**

Enfin, demander aux enfants s'ils connaissent d'autres histoires des frères Grimm. Les amener à se souvenir des deux versions du Petit Chaperon rouge (niveau 1).

Texte 9 *Blanche-Neige*

Pages 28-29

Il était une fois une reine qui était en train de coudre, assise devant sa fenêtre. La neige tombait. Soudain, elle se piqua le doigt et une goutte de sang tomba…

« Comme j'aimerais avoir un enfant avec le visage blanc comme cette neige, des lèvres rouges comme ce sang et des cheveux noirs… comme ces corbeaux. »

Bientôt, son vœu se réalisa et elle eut une petite fille avec un visage blanc comme la neige, des lèvres rouges comme le sang et des cheveux noirs comme les corbeaux.

« Tu t'appelleras Blanche-Neige. »

Mais, peu après, la reine mourut. Trois ans plus tard, le roi se remaria. La nouvelle reine était belle, mais son cœur était froid comme la glace.

Miaou ! Tourne la page.

Pages 30-31

Tous les soirs, elle se regardait dans son miroir magique :

« Miroir, miroir, qui est la plus belle du royaume ?

– Ô, ma reine, vous êtes la plus belle du royaume. »

Et la reine était très contente. Mais, un soir…

« Miroir, miroir, qui est la plus belle du royaume ?

– Ô, ma reine, vous êtes très belle, mais la princesse Blanche-Neige est plus belle que vous. »

Verte de jalousie, la reine appela son chasseur :

« Emmène Blanche-Neige dans la forêt, tue-la et rapporte-moi son cœur ! »

Triste, le chasseur emmena la princesse Blanche-Neige dans les bois pour la tuer.

« S'il vous plaît, laissez-moi ici, mon bon chasseur ! Je vous promets de ne jamais revenir au château. »

Le chasseur tua une biche à la place de Blanche-Neige et rapporta le cœur de la biche à la méchante reine.

Blanche-Neige, elle, marchait seule dans la forêt. La nuit tombait. Elle avait peur, elle entendait des bruits. Soudain, elle vit une petite maison. C'était la maison des sept nains. Elle frappa à la porte.

« Il n'y a personne, voyons voir ! Quelle maison bizarre ! Comme c'est petit ici ! Oh ! sept petites assiettes, sept petits couteaux, sept petites cuillères, sept petites fourchettes, sept petits verres, du pain et des fruits. Mm, j'ai une faim de loup ! »

Puis, elle monta un petit escalier et découvrit sept petits lits. Elle se coucha et s'endormit…

Miaou ! Tourne la page.

Pages 32-33

Quelques heures plus tard, une petite voix la réveilla :
« Qui es-tu ? Que fais-tu dans notre maison ? »
Blanche-Neige eut un peu peur, mais les sept nains étaient très gentils.
Blanche-Neige leur raconta son histoire.
« Et maintenant, je ne sais plus où aller !
– Mais si, mais si ! Tu peux rester avec nous !
– Nous travaillons toute la journée et nous avons besoin de quelqu'un
pour prendre soin de nous !
– Ici, tu es à l'abri mais tu ne dois jamais ouvrir la porte ! »
Blanche-Neige était heureuse. Mais ses amis les sept nains travaillaient
toute la journée et Blanche-Neige s'ennuyait un peu, toute seule.
Dans son château, la méchante reine interrogea son miroir :
« Miroir, miroir, qui est la plus belle du royaume ?
– Ô, ma reine, vous êtes très belle, mais Blanche-Neige, qui vit chez
les sept nains, est plus belle que vous ! »
– Ah ! Blanche-Neige est chez les sept nains ! Je vais me déguiser
en marchande de pommes et je vais la tuer ! »
Le lendemain matin, Blanche-Neige était assise à la fenêtre :
« Comme j'aimerais parler avec quelqu'un ! » Aussitôt, son vœu se réalisa.
Une vieille marchande (c'était la méchante reine !), qui vendait de belles
pommes rouges dans un panier, passa devant la fenêtre.
« Tu es si belle ! Tu sembles si triste ! Tiens, je veux t'offrir cette pomme
en cadeau.
– Oh, merci ! »
Blanche-Neige prit la jolie pomme rouge et croqua dedans…
Miaou ! Tourne la page.

Pages 34-35

Le soir, les nains trouvèrent Blanche-Neige couchée sur le sol à côté de
la pomme.
« C'est la méchante reine, j'en suis sûr ! »
Les nains, qui étaient très tristes, installèrent leur amie dans un cercueil
de verre pour continuer à la voir.
Un jour, un prince passa par là. Il vit Blanche-Neige et il tomba
amoureux d'elle. Il voulut emmener Blanche-Neige dans son château.
Les nains aidèrent le prince à porter le cercueil.
« Oh hisse !
– Oh hisse ! »
Tout à coup, le cercueil glissa. Badaboum, le cercueil tomba.
Oh ! là, là ! À ce moment-là, le morceau de pomme empoisonnée sortit
de la bouche de Blanche-Neige. Elle ouvrit les yeux et sourit au prince et
aux sept nains.
« Oh ! Mais qu'est-ce qui se passe ici ? »
Ils étaient tous très heureux.
« Vive Blanche-Neige ! Vive Blanche-Neige ! »
Vous devinez la suite… Blanche-Neige et le prince se marièrent.
Ils vécurent heureux et eurent beaucoup d'enfants !
Ainsi se termine l'histoire de Blanche-Neige racontée par les frères
Grimm.

NOS CONSEILS

Les enfants connaîtront peut-être, directement ou indirectement, l'adaptation pour le cinéma, faite par Walt Disney (1937), et reconnue comme un chef-d'œuvre. Une des particularités du film est d'avoir donné à chaque nain un caractère bien précis. Vous pouvez d'ailleurs demander aux enfants s'ils connaissent les noms des sept nains dans le dessin animé de Walt Disney (dans la version française : Dormeur, Atchoum, Grincheux, Joyeux, Prof, Timide, Simplet). Si vous en avez la possibilité, prévoir de projeter ce dessin animé, ou des extraits, aux enfants. Un travail sur les versions françaises des chansons du film est également envisageable.

3. Identifier   10 mn

▶ Activité individuelle   voir cahier page 20

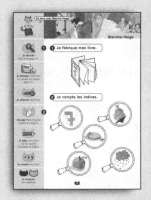

Demander aux enfants d'ouvrir leur cahier page 20, activité 2, « Je compte les indices ». Les questionner sur l'activité :

▶ *« Que faut-il faire ? Comment le savez-vous ? »*

Amener les enfants à nommer les pictogrammes et à établir des liens entre cette activité et celles des pages 20 et 48 du cahier du niveau 1.
Décomposer avec eux les étapes suivantes :

1. J'écoute l'histoire pour repérer les indices.
Passer une première fois l'enregistrement du texte 10 (ce texte est une reprise de la troisième partie de l'histoire) :

▶ *« Maintenant nous allons écouter une partie de l'histoire (quand Blanche-Neige se réveille chez les sept nains) pour repérer les cinq indices. Écoutez bien ! »*

2. Je mets une croix (un X) quand j'entends un indice.
Passer une deuxième fois le texte 10 afin que les enfants puissent vérifier leur première écoute.

3. Je compte les croix.

4. Je compare mes résultats.
Proposer une correction collective sans réécouter l'histoire.
Les enfants cocheront 8 fois le mot « neige » (pour chaque apparition du nom Blanche-Neige), 4 fois le mot « sept », 3 fois le mot « reine », 4 fois le mot « pomme », et 3 fois le mot « miroir ».

NOS CONSEILS

Pour guider les enfants dans cette activité, vous pouvez commencer par leur proposer ce même travail d'écoute dirigée mais sur un texte plus court. Leur lire la version brève de l'histoire qui se trouve dans le livre de l'élève (phrases en bas de page) et qui comporte également les cinq indices. Cet exercice collectif constituera une sorte d'échauffement.

4. Saluer   2 mn

▶ Activité de clôture

Tatou salue les enfants et les met en garde :
▶ *« Au revoir les enfants et attention à la méchante reine ! »*

notes

Troisième séance

matériel

- Un jeu de cartes de l'histoire de Blanche-Neige (voir guide page 116 et mallette pédagogique)
- Les nouveaux mini-livres
- Le cahier d'activités
- La cassette audio ou le CD (comptine 2)

notes

▌ Objet d'apprentissage

Cette séance travaille l'organisation chronologique de l'histoire de Blanche-Neige. Il s'agit de remettre dans l'ordre les événements clés de l'histoire. L'activité collective propose un jeu à partir des reproductions des quatre doubles pages du livre. Ce jeu permet aux enfants de revenir sur l'histoire et d'en expliquer le déroulement. L'activité individuelle instaure un degré de difficulté supplémentaire puisque les enfants doivent trier et ordonner six moments de l'histoire.

1. Accueillir   2 mn

❱ Activité rituelle

Accueillir les enfants avec le masque de Tatou :
▶ *« Bonjour, aujourd'hui, nous allons jouer tous ensemble. »*

NOS CONSEILS

L'activité rituelle, surtout quand elle précède immédiatement un jeu, peut être l'occasion de rappeler aux enfants les règlements de la classe : « Je me déplace dans le calme. Je parle à voix basse. »

2. Explorer   10 à 15 mn

❱ Activité collective

Reproduire et découper plusieurs jeux de cartes de Blanche-Neige. Distribuer une carte à chaque enfant.
Leur expliquer :
▶ *« Vous devez trouver les camarades qui ont la même carte que vous. »*
Quatre groupes, correspondant chacun aux quatre moments de l'histoire, doivent se former.
Leur donner la consigne suivante :
▶ *« Séparez-vous. Quand je frapperai dans mes mains, trouvez trois camarades qui ont des cartes différentes. »*
Vérifier que tous les groupes se sont composés correctement. Les quatre images de l'histoire doivent se retrouver dans chaque groupe.

Continuer l'activité :
▶ *« Attention, maintenant chaque groupe forme une file en se plaçant dans l'ordre de l'histoire. »*
L'enfant qui a la première double-page de l'histoire se met en tête de la file, suivi par celui qui a la deuxième et ainsi de suite. Chaque groupe doit pouvoir montrer aux autres les double-pages dans l'ordre chronologique de l'histoire, et éventuellement décrire d'une phrase les quatre moments de l'histoire. Si les enfants se trompent, les inviter à justifier leurs choix en commentant les images.

NOS CONSEILS

Si le nombre d'enfants présents en classe n'est pas un multiple de quatre, nous vous invitons à compléter un groupe. Vous pouvez aussi proposer aux enfants restés sans partenaires de jouer le rôle de l'arbitre : ils aideront à corriger les erreurs éventuelles lors de la constitution des groupes ou de la mise en ordre de l'histoire.

3. Relier   10 mn

▌ Activité individuelle   **voir cahier page 21**

Demander aux enfants d'ouvrir leur cahier, page 21, activité 3, « Je mets les images dans l'ordre de l'histoire ».

Décomposer avec eux les cinq étapes suivantes :

1. J'observe les images.

2. Je pense à l'histoire.

3. Je cherche la première image.
Demander aux enfants de vous montrer cette première image puis d'écrire dans la case le chiffre 1.

4. Je numérote les images dans l'ordre de l'histoire.
Inviter les enfants à numéroter de même les autres images sans s'aider de leur livre.

5. Je compare mes résultats avec ceux de mes camarades.
Passer parmi les enfants pour les inviter à échanger leurs points de vue en cas de différences entre les résultats.

4. Saluer   3 mn

▌ Activité de clôture

Proposer aux enfants de dire et de mimer la nouvelle comptine des livres (donner le titre donné par le groupe).
Pour ramener le groupe au calme, terminer la séance en mimant la comptine sans les paroles.

notes

Blanche-Neige

Quatrième séance

matériel

- Des crayons de couleur
- Le cahier d'activités
- La cassette audio ou le CD (textes 11 et 12)

▌ Objet d'apprentissage

L'activité collective porte sur la compréhension détaillée du début de l'histoire de Blanche-Neige. Les enfants écoutent Tatou lire deux versions très semblables de l'histoire et doivent repérer les différences. Quant à l'activité individuelle, elle propose une activité de production. Il s'agit d'amener les enfants à composer le début d'une autre histoire en gardant la structure de *Blanche-Neige*. Les enfants seront ensuite invités à présenter le début de leur histoire. Ces activités étaient, dans le niveau 1 de la méthode, des activités complémentaires. À ce stade de l'apprentissage, les enfants doivent s'entraîner à prendre la parole en français face au groupe, c'est pourquoi nous les proposons à l'intérieur de cette quatrième séance.

1. Accueillir · 2 mn

▶ Activité rituelle

Accueillir les enfants et les saluer :
▶ *« Vous vous souvenez de la maman de Blanche-Neige* (leur montrer la première page du livre) *? Quel était son vœu ? Voyons si Tatou se souvient bien de l'histoire. »*

2. Explorer · 10 mn

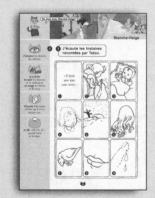

▶ Activité collective · voir cahier page 22

Inviter les enfants à ouvrir leur cahier, page 22, activité 1, « J'écoute les histoires racontées par Tatou ».

1. J'observe les dessins du tableau.
Leur laisser du temps pour découvrir le tableau. Les enfants devraient repérer les différents éléments du début de l'histoire de Blanche-Neige.

2. Je colorie en noir les cheveux et le corbeau et en rouge les lèvres et le sang.
Leur demander de décrire en français les vignettes et de colorier les cheveux et le corbeau en noir ainsi que les lèvres et le sang en rouge.

3. J'écoute Tatou pour vérifier qu'il ne se trompe pas.
Leur dire :
▶ *« Vous allez entendre Tatou raconter le début de l'histoire de Blanche-Neige. Regardez les images du tableau pour suivre l'histoire et vérifier que Tatou ne se trompe pas. »*
À la fin de l'écoute du texte, faire remarquer que Tatou ne s'est pas trompé.

4. Je dis « Oh ! là, là ! » quand Tatou se trompe.
Proposer aux enfants d'écouter une autre histoire pour jouer avec Tatou au jeu des erreurs :
▶ *« Vous allez entendre à nouveau Tatou qui veut jouer avec vous. Tatou raconte une deuxième fois l'histoire de Blanche-Neige, mais attention Tatou se trompe ! Quand il se trompe, prenez votre tête dans les mains et secouez-la* (bouger la tête de gauche à droite) *en disant : "Oh ! là, là !" »*

Texte 11

Il était une fois, une reine qui était en train de **coudre**, assise devant sa fenêtre. **La neige** tombait. Soudain, elle se piqua le doigt et une goutte de sang tomba…

« Comme j'aimerais avoir un enfant avec le visage **blanc** comme cette **neige**, des lèvres rouges comme ce sang et des cheveux **noirs** comme ces **corbeaux**. »

Bientôt, son vœu se réalisa et elle eut une petite fille avec un visage **blanc** comme la **neige**, des lèvres rouges comme le sang et des cheveux **noirs** comme les **corbeaux**.

Texte 12

Il était une fois, une reine qui était en train de **chanter**, assise devant sa fenêtre. **La pluie** tombait. Soudain, elle se piqua le doigt et une goutte de sang tomba…

« Comme j'aimerais avoir un enfant avec le visage **gris** comme cette **pluie**, des lèvres rouges comme ce sang et des cheveux **blonds** comme ces **blés**. »

Bientôt, son vœu se réalisa et elle eut une petite fille avec un visage **gris** comme la **pluie**, des lèvres rouges comme le sang et des cheveux **blonds** comme les **blés**.

NOS CONSEILS

Les enfants découvrent ici deux nouveaux mots (« blonds » et « blés ») dans une expression très utilisée en français : « être blond(e) comme les blés », c'est-à-dire avoir les cheveux très blonds. Cela peut être l'occasion de voir avec eux le lexique servant à décrire la couleur des cheveux (roux, châtains, bruns, poivre et sel, etc.) et les comparaisons les plus fréquemment faites à ce propos. Les enfants pourront comparer avec les locutions et expressions existant dans leur langue.

3. Produire   10 à 15 mn

▶ Activité individuelle   **voir cahier page 23**

Inviter les enfants à passer à l'activité 2, page 23, « Je compose mon début d'histoire ». Leur expliquer :

▶ *« À votre tour, vous allez créer et raconter le début d'une histoire. »*

Décomposer avec eux les cinq étapes suivantes en les détaillant :

1. J'observe les dessins.

Les inviter à observer les dessins des neuf cases et à les commenter.

2. Je choisis les éléments de mon histoire.

3. Je colorie les éléments de mon histoire.

Prendre un exemple :

▶ *« Dans la case 1, vous pouvez choisir de raconter l'histoire d'un roi ou d'une reine. Si vous choisissez le roi, vous coloriez le roi. Si vous choisissez la reine, vous coloriez la reine. »*

Continuer l'explication pour chacune des cases. Dans la case 2, les enfants pourront choisir le personnage qui lit ou le personnage qui peint. Dans la case 3, ils opteront pour le petit garçon ou pour la petite fille. Dans la case 5, ils choisiront les blés ou le corbeau et pourront alors colorier en jaune ou en noir les cheveux de la petite fille ou du petit garçon, case 4. Dans la case 7, ils auront le choix entre la mer ou l'émeraude et pourront alors colorier en bleu ou en vert les yeux de la petite fille ou du petit garçon, case 6.

4. Je dessine un objet case 9 et je le colorie.

Dans la case 9, ils dessineront puis colorieront un objet qui donnera la couleur des lèvres de la petite fille ou du petit garçon, case 8.

5. Je présente mon histoire à mes camarades.

Enfin, encourager les enfants qui le souhaitent à présenter leur histoire en utilisant leur cahier. Les enfants devraient être capables de produire des énoncés comme : « Il était une fois un roi qui était en train de lire. Le roi voulait un petit garçon avec des cheveux blonds comme les blés, des yeux bleus comme la mer, et des lèvres roses comme les roses. » Ou encore : « Il était une fois une reine qui était en train de peindre. Elle voulait une petite fille avec des cheveux noirs comme les corbeaux, des yeux verts comme les émeraudes, et des lèvres rouges comme les pommes. »

<u>NOS CONSEILS</u>

Cette activité peut donner lieu à d'autres activités où les enfants font leur autoportrait écrit ou oral en se décrivant (yeux, cheveux, etc.).

4. Saluer   3 à 5 mn

▶ Activité de clôture

Tatou salue les enfants et les remercie pour leurs belles histoires :
▶ *« Merci beaucoup les enfants, c'étaient de belles histoires ! »*

Activité complémentaire

▌ Objet d'apprentissage   voir cahier pages 24-25

Cette activité complémentaire s'inscrit dans la continuité des chantiers d'écriture, entrepris dès le premier module. L'enjeu est d'amener les enfants à comprendre la situation d'écriture (le Soleil écrit une carte pour féliciter Souricette) ainsi que les stratégies d'écriture comme la relecture. À leur tour, les enfants seront invités à fabriquer et à rédiger leur propre carte avec une intention d'écriture, féliciter Blanche-Neige, en réinvestissant certaines stratégies d'écriture. Cette activité développe les compétences d'expression écrite.

▶ Première partie

Demander aux enfants de repenser à l'histoire de Souricette (niveau 1) et à celle de Blanche-Neige afin de trouver le point commun entre les deux histoires. Guider au besoin les enfants pour leur faire trouver la thématique du mariage, puis leur demander :

▶ *« Vous vous souvenez qui a écrit à Souricette pour la féliciter pour son mariage avec le rat gris ? »*

Inviter alors les enfants à ouvrir leur cahier d'activités page 24, activité 1, « Je découvre la carte de félicitations ». Décomposer avec eux les différentes étapes de l'activité.

1. J'observe les deux côtés de la carte.
Leur demander d'observer les deux documents (recto et verso d'une même carte) et recueillir leurs commentaires. Questionner les enfants :

▶ *« Qui a écrit la carte ? Comment le savez-vous ? À qui est destinée la carte ? Comment le savez-vous ? »*
Encourager les enfants à justifier leurs réponses en vous montrant les illustrations ou les mots qui leur permettent de formuler leurs affirmations.

2. J'écoute pour savoir qui a écrit la carte.
Proposer aux enfants d'écouter l'enregistrement pour vérifier leurs réponses et éventuellement les rectifier. C'est le Soleil qui a écrit la carte de félicitations à Souricette.
Questionner les enfants :

▶ *« Que dit le Soleil à Souricette ? Comment le savez-vous ? »*
Les enfants justifient leurs réponses en se reportant au texte entendu, aux mots reconnus (« Félicitations ») ou à l'illustration.
Après l'écoute du texte du Soleil, vous pouvez attirer l'attention des enfants sur l'importance de la relecture après l'écriture :

▶ *« Que fait le Soleil quand il a fini d'écrire sa carte ? »*
Guider les enfants et confirmer leur réponse :

▶ *« Le Soleil relit sa carte, oui, et à votre avis pourquoi il relit sa carte ? »*
Noter sur une grande feuille toutes les réponses des enfants.

3. Je lis la carte avec Souricette.
Expliquer aux enfants qu'ils vont maintenant écouter Souricette lire la carte en suivant sur leur cahier la lecture du texte.

matériel

● **Des cartes blanches**

● **Des enveloppes**

● **Des crayons de couleur et autre matériel pour décorer les cartes**

● **De la colle**

● **Le cahier d'activités**

● **La cassette audio ou le CD** (textes 13 et 14)

notes

Texte 13

Le Soleil écrit sa carte:
Demain, c'est le mariage
de Souricette avec le rat gris.
Je vais lui écrire une carte de
félicitations. Voyons, je prends
une carte, mon crayon et
je réfléchis. Alors, Chère
Souricette, hum, c'est super!
Tu te maries avec le nuage,
heu non, le rat gris! Je te
souhaite d'être très heureuse.
Félicitations! Je t'embrasse.
Voilà et maintenant, je signe
Le Soleil. Voyons, voyons,
je relis: « Chère Souricette,
C'est super! Tu te maries avec
le rat gris! Je te souhaite d'être
très heureuse. Félicitations!
Je t'embrasse. Le Soleil »

Texte 14

Souricette lit la carte du Soleil:
Oh, une carte! Elle est jolie!
C'est pour mon mariage! Mais
de qui est-elle? Oh, c'est le
Soleil qui m'écrit! Ah, il n'est
pas jaloux! Voyons qu'écrit-il?
« Chère Souricette, C'est super!
Tu te maries avec le rat gris!
Je te souhaite d'être très
heureuse. Félicitations!
Je t'embrasse, Le Soleil. »
Il est très gentil!

▶ Deuxième partie

Proposer aux enfants de passer à l'activité 2, page 25, « Je fabrique une carte de félicitations pour Blanche-Neige » afin qu'ils rédigent à leur tour, en s'aidant du modèle de la carte du Soleil, une carte pour le mariage de Blanche-Neige.
Les laisser observer la page et deviner ce que l'on attend d'eux.

1. Je vais chercher mon matériel: une carte, une enveloppe, des crayons.
Demander aux enfants de prendre une carte, une enveloppe et des crayons de couleur.

2. Je cherche les phrases page D.
Lire avec eux les autocollants puis leur demander de vous montrer les phrases que vous allez prononcer.

3. Je colle les phrases dans l'ordre qui convient sur ma carte.
Après cette reconnaissance globale des phrases, inviter les enfants à rédiger leur carte en collant les phrases à l'endroit qui convient. Passer parmi eux pour les encourager à lire individuellement la carte (reconnaissance globale des phrases et des mots).

4. Je signe ma carte.
Leur demander de signer la carte.

5. Je décore ma carte.
Inviter les enfants à illustrer et à décorer leur carte.

6. Je colle l'enveloppe sur mon cahier et je mets ma carte dedans.
Après une lecture collective, inviter les enfants à glisser la carte dans l'enveloppe et de la coller sur leur cahier.

Cinquième séance

30 minutes

Objet d'apprentissage

Cette séance est consacrée à la mémorisation du dialogue entre le Miroir et la méchante reine. Après une présentation du dialogue à travers un spectacle de marionnettes, les enfants fabriqueront deux marionnettes afin de s'approprier les personnages puis, dans la séance suivante, joueront avec elles.

1. Accueillir
2 à 3 mn

▶ Activité rituelle

Accueillir les enfants avec les deux nouvelles marionnettes et le Miroir que vous aurez fabriqués et décorés :

▶ *« Bonjour. Nous allons vous présenter un petit spectacle. Vous êtes prêts ? Bon, on y va. »*

2. Explorer
10 mn

▶ Activité collective

Passer l'enregistrement et accompagner le texte en animant les marionnettes de la façon décrite ci-dessous :

Texte 15

Paroles	Accompagnement gestuel
Miroir, miroir, mon beau miroir magique ! Qui est la plus belle du royaume, ce soir ?	Poser sur une table le miroir et prendre la marionnette de la reine. La placer devant le miroir. Commencer à agiter la marionnette de la reine d'avant en arrière.
Ô ma reine, vous êtes la plus belle du royaume !	Agiter la marionnette de la reine de gauche à droite. Elle est très contente.
Miroir, miroir, mon gentil miroir ! Qui est la plus belle du royaume, ce soir ?	Agiter à nouveau la marionnette de la reine d'avant en arrière.
Ô ma reine, vous êtes très belle, mais… Ce n'est pas vous la plus belle !	Commencer à agiter la marionnette de la reine de gauche à droite. Lâcher la marionnette de la reine. Elle s'évanouit.
Mais alors, mais alors, qui est-ce ?	Reprendre la marionnette et l'agiter en la faisant taper dans le miroir.
Blanche-Neige est la plus belle du royaume.	Prendre la marionnette de Blanche-Neige et la placer de l'autre côté du miroir. Les deux marionnettes se font face (comme un reflet).

matériel

- Les marionnettes de Blanche-Neige, de la reine et le Miroir (voir mallette pédagogique ou cahier d'activités page B)
- Des ciseaux
- Des feutres
- De la colle
- Le cahier d'activités
- La cassette audio ou CD (texte 15)

notes

Faire saluer les marionnettes à la fin de la représentation. Encourager les enfants à applaudir. Leur proposer de revoir le spectacle et les inviter à répéter ce que dit chaque personnage.

3. Produire
10 à 15 mn

❙ Activité individuelle
voir cahier page 26

Inviter les enfants à ouvrir leur cahier d'activités, page 26, activité 1, « Je fabrique deux marionnettes et le miroir ». Décomposer avec eux étape par étape la fabrication des marionnettes.

1. Je cherche le miroir et les marionnettes page B.

2. Je découpe le miroir, le support et les marionnettes.

Demander aux enfants de découper, en faisant très attention, les quatre pièces. Montrer aux enfants comment fixer le miroir sur son support en vous aidant de l'illustration du cahier.

3. J'écris mon prénom sur les marionnettes.

4. Je colorie mes marionnettes.

Les enfants colorient avec des feutres leurs marionnettes pour les personnaliser.

5. Je présente mon miroir et mes marionnettes à mes camarades.

Laisser les enfants jouer entre eux librement avec les marionnettes.

Les marionnettes peuvent être directement tenues avec les mains ou l'on peut coller un petit bâtonnet qui dépassera de la tête des marionnettes. C'est par là qu'elles seront tenues et manipulées.

4. Saluer
2 à 3 mn

❙ Activité de clôture

Les marionnettes de Blanche-Neige, de la méchante reine et du miroir saluent les enfants. À leur tour, les enfants les saluent.

Expliquer aux enfants :

▶ *« Vous emporterez les marionnettes la prochaine fois parce que nous en aurons besoin pour jouer. »*

notes

Sixième séance

matériel

- Des dés
- Des jetons
- Les marionnettes de Blanche-Neige, de la reine et le Miroir
- Le cahier d'activités
- La cassette audio ou le CD (texte 15)

notes

▌ Objet d'apprentissage

Cette séance est consacrée à l'exploitation du texte présenté dans la séance précédente. Après avoir fabriqué leurs marionnettes, les enfants vont pouvoir les faire parler et les animer. Il s'agit d'amener la prise de parole en français à travers une activité ludique.

1. Accueillir — 3 à 5 mn

▸ Activité rituelle

Accueillir les enfants avec les marionnettes de Blanche-Neige, de la reine et le Miroir :

▶ *« Bonjour, + [le prénom d'un enfant]. Où sont tes marionnettes ? »*

Continuer ainsi en saluant tous les enfants et en leur posant la même question. Chaque enfant vous montre ses marionnettes.

2. Rappeler — 7 mn

▸ Activité collective

Expliquer aux enfants :

▶ *« Nous allons prendre nos marionnettes. Nous allons écouter le texte pour animer nos marionnettes. Attention, nous commençons avec le miroir. »*

Passer l'enregistrement du texte (texte 15), animer vos marionnettes (voir tableau, page 101) et encourager les enfants à vous imiter.

La deuxième écoute peut se dérouler avec ou sans votre aide. Les enfants écoutent le texte et animent leurs marionnettes. Guider les enfants en intervenant lorsqu'ils sont perdus dans les gestes ou en arrêtant l'enregistrement.

NOS CONSEILS

Les enfants peuvent aussi se mettre par deux pour cette activité. Un enfant fait la reine qui interroge son miroir et l'autre enfant fait le miroir. Lors de la première réplique du miroir, le deuxième enfant pourra placer une deuxième marionnette de la reine en face de la première, de l'autre côté du miroir, comme dans un reflet.

3. Appliquer — 15 à 20 mn

▸ Activité par deux — voir cahier page 27

Disposer sur une table, à portée de main des enfants, des dés (un pour deux), et des jetons, un pour deux. Leur demander d'ouvrir leur cahier, page 27, activité 2, « Je joue la scène du miroir ».

Les laisser observer le cercle puis les inviter à écouter à nouveau le texte du miroir en pointant du doigt l'image qui correspond à ce qu'ils entendent :

▶ *« Écoutez et montrez-moi du doigt les images qui correspondent à ce que vous entendez. »*

Décomposer avec eux les étapes :

1. Je vais chercher un camarade pour jouer avec moi.

Expliquer aux enfants qu'il s'agit d'un jeu qui se joue à deux.

2. Je vais chercher le matériel dont j'ai besoin : un dé, un jeton et les marionnettes de la reine, de Blanche-Neige et le miroir.

Ils ont besoin d'un seul miroir, d'une seule marionnette Blanche-Neige et des deux marionnettes de la reine.

3. Je joue en suivant la règle du jeu.

Expliquer aux enfants la règle ci-dessous avant de jouer une fois devant eux :
– Choisissez celui qui lance le dé en premier.
– Placez le jeton sur la case départ (1).
– Lancez le dé. Si le dé tombe sur 1 ou 2, avancez sur la case suivante. Si le dé tombe sur 3 ou 4, restez sur la même case. Si le dé tombe sur 5 ou 6, reculez d'une case sauf si vous êtes sur la case départ. Dans ce cas, lancez à nouveau le dé.

Prévoir d'écrire cette règle au tableau ou sur une grande feuille en la représentant de façon schématique (par exemple, en face de 1 et 2, dessiner un personnage de profil qui fait un pas en avant, pour 3 et 4, un personnage de face, et pour 5 et 6, un personnage qui fait un pas en arrière ; ou bien, en face de 1 et 2, dessiner une flèche vers la droite ; 3 et 4, un petit trait horizontal ; 5 et 6, une flèche vers la gauche).

– Chaque fois que le jeton change de case, celui qui a lancé le dé fait parler la marionnette qui convient.
– Puis c'est au deuxième joueur de lancer le dé et de faire parler les marionnettes.

Donner un exemple :

▶ *« Le jeton est sur la case 2 ; le dé est tombé sur 1, le jeton avance d'une case : je mets le jeton sur la case 3. Je prends la deuxième marionnette de la reine et je la place de l'autre côté du miroir. Les deux marionnettes se font face. Je dis : "Ô, ma reine, vous êtes la plus belle du royaume !" Votre camarade peut vous aider à dire cette phrase. Maintenant à vous de jouer ! »*

Les énoncés possibles sont :

Case 1 : Miroir, miroir, mon beau miroir !
Case 2 : Qui est la plus belle du royaume ?
Case 3 : Ô, ma reine, vous êtes la plus belle du royaume !
Case 4 : Miroir, miroir ! mon gentil miroir !
Case 5 : Qui est la plus belle du royaume ?
Case 6 : Ce n'est pas vous !
Case 7 : Mais qui est-ce ?
Case 8 : Blanche-Neige est la plus belle du royaume.

Passer parmi les enfants pour les observer et les aider lorsqu'ils en ont besoin.

NOS CONSEILS

Vous pouvez utiliser les feuilles d'observation de travail en binôme page 11 du guide pédagogique du niveau 1.

4. Saluer
2 à 3 mn

▶ Activité de clôture

Proposer aux enfants d'emporter les marionnettes de Blanche-Neige et de la reine chez eux pour les présenter à leur famille et à leurs amis. Les encourager à les colorier et à les personnaliser.

Les marionnettes de Blanche-Neige, de la reine et le Miroir saluent les enfants. À leur tour, les enfants les saluent.

Septième séance

30 minutes

matériel

- Sept livres de l'élève
- Six caches pour le livre
- Sept miroirs (empruntées aux enfants)
- Le cahier d'activités
- La cassette audio ou le CD (chanson 5)

Blanche-Neige

▌ Objet d'apprentissage

Cette séance est consacrée à la découverte progressive d'une nouvelle chanson. Au cours de l'activité collective, les enfants sont amenés à repérer les moments clés de la chanson qui reprend le déroulement de l'histoire de Blanche-Neige. Pour ce premier contact, la priorité est donnée à la compréhension globale. L'activité en binôme reprend les activités du premier module et plus particulièrement l'association des couleurs et des sentiments. Les enfants devront identifier, puis illustrer, les sentiments évoqués dans *La Chanson du Miroir*.

1. Accueillir   3 mn

▌ Activité rituelle

Emprunter sept livres de l'élève et sept marionnettes miroirs. Les disposer dans sept endroits de la classe en respectant l'ordre chronologique et le sens de la lecture. Le premier livre est ouvert à la page 28. La page 29 est cachée par une feuille de papier. Le deuxième livre est ouvert à la page 29 mais cette fois, c'est la page de gauche qui est cachée par une feuille. Le troisième livre est ouvert à la page 30 mais la page 31 est cachée. Le quatrième livre est ouvert à la page 31 du module mais la page 30 est cachée par une feuille. Le cinquième livre est ouvert aux pages 32-33. Le sixième livre est ouvert à la page 34 mais la page 35 est cachée. Le septième livre est ouvert à la page 35 et la page 34 est cachée. À droite de chaque livre ouvert, déposer un miroir.

Accueillir les enfants et leur dire :

▶ *« Bonjour, les enfants ! Vous avez vu ? Aujourd'hui, nous allons nous promener dans les images de l'histoire de Blanche-Neige. Venez avec moi ! »*

Inviter les enfants à vous suivre calmement pour regarder chacun des livres. Puis demander aux enfants d'aller s'asseoir à leur place.

2. Explorer   10 mn

▌ Activité collective   voir livre pages 28 à 35

Inviter les enfants à prendre un livre pour deux :

▶ *« Prenez un livre pour deux, mais sans l'ouvrir. »*

Se diriger vers le premier livre et le prendre pour montrer l'illustration aux enfants puis leur demander d'ouvrir leur livre à cette première page :

▶ *« Que voyez-vous ? Nommez les objets et les personnages que vous connaissez. »*

Procéder ainsi pour les sept livres qui sont dispersés dans la salle et qui reprennent les sept moments clés de l'histoire de Blanche-Neige.

Faire remarquer que le miroir est toujours présent. Demander aux enfants :

▶ *« Savez-vous pourquoi il y a toujours un miroir ? »*

Recueillir les réponses des enfants puis leur dire :

▶ *«C'est un miroir magique ! Dans ce miroir, on peut tout voir ! On peut voir l'histoire de Blanche-Neige ! C'est un miroir qui parle ! Écoutons-le pour découvrir ce qu'il raconte ! »*

Prendre dans votre main votre miroir. Passer le début de *La chanson du Miroir*. Accompagner cette première écoute des gestes proposés dans le tableau ci-dessous.

Texte	Accompagnement gestuel
Je vais vous raconter mon histoire,	Présenter le miroir.
Regardez-moi ! Oui, c'est moi le miroir !	Mettre le miroir devant son visage et faire oui de la tête.
Venez, approchez-vous bien !	Faire signe d'approcher.
Voici Blanche-Neige et les sept nains !	Avec une main, imiter la neige qui tombe, puis montrer le chiffre sept avec les doigts.
Venez, approchez-vous mieux	Faire signe d'approcher avec la main.
Vous n'en croirez pas vos yeux !	Montrer ses yeux en faisant « non » de la tête.

Arrêter l'enregistrement après ce début et dire aux enfants :

▶ *« Que va faire le Miroir ? Il va nous raconter l'histoire de Blanche-Neige. Nous allons écouter une nouvelle chanson. Regardez bien les images des livres pour découvrir ce que dit le Miroir. »*

Pour cette première écoute, arrêter systématiquement l'enregistrement après chaque refrain pour permettre aux enfants de tourner calmement les pages de leur livre.

À la fin de cette écoute, inviter les enfants à retourner à leur place.

Chanson 5   *La Chanson du Miroir*

Je vais vous raconter mon histoire
Regardez-moi ! Oui, c'est moi le miroir !
Venez, approchez-vous bien !
Voici Blanche-Neige et les sept nains !
Venez, approchez-vous mieux
Vous n'en croirez pas vos yeux !

Sa maman voulait une enfant
Blanche comme la neige
Son vœu s'est réalisé
Mais la mort l'a emportée.

**Miroir, miroir, comme c'est triste
Miroir, elle est triste ton histoire.**

Son papa, le roi, a marié
Une bien belle reine
Qui, seule, la nuit, dans le noir
M'interrogeait, moi, son miroir.

**Miroir, miroir, suis-je la plus belle
Miroir, suis-je belle ce soir ?**

Blanche-Neige était vraiment belle
Verte de jalousie la reine
Voulait que le chasseur la tue.
J'ai cru qu'elle était perdue !

**Miroir, miroir, comme j'ai peur
Miroir, j'ai peur dans le noir.**

Elle a vu une petite maison
Elle s'y sentait à l'abri
Ses amis étaient des nains
Qui partaient tous les matins.

**Miroir, miroir, elle est trop seule
Miroir, elle est seule, viens voir.**

Une marchande lui a fait cadeau
D'une pomme rouge empoisonnée
C'était la méchante reine
Les nains avaient tant de peine !

**Miroir, miroir, je suis en colère
Miroir, dans une colère noire !**

Un prince qui passait par là
A réveillé Blanche-Neige
Les sept nains étaient joyeux
Et le prince très amoureux.

**Miroir, miroir, j'aime beaucoup
Miroir, j'aime beaucoup ton histoire.**

Le texte de la chanson qui se trouve dans le cahier d'activités page 28, constitue une trace écrite d'un texte travaillé à l'oral. Les enfants pourront, s'ils le souhaitent, s'y référer librement ou lors d'une prochaine activité.

3. Choisir   10 à 15 mn

▶ Activité par deux   **voir cahier page 29**

Demander aux enfants d'ouvrir leur cahier, page 29, activité 2, « Je regarde les aventures de Blanche-Neige dans le miroir », et de se regrouper par deux.

Décomposer ensuite les différentes étapes de l'activité.

1. J'observe les dessins.
Les laisser observer le tableau puis commenter :
▶ *« Le miroir vous montre les aventures de Blanche-Neige. »*
Pointer la première ligne et leur demander de nommer ce qu'ils reconnaissent. Au fur et à mesure des réponses, apporter le vocabulaire dont ils ont besoin.
Pointer la deuxième ligne et leur demander de nommer les personnages qu'ils reconnaissent.

2. Je cherche page D le cœur qui correspond au sentiment de chaque personnage.

3. Je colle chaque cœur sur le personnage qui convient.

Expliquer l'activité :
▶ *« Vous devez choisir les cœurs qui correspondent aux sentiments des personnages. Il faut vous mettre d'accord pour coller le même cœur au même endroit. Par exemple, voici la maman de Blanche-Neige et Blanche-Neige petite fille. Est-ce que Blanche-Neige est en colère ? Est-ce qu'elle a peur ? Est-ce qu'elle est triste ? Comment se sent-elle ? Pourquoi ? »*
Recueillir les propositions des enfants puis leur donner la réponse :
▶ *« Elle est triste parce que sa maman est morte. Alors, on colle le cœur gris sur le cœur de la robe de Blanche-Neige. D'accord ? Allez-y, continuez avec tous les personnages. »*
Vous pouvez, avec les enfants, décrire chacun des personnages dessinées pour vous assurer qu'ils ont bien compris chaque association d'image : la nouvelle reine qui voit que Blanche-Neige est la plus belle (les enfants colleront le cœur vert pour la jalousie), Tatou qui voit que Blanche-Neige va manger une pomme empoisonnée (ils colleront le cœur bleu pour la peur), un nain qui voit que Blanche-Neige est morte (ils colleront le cœur noir pour la colère) et Tatou qui voit le Prince et Blanche-Neige ensemble (ils colleront le cœur orange pour la joie). S'assurer également que les enfants se souviennent bien du code des couleurs attribuées aux cœurs selon les différents sentiments. Inviter les enfants à se concerter avant de choisir quel cœur coller et éventuellement, en cas d'hésitation, à procéder par élimination.
Procéder à une mise en commun des réponses pour amener les enfants à justifier collectivement leurs choix et ainsi à prendre la parole en français face au groupe.

4. Saluer   3 à 5 mn

▶ Activité de clôture

Proposer aux enfants d'écouter à nouveau *La Chanson du Miroir* et de reprendre tous ensemble les refrains. Saluer les enfants et les inviter à se saluer.

notes

Huitième séance

Blanche-Neige

matériel

Des crayons de couleur

Le cahier d'activités

La cassette audio
ou le CD (chanson 5)

notes

▮ Objet d'apprentissage

Cette séance est consacrée à l'apprentissage de la nouvelle chanson, qui se prête bien à une mise en scène sous forme de tableaux mimés. Les enfants sont invités lors de l'activité collective à danser sur la chanson en s'appropriant les différents personnages. La gestuelle proposée reprend le principe de la ronde du niveau 1 (*Souris, souris, Souricette*) et amène les enfants à choisir les personnages de la chanson les uns après les autres. Quant à l'activité individuelle, elle permet aux enfants d'exprimer leurs propres sentiments sur les moments clés de l'histoire de Blanche-Neige.

1. Accueillir   3 mn

▶ Activité rituelle

Commencer par saluer les filles :
▶ **« Bonjour + (prénom d'une des filles) ! »**
Lui donner la main puis lui demander de saluer une autre fille qui, à son tour, lui donnera la main et ainsi de suite jusqu'à ce que vous obteniez une file avec toutes les filles du groupe.
Ensuite, procéder de la même façon avec les garçons.
Les deux files se font face. Choisir un ou une des élèves parmi ces deux files. L'inviter à se mettre entre les deux files. Il ou elle représente le miroir.

2. Explorer   10 à 15 mn

▶ Activité collective

Dans un premier temps chanter la chanson ou passer l'enregistrement en l'arrêtant après chaque couplet et refrain et montrer au fur et à mesure les déplacements dans l'espace et les gestes possibles. Expliquer et commenter chacune des étapes :
▶ **« Le miroir va chercher la maman de Blanche-Neige.** (Faire une pause.) **La maman est en train de coudre.** (Mimer ce que l'enfant doit faire.) **Et maintenant c'est la maman de Blanche-Neige qui va chercher Blanche-Neige. Elle l'embrasse sur le front et rejoint la file des filles. Maintenant c'est Blanche-Neige qui va chercher son papa… »**

Paroles de la chanson	Théâtralisation
Je vais vous raconter mon histoire, Regardez-moi ! Oui, c'est moi le miroir ! Venez, approchez-vous bien ! Voici Blanche-Neige et les sept nains ! Venez, approchez-vous mieux Vous n'en croirez pas vos yeux !	L'élève présente le miroir et le met devant son visage et fait « oui » de la tête. Il fait signe d'approcher de la main. Puis, il choisit une fille pour interpréter le rôle de la mère de Blanche-Neige.
Sa maman voulait une enfant Blanche comme la neige Son vœu s'est réalisé Mais la mort l'a emportée.	La mère de Blanche-Neige, pensive, fait semblant de coudre. Puis elle va choisir une fille qui sera Blanche-Neige. Elle donne un baiser à Blanche-Neige puis repart dans la file des filles. Blanche-Neige va choisir un papa dans la file des garçons.
Miroir, miroir, comme c'est triste Miroir, elle est triste ton histoire.	Les deux files garçons et filles font un pas en avant.
Son papa, le roi, a marié Une bien belle reine Qui, seule, la nuit, dans le noir, M'interrogeait, moi, son miroir.	Le roi va chercher une nouvelle reine dans la file des filles et lui donne la main. La nouvelle reine va devant le miroir et se coiffe. Le papa rejoint sa file.
Miroir, miroir, suis-je la plus belle Miroir, suis-je belle ce soir ?	Les filles se coiffent en se regardant dans un miroir imaginaire qu'elles tiennent devant elles.
Blanche-Neige était vraiment belle Verte de jalousie, la reine Voulait que le chasseur la tue. J'ai cru qu'elle était perdue !	Blanche-Neige se place devant le miroir. La nouvelle reine va chercher un chasseur dans la file des garçons. Celui-ci court derrière Blanche-Neige en faisant semblant de la menacer d'un couteau puis rejoint sa file.
Miroir, miroir, comme j'ai peur Miroir, j'ai peur dans le noir.	La file des filles et celle des garçons font un pas en arrière en se cachant les yeux.
Elle a vu une petite maison Elle s'y sentait à l'abri Ses amis étaient des nains Qui partaient tous les matins.	Blanche-Neige met sa main au front pour signaler qu'elle a vu quelque chose, fait semblant de frapper, puis d'entrer dans une maison. Blanche-Neige va choisir un garçon qui représente les nains.
Miroir, miroir, elle est trop seule Miroir, elle est seule, viens voir.	La file des filles et celle des garçons font un pas en avant en mettant leur main au front pour signaler qu'ils voient quelque chose.
Une marchande lui a fait cadeau D'une pomme rouge empoisonnée C'était la méchante reine, Les nains avaient de la peine.	La méchante reine revient et fait semblant de tenir un panier puis de donner une pomme à Blanche-Neige. Celle-ci fait mine de la croquer et tombe par terre. Celui qui représente les sept nains fait semblant de pleurer.
Miroir, miroir, je suis en colère Miroir, dans une colère noire.	La file des filles et celle des garçons font un pas en avant en mettant leur poing en avant avec une mimique menaçante.
Un prince qui passait par là A réveillé Blanche-Neige Les sept nains étaient joyeux Et le prince très amoureux.	Un garçon, choisi par le nain, va réveiller Blanche-Neige. Le nain saute de joie autour du prince et de Blanche-Neige. Le prince est agenouillé (un seul genou à terre) devant la princesse.
Miroir, miroir, j'aime beaucoup Miroir, j'aime beaucoup ton histoire.	La file des filles et celle des garçons se rejoignent et forment une ronde autour d'eux.

Répéter la chorégraphie plusieurs fois avec les mêmes enfants. Lorsque la chorégraphie est bien intégrée, enchaîner les couplets et les refrains. Lorsque cela fonctionne avec le groupe de départ, choisir un enfant qui n'a pas encore participé pour faire le miroir et expliquer qu'il faudra choisir au fur et à mesure des enfants qui n'ont pas participé la première fois.

NOS CONSEILS

Cette activité peut être représentée lors d'une fête d'école, auquel cas vous pourrez prévoir des accessoires, des costumes, en définissant, bien entendu, des rôles au préalable.

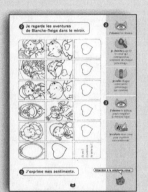

notes

3. Exprimer 10 mn

❱ Activité individuelle   voir cahier page 29

Demander aux enfants d'ouvrir leur cahier page 29, activité 3, « J'exprime mes sentiments ».

Décomposer avec eux les étapes suivantes :

1. J'observe le tableau pour compléter la dernière ligne.

2. Je colorie mon cœur pour exprimer mes sentiments.

Pour expliquer cette activité aux enfants, donner un exemple :

▶ *« Quand le miroir dit que Blanche-Neige est la plus belle, je suis content(e), mon cœur est orange, mais je pourrais aussi dire que je suis vert(e) de jalousie. Et quand Blanche-Neige va manger la pomme empoisonnée, je suis comme Tatou, bleu(e) de peur, ou je suis dans une colère noire, ou je suis triste et mon cœur est gris. »*

À la fin de cette activité, inviter les enfants qui le souhaitent à partager avec les autres leurs sentiments sur les aventures de Blanche-Neige.

NOS CONSEILS

Vous pouvez aussi inciter les enfants à exprimer d'autres sentiments et à choisir d'autres couleurs que celles vues jusqu'à présent.

4. Saluer 5 mn

❱ Activité de clôture

Proposer aux enfants de terminer cette séance en chantant et en dansant *La Chanson du Miroir*.

Les inviter à se saluer et à se quitter dans le calme.

Activité complémentaire

▌ Objet d'apprentissage

voir cahier page 30

Cette activité complémentaire vise à préparer les enfants à la prise de parole en français face à un public. Il s'agit de familiariser les enfants aux techniques théâtrales et plus particulièrement à la répétition ainsi qu'au vocabulaire lié à cette activité. Elle permet en outre aux enfants de s'approprier l'histoire de Blanche-Neige, dans une adaptation libre. Elle constitue une préparation au travail qui sera proposé dans le quatrième module. En effet, l'histoire du Chat botté sera présentée sous la forme d'une pièce de théâtre à mettre en scène avec tous les enfants.

▶ Première partie

Présenter aux enfants le projet :

▶ *« Je vous propose de jouer Blanche-Neige au théâtre. En avez-vous envie ? Est-ce que cela vous plaît ? »*

Si certains enfants n'ont pas envie de jouer la pièce, c'est l'occasion de leur présenter les différents métiers du monde du spectacle (décorateur, souffleur, maquilleur, costumier, metteur en scène, etc.).
Proposer aux enfants de découvrir le texte de la pièce :

▶ *« Nous allons maintenant écouter le texte de la pièce. Attention, la pièce est différente de l'histoire que vous avez déjà entendue. »*

matériel

● **Une grande feuille blanche**

● **Le cahier d'activités**

● **La cassette audio ou le CD** (texte 16)

Texte 16

Scène 1

La Reine : Miroir, miroir, suis-je la plus belle ce soir ?

Le Miroir : Hum ! Hum ! Regardez ! Blanche-Neige est encore plus belle !

La Reine : Quoi ! Blanche-Neige est la plus belle ?

Le Miroir : Oui, ma reine, Blanche-Neige est…

La Reine : Silence ! J'ai une idée !

Scène 2

La Reine : Chasseur !

Le Chasseur : Majesté ?

La Reine : Appelez Blanche-Neige ! Allez dans la forêt, et tuez-la ! Puis, apportez-moi son cœur !

Le Chasseur : Mais, Majesté…

La Reine : Silence ! Appelez Blanche-Neige ! Au revoir, Blanche-Neige ! Ha ! ha ! ha ! ha !!!

Scène 3

Blanche-Neige : Il fait noir ! J'ai peur ! Oh ! Une maison ! Ouf ! Personne ! Je suis fatiguée…

Les sept nains : Le soir et la nuit, avec mes amis… Chut ! Silence ! Oh ! Qui est-ce ? Le Petit Chaperon rouge ! Non, non euh… Souricette ! Non, non, euh ! C'est, c'est…

Blanche-Neige : Bonjour, je suis Blanche-Neige. Je suis perdue. La reine veut me tuer. Je peux rester avec vous ?

notes

Blanche-Neige

Les sept nains : D'accord, mais nous devons aller travailler. N'ouvre la porte à personne !

Blanche-Neige : Merci, mes amis !

Les sept nains : Le soir et la nuit avec mes amis, le renard, le loup, on fait les petits fous…

Scène 4

La Reine : Ha ! ha ! Regardez ! Voici une pomme et du poison. Ha ! ha ! ha !

Blanche-Neige : Bonjour madame.

La Reine : Tu es belle et gentille. Tiens, voici une pomme pour toi !

Blanche-Neige : Merci beaucoup madame !

La Reine : Ha ! ha ! ha ! Je suis la plus belle ! Miroir, miroir, j'arrive !

Scène 5

Les sept nains : Blanche-Neige ! Blanche-Neige !

Le Prince : Bonjour ! Oh ! Comme elle est belle ! Comment s'appelle-t-elle ?

Les sept nains : Blanche-Neige ! Mais elle est morte !

Le Prince : Mais non ! Regardez !

Blanche-Neige : Où suis-je ?

Les sept nains : Hourra, elle n'est pas morte ! Vive le prince ! Vive Blanche-Neige !

La Reine : Quoi ? Blanche-Neige n'est pas morte ! Ah !

Après l'écoute, dresser une liste des enfants qui aimeraient être acteurs et de ceux qui préfèrent assurer d'autres fonctions.

Expliquer aux enfants que vous serez le metteur en scène avec leur aide. Distribuer les rôles. Veiller à satisfaire tout le monde et à ne vexer personne. Inscrire les noms des personnages et des acteurs sur une grande feuille. Ne pas oublier d'inscrire également les autres participants et leurs fonctions.

Demander aux enfants d'ouvrir leur cahier d'activités à la page 30, activité 1, « Je colorie le personnage que j'ai choisi ».
Détailler avec eux les étapes.

1. J'observe les personnages.
Les laisser observer la page et plus particulièrement les personnages. Leur expliquer qu'il s'agit d'une représentation théâtrale de *Blanche-Neige*. Vous pouvez énumérer avec eux les différents métiers et les différents rôles représentés.

2. Je colorie en rouge le personnage que j'ai choisi.
Leur dire : ▶ ***« Vous coloriez en rouge le personnage que vous avez choisi. »***

NOS CONSEILS

Le nombre d'acteurs peut varier suivant vos besoins. Par exemple, un seul enfant peut représenter les sept nains. Quel que soit le nombre d'enfants (deux, trois, quatre…) souhaitant interpréter les nains, il suffira d'épingler sur leurs vêtements le chiffre sept, découpé dans du carton. Vous pouvez aussi envisager plusieurs enfants pour le même rôle, par exemple la reine dans son château et la reine déguisée en marchande. Les costumes devront permettre de les identifier facilement. Enfin vous pouvez composer deux troupes distinctes qui pourront offrir des interprétations différentes du même texte.

De la même façon, le nombre d'enfants non acteurs peut varier. Certains enfants souhaitant être costumiers ou décorateurs pourront, par exemple, se charger plus spécifiquement des accessoires, ou des bruitages.

▌ Deuxième partie

Travailler la pièce scène par scène en faisant écouter les scènes au fur et à mesure et en demandant aux enfants de répéter le texte afin de le mémoriser. Inviter deux enfants volontaires à commencer la répétition et expliquer aux autres enfants (acteurs ou non acteurs) qu'ils vont participer aux répétitions en observant leurs camarades et en faisant des propositions scéniques.

Commencer par la scène 1, en invitant les enfants retenus pour ces rôles à se placer sur la scène, devant le public constitué des autres enfants du groupe. Dans un premier temps, faire répéter les répliques les unes après les autres en y intégrant dès le début des mimiques et une gestuelle. Veiller à ce que les enfants ne tournent jamais le dos au public et parlent distinctement. Ensuite, au fur et à mesure, aider les enfants à trouver un ton particulier pour jouer leur personnage. Une posture peut les aider. Par exemple, demander à la méchante reine de jouer avec la tête toujours relevée et de prendre une voix assez aiguë.

Ne pas oublier de faire intervenir les autres enfants qui peuvent avoir des idées de mise en scène ou de jeu, et intégrer, si elles sont pertinentes, leurs propositions. Après quelques minutes, passer à la scène 3 qui fait intervenir d'autres acteurs, Blanche-Neige et les sept nains. Procéder de la même manière. Donner à chaque personnage un caractère précis. Par exemple, les nains peuvent parler tous en même temps, de la même façon, ou au contraire avoir chacun une particularité, une caractéristique, comme dans l'œuvre de Walt Disney. Ne pas oublier de faire participer les autres enfants. Après quelques minutes, passer à la scène 5 qui fait intervenir un autre acteur, le Prince. Procéder de la même manière que pour les scènes précédentes.

Remercier les enfants et les encourager à répéter leur rôle en dehors du cours de français.

Si vous le pouvez distribuer à chaque enfant acteur (et souffleur) une copie du texte de la pièce.

NOS CONSEILS

Vous pouvez recopier à chaque fois sur une grande feuille, les textes des scènes que vous travaillez avec les enfants. Selon le niveau de vos élèves et leur participation, ne pas hésiter à les solliciter pour enrichir le texte de la pièce (ajouts de répliques, scènes supplémentaires, autres personnages). Il faudra alors écrire au fur et à mesure toutes ces modifications.

▌ Troisième partie

Retravailler les trois scènes vues lors de la séance précédente. Faire passer un par un les couples d'acteurs. Lorsque les couples ont atteint une certaine autonomie, les laisser répéter seuls, pendant quelques minutes, à différents endroits de la classe, voire en dehors de la classe.

Pendant ce temps, dresser avec les autres enfants une liste des idées de décors, de maquillages et de costumes, d'accessoires et de bruitages concernant ces trois scènes.

Rappeler les couples d'acteurs et leur demander de rejouer leur scène. Faire intervenir les autres élèves dans le but d'améliorer les performances. N'accepter que des critiques constructives et expliquer, au besoin, vos refus : remarques blessantes, erreur de jugement, etc.

Pour les idées de costumes et de décors, encourager les enfants à rester simples et à utiliser ce qu'ils ont déjà à la maison ou qui se trouve à l'école. Blanche-Neige peut être très moderne. Ils peuvent réutiliser des déguisements de carnaval ou leurs habits de tous les jours en y apportant quelques transformations. Pour les accessoires, les enfants pourront se procurer ou fabriquer en carton des pommes, un panier, un poignard, une couronne, etc. Pour les bruitages, ils pourront imiter le bruit du vent, imiter les pas du cheval du prince qui arrive, etc.

▶ Quatrième partie

Introduire les scènes 2 et 4 qui n'ont pas encore été répétées. Demander aux acteurs de venir dire leurs répliques. Procéder toujours de la même manière (écoute de la scène enregistrée puis répétition pour mémoriser le texte). Insister pour que les enfants respectent le trait de caractère de leur personnage. Par exemple, la méchante reine doit continuer à parler avec la tête haute et une voix aiguë. Les enfants dans le public participent à la mise en scène en faisant part de leurs idées.

▶ Cinquième partie

Retravailler les deux scènes vues lors de la séance précédente. Faire passer un par un les couples d'acteurs. Lorsque les couples ont atteint une certaine autonomie, les laisser répéter seuls, pendant quelques minutes, à différents endroits de la classe, voire en dehors de la classe.
Pendant ce temps, dresser avec les autres élèves une liste des idées de décors, de maquillages et de costumes concernant ces deux scènes.
Puis, demander aux enfants de se regrouper pour jouer en continu toutes les scènes. Faire intervenir les autres élèves dans le but d'améliorer les performances.
Enfin reprendre la liste du matériel nécessaire à la mise en scène de la pièce avec les enfants et rédiger en leur présence la lettre que vous ferez passer aux familles. Vous pourrez en profiter pour demander aux parents d'aider, s'ils le peuvent, les enfants acteurs à mémoriser leurs répliques.

Lettre

Cher(s) parent(s),

Non, je ne suis pas Tatou mais + [votre nom], l'enseignant(e) de français. Nous mettons en scène une pièce de théâtre qui s'intitule « Blanche-Neige ». Pour la représentation théâtrale, pourriez-vous aider votre enfant à trouver + [objets nécessaires aux décors, aux costumes, aux bruitages] ? Pourriez-vous aussi aider votre enfant à mémoriser ses répliques, grâce au texte de la pièce ?
Merci de votre aide !

À cette occasion, vous pouvez utiliser le grille d'évaluation pour le travail individuel page 11 de ce guide. Prévoir une ou plusieurs répétitions avec tout le matériel et les costumes dans la salle de classe. Puis, proposer à une autre classe d'assister à une représentation. Vous pouvez aussi convier les parents à venir voir la représentation de la pièce.

auto-évaluation

Utiliser le portfolio

À la fin de ce module, nous vous invitons à planifier trois ou quatre séances d'évaluation. Pour animer ces séances, vous trouverez sur le site Internet de Tatou un portfolio ainsi que des informations complémentaires.

Ces séances offrent l'occasion à l'ensemble des enfants de revoir ce qu'ils ont produit et de reprendre les activités qu'ils souhaitent développer, compléter, enrichir.

http://www.tatoulematou.com

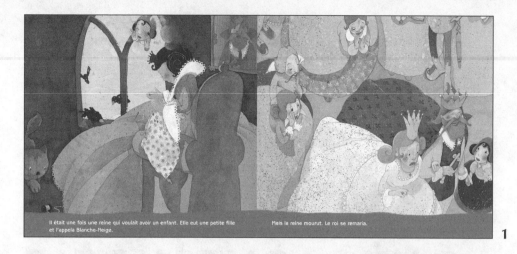

Il était une fois une reine qui voulait avoir un enfant. Elle eut une petite fille et l'appela Blanche-Neige.

Mais la reine mourut. Le roi se remaria.

1

Le miroir magique dit à la nouvelle reine que Blanche-Neige était la plus belle. Jalouse, elle demanda au chasseur d'emmener Blanche-Neige dans les bois !

Elle arriva dans une petite maison...

2

Blanche-Neige était à l'abri chez les sept nains.

Mais ils partaient travailler et Blanche-Neige restait seule.

3

Un jour, une marchande offrit une pomme empoisonnée à Blanche-Neige. Elle croqua dedans et tomba.

Un prince amoureux voulut l'emporter dans son château. Le cercueil tomba. Blanche-Neige se réveilla.

4

Module 3
Tatou et la magie

Module 3

Compétence à développer : interagir en français		
Composantes de la compétence	**Manifestations**	**Contenu**
L'enfant comprend un message oral et/ou écrit.	• Manifeste sa compréhension ou son incompréhension. • Répond d'une manière appropriée. • Tient compte des réactions de son interlocuteur. • Reconnaît l'intention de communication proposée et le sujet annoncé. • Réagit au message visuel, oral et/ou écrit. • Établit des liens entre les niveaux 1 et 2 et les modules.	***Stratégies propres aux activités d'écoute*** Activation des connaissances antérieures sur le sujet. Repérage de mots-clés. Identification de l'intention de communication. Inférence. ***Stratégies propres aux activités d'interaction*** Utilisation du langage verbal ou non verbal pour demander de répéter, de reformuler. Utilisation du langage non verbal ou verbal pour marquer l'incompréhension, l'accord ou le désaccord. Utilisation de gestes, de mimes ou de dessins pour se faire comprendre.
L'enfant produit un message oral et/ou écrit.	• Présente ses productions. • S'engage dans l'interaction. • Prend part aux échanges en classe. • Formule ses demandes de manière appropriée. • Fait part de ses préférences, de ses sentiments à l'égard des situations présentées. • Transpose des éléments empruntés à des textes lus ou entendus.	***Stratégies propres aux activités de lecture et d'écriture*** Reconnaissance globale en contexte des mots fréquents. Reconnaissance de l'intention de communication. Prédiction du contenu à partir d'éléments visuels. Reconnaissance du destinataire et de l'émetteur. ***Types de textes*** • Textes littéraires Trois chansons, une poésie, quatre dialogues construits. • Textes courants Fiches techniques, règles de jeu, devinettes.
L'enfant démontre son ouverture à une autre langue et à d'autres cultures.	• Participe aux expositions, aux fêtes et autres manifestions liées à l'apprentissage du français. • Utilise des idées, des expressions ou des mots provenant des dialogues, des chansons, des poèmes écoutés. • Exprime spontanément son intérêt pour les activités menées en français. • Suggère des activités favorisant l'ouverture aux autres cultures.	***Éléments syntaxiques*** Phrases à l'impératif. Phrases négatives. ***Éléments prosodiques*** L'intonation, le rythme et l'accentuation. ***Vocabulaire*** L'alphabet. Vocabulaire relatif au déguisement et au monde merveilleux. Expression de la notion de quantité : *une poignée de..., un verre de...,*etc.

Dans le module 3, Selim et ses amis montent jouer dans le grenier.

À l'unité 1, ils découvrent une malle au trésor. Selim et Rose décident de se déguiser en magiciens. C'est le début de nouvelles aventures et l'entrée dans le monde de la magie et des blagues.

À l'unité 2, ils utilisent le nouveau livre de magie de Selim afin de trouver une formule pour métamorphoser Tatou et le petit chien.

Une surprise les attend **à l'unité 3** puisque seul Tatou réapparaît, sous la forme d'un ogre, mangeur d'enfants. Selim et Rose doivent préparer une potion magique afin de redonner à Tatou son apparence de chat.

À l'unité 4, Rose et Selim découvrent qu'il ne s'agissait que d'une blague de leurs amis, Tatou et le petit chien, qui s'étaient déguisés en ogre !

Tableau des contenus par unité

> **Le chapeau magique**

Thème	*La magie*
Résumé	Selim veut faire de la magie. Il prend son livre et il monte avec ses amis dans le grenier pour jouer au magicien. Dans le grenier, il y a une malle au trésor. Dans cette malle, ils trouvent des habits de magicien et un sac. Dans ce sac, il y a les habits de Lucienne, la magicienne. Selim se déguise en magicien et Rose en magicienne.
Contenu linguistique *Éléments syntaxiques*	Phrases à l'impératif.
Vocabulaire	Le livre de magie, le chapeau du magicien, la baguette, la veste, la malle au trésor, le gardien, le grenier, les habits, vieux, les bottes, l'araignée, transformer, ranger…
Activités du cahier	Fabriquer un chapeau magique. Jouer au jeu des erreurs. Faire un sondage.
Activité complémentaire	Répondre à des devinettes et en compléter d'autres.
Supports sonores	**Chanson :** *Dans ma malle au trésor* Dialogue entre Tatou, Selim, Rose et le chien.
Supports visuels	**Affichettes :** le livre de magie, le chapeau du magicien, la baguette du magicien, la veste du magicien, la maison, le grenier, la malle au trésor, le sac.
Support d'évaluation	Le portfolio http://www.tatoulematou.com

Tatou et la magie

> La formule magique

Thème	La magie
Résumé	Selim et ses amis jouent dans le grenier. Selim se déguise en magicien et Rose en magicienne. Ils ouvrent le livre de magie et cherchent une formule magique pour transformer leurs amis en quelque chose ! Comment vont-ils faire ?
Contenu linguistique *Éléments syntaxiques*	Phrases négatives. Phrases à l'impératif.
Éléments prosodiques	L'intonation, le rythme et l'accentuation.
Vocabulaire	L'alphabet, abracadabra, la formule magique, les carottes, paroles de..., l'armoire, la sorcière, la fée, le balai, les chaînes, la robe, les chaussures, la grenouille, le serpent, le cheval, les chevaux...
Activités du cahier	Relier les lettres pour trouver le personnage caché. Associer un personnage à un costume. Jouer aux formules magiques.
Activité complémentaire	Décoder le nom de personnages merveilleux.
Supports sonores	**Chanson :** *L'alphabet* **Danse :** *Abracadabra* Dialogue entre Tatou, Selim, Rose et le chien.
Supports visuels	L'affiche de l'alphabet
Support d'évaluation	Le portfolio http://www.tatoulematou.com

> La potion magique

Thème	La magie
Résumé	Selim et Rose cherchent une formule magique dans le livre de magie. Ils prononcent abracadabra et hop ! leurs amis disparaissent ! Tout à coup, ils entendent une grosse voix qui les appelle. C'est Tatou transformé en ogre !
Contenu linguistique *Éléments syntaxiques*	Phrases à l'impératif. Phrases négatives.
Vocabulaire	L'ogre, le sable, les cheveux, la dent, la cuisine, la potion, le géant, la langue, le serpent, le blé, la fourmi, l'escargot, le chaudron, le jus de... **Expression de la quantité :** *une poignée, un verre de...*
Activités du cahier	Vérifier sa compréhension. Inventer une potion magique. Retrouver l'ordre de la poésie.
Activité complémentaire	Reconstituer une devinette puis en rédiger une.
Supports sonores	**Poésie :** *Tatou, l'ogre* Dialogue entre Tatou, Selim et Rose.
Supports visuels	**Affichettes :** le sable, le blé, les cheveux, le verre de lait, l'araignée, la fourmi, la carotte, la dent, l'escargot, la langue de serpent.
Support d'évaluation	Le portfolio http://www.tatoulematou.com

Thème	*La magie*
Résumé	Selim et Rose apportent la potion magique qu'ils ont pré-parée. Selim veut faire goûter la potion à Tatou, l'ogre. Quand il avance vers Tatou, le chien caché sous le déguisement tombe et entraîne Tatou dans sa chute. La blague est découverte par Selim et Rose.
Contenu linguistique *Éléments syntaxiques*	Formulation de questions. Phrases à l'impératif.
Vocabulaire	Le pantalon, la chemise, drôle, inventer, exister, la blague, le ventre, chaude, froide, sucrée, la pelotte, jouer un tour… **Expression idiomatique :** Et le tour est joué !
Activités du cahier	Vérifier sa compréhension. Fabriquer une roue magique. Inventer le début d'une chanson.
Activité complémentaire	Décoder le nom d'animaux et de personnages mythologiques.
Supports sonores	**Chanson :** *J'ai tout inventé* Dialogue entre Tatou, Selim, Rose et le chien.
Supports visuels	Fiche technique pour fabriquer la roue magique.
Support d'évaluation	Le portfolio http://www.tatoulematou.com

30 minutes

Première séance

matériel

- Quatre grandes enveloppes

- Les affichettes :
  le livre de magie,
  le chapeau du magicien,
  la baguette du magicien,
  la veste du magicien

- La lettre de Tatou

- La fiche technique pour fabriquer le chapeau

- Un chapeau magique
  (voir cahier page 34)

- Pour fabriquer le chapeau
  une grande feuille de papier assez épais de 40 x 50 cm,
  de la colle
  (ou du ruban adhésif),
  des ciseaux,
  des crayons de couleur,
  des éléments de décoration

- Le cahier d'activités

notes

▌ Objet d'apprentissage

Ce module est construit autour du thème de la magie. Cette première séance est une mise en situation qui invite les enfants dans un nouvel univers. Il s'agit au cours de l'activité collective d'éveiller la curiosité des enfants et de les amener à trouver des messages cachés dans la classe. Quant à l'activité individuelle, elle leur permet de s'approprier un des attributs magiques qu'ils vont retrouver dans l'histoire et qu'ils réutiliseront pour mimer la chanson de cette unité.

1. Accueillir   2 à 3 mn

▶ Activité rituelle

Numéroter les quatre enveloppes de un à quatre. Glisser au hasard dans chaque enveloppe une affichette et, dans les trois premières enveloppes, un papier sur lequel vous avez écrit des indications pour trouver l'enveloppe suivante. Les indications peuvent être formulées ainsi : « Va voir + [préposition : sur, dans, sous, à côté de…] + [lieu] » ; « Ouvre + [objet] » ; « Cherche + [préposition] + [objet] », etc. Placer la première de ces enveloppes tout près de vous (au tableau, sur une table, au bord d'une fenêtre, etc.), à portée de main, de sorte que les enfants puissent la voir sans se déplacer dans la classe.

Accueillir les enfants et les saluer. Leur annoncer :
▶ *« J'ai un jeu à vous proposer. J'ai caché dans la classe quatre enveloppes. Dans chaque enveloppe, il y a une affichette et un message pour trouver une autre enveloppe. Il faut trouver les quatre enveloppes. Regardez bien autour de vous pour trouver la première enveloppe. »*

NOS CONSEILS

Cacher les enveloppes dans des endroits accessibles pour les enfants et sans danger de chute.

2. Explorer   7 à 10 mn

▶ Activité collective

Commencer le jeu avec l'enfant qui découvre la première enveloppe. L'inviter à prendre cette enveloppe, à l'ouvrir, puis l'aider à lire à voix haute le message qui indique où se trouve la deuxième enveloppe. Par exemple :
▶ *« Regarde sous l'armoire. »*
Lui demander ensuite de montrer à ses camarades l'affichette qui se trouve dans cette première enveloppe. Décrire avec les enfants l'affichette.

Par exemple :

▶ *« C'est un chapeau de magicien. »*

Poser l'affichette sur le rebord du tableau, sur une table, etc. Inviter un autre enfant à chercher la deuxième enveloppe. Renouveler la même démarche pour les trois autres enveloppes.

Lorsque les quatre affichettes sont découvertes, introduire le thème de ce nouveau module, centré sur la magie :

▶ *« Nous allons parler de magie. Qui fait de la magie ? Qui aime la magie ? »*

Encourager les enfants à vous parler de leurs expériences et des personnages qu'ils associent à la magie (fées, sorcières…) :

▶ *« Avez-vous des costumes de magicien ou de magicienne ? Avez-vous déjà rencontré un magicien ou une magicienne ? »*

Les aider à s'exprimer en français, apporter le vocabulaire dont ils ont besoin au fur et à mesure.

Profiter de ce moment d'échanges pour inviter les enfants qui ont chez eux des habits de magicien, de magicienne (ou autres personnages magiques), à les apporter lors d'une prochaine séance pour les montrer à leurs camarades.

3. Interlude   5 mn

▶ Activité passerelle

Pour créer une ambiance de magie dans la classe et/ou pour constituer un album collectif, vous pouvez aussi demander aux enfants, par l'intermédiaire d'une lettre aux parents (voir lettre ci-dessous), d'apporter des images autour de ce thème.

Lire aux enfants la lettre de Tatou destinée aux familles, écrite en français et traduite dans la langue d'enseignement.

Lettre de Tatou

Cher(s) parent(s),

C'est encore moi, Tatou. Il m'arrive de drôles d'aventures ! Je suis maintenant dans le monde de la magie. Pourriez-vous aider votre enfant à trouver dans des magazines ou dans des catalogues des images de personnages magiques (des fées, des sorcières, etc.) ou des objets magiques (des baguettes, des balais, des tapis volants) ou des habits magiques (des manteaux, des chapeaux de magicien) ? Vous pouvez aussi donner à votre enfant des photos de spectacles auxquels il a assisté ou des photos de lui déguisé. Ces images serviront à constituer un album de classe. Pensez à mettre ces images ou ces objets dans le sac de votre enfant pour la séance du + [date]. Merci beaucoup !

Tatou, le chat

Vérifier que les enfants ont bien compris l'objet de la lettre.

Pour aider les enfants dans leur choix, vous pouvez les guider vers des sorciers, des magiciens ou des fées célèbres comme Harry Potter, Merlin l'enchanteur et la fée Morgane (Légende d'Arthur) ou encore d'autres personnages connus par les enfants et liés à leur culture.

Tatou et la magie

123

NOS CONSEILS

L'album de classe est un objet précieux qui facilite le passage d'une classe à une autre. Par exemple, les enfants de votre groupe pourront retrouver l'année prochaine ou au cours d'une nouvelle session de français un objet connu. Cet objet joue un rôle affectif. Il peut servir à construire une séquence dite « zéro », c'est-à-dire une première séquence de mise en route. L'album peut aussi rester dans la bibliothèque ou un autre lieu de l'école ouvert aux enfants et aux parents.

4. Produire   10 à 15 mn

▶ Activité individuelle   **voir cahier page 34**

Afficher la fiche technique « Pour fabriquer un chapeau magique ».
Expliquer aux enfants :
▶ **« Pour faire de la magie, on va fabriquer un chapeau magique. »**
Leur demander d'ouvrir leur cahier d'activités, à la page 34, activité 1, « Je fabrique mon chapeau ».
Montrer aux enfants le chapeau que vous avez fabriqué puis leur expliquer les étapes de la réalisation des chapeaux :

1. Je vais chercher mon matériel.
Inviter les enfants à venir chercher chacun une grande feuille de papier épais, des crayons de couleur et des éléments de décoration (papiers de couleur, morceaux de tissu ou de laine, gommettes, etc.).

2. Je fabrique mon chapeau.
Expliquer aux enfants qu'avant de rouler leur feuille en forme de cône, ils doivent d'abord décorer (coloriage, dessins, collages de matériaux divers…) leur futur chapeau.
Lorsqu'ils ont fini, montrer aux enfants comment rouler la feuille en forme de cône pour obtenir la forme du chapeau puis les inviter, et au besoin les aider, à coller la feuille avec de la colle ou du ruban adhésif. Enfin, ils pourront découper les bords de leur chapeau s'ils le souhaitent.

3. Je présente mon chapeau.
Encourager les enfants à porter leur chapeau et à circuler dans la salle pour le présenter à leurs camarades.

5. Saluer   2 mn

▶ Activité de clôture

Avec votre chapeau sur la tête, saluer les enfants en faisant une révérence. Demander aux enfants de faire de même et introduire à cette occasion le mot « révérence ».

Deuxième séance

matériel

- Les affichettes :
le livre de magie,
le chapeau du magicien,
la baguette du magicien,
la veste du magicien

- Des feuilles

- Le livre de l'élève

- Le cahier d'activités

- La cassette audio
ou le CD (texte 17)

▌ Objet d'apprentissage

À partir de cette séance l'activité rituelle est consacrée à la présentation des objets et des images que les enfants auront apportés, ce qui permet de créer une situation d'échanges en langue étrangère. C'est aussi une mise en situation favorable à l'introduction de la nouvelle thématique. L'activité collective travaille la compréhension globale d'un nouveau texte. Quant à l'activité individuelle, elle est connue des enfants puisqu'il s'agit du jeu des erreurs. Les enfants seront alors invités à réemployer en contexte le vocabulaire introduit dans les dialogues.

1. Accueillir   5 mn

▌ Activité rituelle

Saluer les enfants puis inviter ceux qui ont apporté une image, un accessoire magique ou un déguisement complet à le présenter à leurs camarades. Préparer une feuille par enfant avec ses nom et prénom en haut de la page ainsi que la date de réalisation de l'activité. Les photos et les images, apportées par les enfants, seront collées sur cette feuille et accompagnées d'un texte dicté par chaque enfant. Par exemple :

▶ *« Je suis déguisé en magicien. C'était pour mon anniversaire. »*
Les feuilles seront ensuite rangées dans l'ordre alphabétique des noms des enfants et ensuite reliées entre elles pour former un album qui restera dans la classe.

NOS CONSEILS

Cette activité de présentation se répartit sur plusieurs séances. Donner la priorité aux enfants qui ont apporté des costumes ou autres objets de magie afin qu'ils puissent les rapporter chez eux rapidement. Ils pourront dessiner l'objet apporté sur une feuille qui figurera dans l'album.

2. Explorer   10 à 15 mn

▌ Activité collective   voir livre pages 38-39

Disposer les affichettes sur un support mural : le livre de magie, le chapeau du magicien, la baguette du magicien, la veste du magicien.
Inviter les enfants à ouvrir leur livre pages 38-39, à observer l'illustration et à la commenter. Puis les amener à retrouver dans la double page les objets dessinés sur les affichettes qui étaient cachées dans la classe et faire avec eux la liste des objets qui se trouvent dans la malle (bottes, sac, vêtements, masque de lion, gant, chapeau).

▶ *« Qu'est-ce qu'il y a dans la malle ? »*
Attirer leur attention sur le livre de magie et les laisser émettre des hypothèses quant à la situation. Recueillir les propositions et les écrire sur une feuille ou au tableau.

Tatou et la magie

125

Proposer aux enfants d'écouter le texte pour découvrir les nouvelles aventures de Tatou et de ses amis :

▶ *« Vous êtes prêts ? Nous allons retrouver nos amis. Écoutons pour savoir ce qui se passe. »*
Passer l'enregistrement du texte.

Texte 17

Rose est venue chez Selim pour jouer. Selim prend son livre de magie. Il monte avec ses amis dans le grenier pour jouer au magicien.

Rose : Mais Selim, pourquoi veux-tu jouer dans le grenier ?

Selim : Tu vas voir ! Dans le grenier, il y a une malle au trésor !

Tatou et le chien : Une malle au trésor ! ! ?

Tatou : Qu'est-ce qu'il y a dedans ?

Selim : Tu verras Tatou. Nous allons bien nous amuser !

Selim et ses amis sont dans le grenier. Ils ouvrent la malle…

Chien : Oh ! De vieux habits pour nous déguiser !

Tatou : Oh ! Un masque de lion !

Selim : Regardez, des bottes et… un drôle de chapeau !

Rose : C'est un chapeau de magicien. Oh, mais regardez ! Un sac ! Qu'est-ce qu'il y a dans ce sac ? Une baguette magique, un chapeau… Mais ce sont les habits de Lucienne, la magicienne ! Super !

Selim et Rose se déguisent : Selim en magicien et Rose en magicienne.

Selim et Rose : Voilà, nous sommes prêts !

Tatou et le chien : Vous êtes magnifiques !

Selim : Tatou, donne-moi mon livre de magie, s'il te plaît ! Nous allons faire un tour de magie et vous transformer.

Chien : Oh non ! Selim ! Ne fais pas ça !

Tatou : N'aie pas peur ! C'est un jeu !

Après l'écoute, résumer avec les enfants la situation :

▶ *« Selim veut faire de la magie. Il prend son livre et il monte avec ses amis dans le grenier pour jouer au magicien. Dans le grenier, il y a une malle au trésor. Dans cette malle, ils trouvent des habits de magicien et un sac. Dans ce sac, il y a les habits de Lucienne, la magicienne. Selim se déguise en magicien et Rose se déguise en magicienne. Ils vont transformer Tatou et + [nom du chien]. »*

3. Identifier   5 à 10 mn

▌ Activité individuelle   voir cahier page 34

Demander aux enfants d'ouvrir leur cahier page 34, activité 2, « Je trouve les erreurs dans le dessin B ».
Leur expliquer :
▶ *« Un magicien a transformé le grenier de Selim. Vous devez trouver les objets transformés. »*

Décomposer avec les enfants les quatre étapes de l'activité :

1. J'observe les deux dessins.
Passer parmi les enfants pour les amener individuellement à décrire les différences entre le dessin A et le dessin B :
▶ *« À la place de l'araignée, il y a une fourmi. »*, etc.

2. Je barre les différences dans le dessin B.

3. Je compare mes réponses avec celles de mon voisin.

4. Je colorie le cœur qui indique le même nombre d'erreurs que moi.
Demander aux enfants qui se souviennent de cette étape de l'expliquer aux autres.

Procéder à une correction collective au cours de laquelle les nouveaux mots de vocabulaire du texte sont repris et les structures comme « à la place de… » réactivées.

Voici les cinq différences :
- à la place de l'araignée, il y a une fourmi ;
- à la place du masque de lion, il y a une citrouille ;
- à la place de la botte, il y a une chaussure de magicienne ;
- sur le tee-shirt de Tatou il y a une baguette de magicien à la place du chapeau de magicien ;
- sur le livre le titre a changé : c'est *Blanche-Neige* à la place de *Magie*.

4. Saluer   5 mn

▌ Activité de clôture

Inviter les enfants à se réunir calmement pour regarder l'avancement de l'album de classe. Leur montrer les pages de l'album pour tous les motiver à y participer.
Prendre congé des enfants et rappeler à ceux qui n'ont pas apporté d'objets, ou d'images, de ne pas oublier de le faire pour compléter l'album.

notes

Tatou et la magie

> Le chapeau magique

30 minutes

matériel

- Les chapeaux qui ont été fabriqués
- Les affichettes de la chanson : la maison, le grenier, la malle au trésor, le sac
- Une grande feuille de papier
- Le livre de l'élève
- Le cahier d'activités
- La cassette audio **ou le CD** (chanson 6)

Tatou et la magie

notes

Troisième séance

▌ Objet d'apprentissage

Cette séance est construite autour de l'apprentissage d'une nouvelle chanson, qui reprend le principe des poupées russes (avec jeux de répétitions et d'emboîtements logiques). L'activité individuelle (un sondage) travaille la compréhension écrite d'un document et favorise l'interaction entre les enfants.

1. Accueillir   3 à 5 mn

▶ Activité rituelle

Saluer les enfants puis les inviter à continuer les présentations des objets et/ou des images qu'ils ont apportés de chez eux.
Leur montrer l'album en cours d'élaboration pour les engager à tous y participer.

2. Explorer   15 mn

▶ Activité collective   voir livre page 40

Prendre les affichettes de la chanson (la maison, le grenier, la malle au trésor, le sac) et le chapeau magique. Le mettre sur sa tête ou le poser près de soi. Pour mettre en évidence l'emboîtement logique de la chanson, la résumer de la façon suivante :

▶ *« Dans ma maison* (montrer l'affichette de la maison), *il y a un grenier mal rangé* (montrer l'affichette du grenier). *Dans mon grenier, il y a une malle au trésor* (montrer l'affichette de la malle). *Dans ma malle, il y a un vieux sac* (montrer l'affichette du sac). *Dans mon sac, oui, c'est rigolo, il y a un grand...* (montrer le chapeau et laisser les enfants terminer la phrase) *chapeau. »*

Demander à tous les enfants de prendre leur chapeau et de le poser devant eux. Leur expliquer :
▶ *« Quand vous entendrez "un grand chapeau", prenez vos chapeaux* (lever le chapeau puis le reposer) *et montrez-les ainsi. »*

Puis, distribuer à quatre enfants les affichettes. Leur expliquer qu'à chaque fois qu'ils entendront le mot qui correspond à leur affichette, ils devront la montrer à tous leurs camarades. Reprendre le résumé de la chanson en invitant les enfants à participer.

Enfin, leur dire :
▶ *« Nous allons maintenant écouter une nouvelle chanson pour essayer de la chanter ensuite tous ensemble. Vous êtes prêts ? »*
Passer la chanson enregistrée. Pour les aider à suivre, aligner les affichettes dans l'ordre de la chanson et les pointer au fur et à mesure de l'écoute.

Demander aux enfants :
▶ *« Avez-vous aimé cette nouvelle chanson ? »*
Recueillir les réponses et les commentaires des enfants. Leur proposer enfin d'écouter à nouveau la chanson en suivant le texte sur leur livre page 40.

Chanson 6

Dans ma malle au trésor

Dans ma maison, il y a
Un grenier mal rangé.
Dans mon grenier, j'aime monter
Pour m'y amuser.

Dans mon grenier, il y a
Une malle au trésor.
Dans ma malle, j'adore
Regarder encore.

Dans ma malle, il y a
Un vieux sac pas très beau.
Dans mon sac, oui, c'est rigolo
Il y a un grand chapeau.

Dans mon chapeau, il y a
Une malle au trésor,
Un grenier mal rangé,
Une drôle de maison.

Dans ma maison, il y a
Un grenier mal rangé,
Une malle au trésor
Et un grand chapeau.

3. Représenter   10 mn

▶ **Activité individuelle**   voir cahier page 35

Inviter les enfants à ouvrir leur cahier à la page 35, activité 3, « Je fais un sondage ».
Leur demander :
▶ *« Qu'est-ce que c'est ? Avez-vous déjà fait une activité de sondage ? Cherchez dans votre cahier l'autre sondage. »*
Un sondage a été proposé dans le module 1 (la peur), page 13 du cahier.
Lire avec eux la feuille de sondage. Puis, reprendre une par une les réponses pour vous assurer que les enfants arrivent à les lire (reconnaissance globale).

Détailler avec eux les étapes suivantes :

1. Je demande à cinq camarades : « En quoi aimerais-tu te déguiser ? »
Préciser aux enfants qu'ils devront choisir un personnage et un seul car ce choix sera exploité au cours de l'unité suivante.

2. J'écris le prénom de mes camarades et je fais une croix pour indiquer leur choix.
Expliquer aux enfants qui auraient des difficultés à écrire les prénoms de leurs camarades que ces derniers peuvent les écrire eux-mêmes.

3. Je présente les résultats à toute la classe.
Prendre la grande feuille sur laquelle vous avez reproduit le sondage en y inscrivant tous les prénoms des enfants, les quatre choix proposés en ajoutant une colonne intitulée « Autre ». Pour chaque prénom, demander à ceux qui ont interrogé cet enfant :
▶ *« En quoi + [prénom de l'enfant] aimerait-il se déguiser ? »*
Puis demander à l'enfant s'il aimerait aussi se déguiser en autre chose. Il pourra alors venir le dessiner sur la grande feuille en face de son prénom, dans la colonne « Autre » et l'écrire avec votre aide.

Afficher cette feuille de sondage dans la classe.

NOS CONSEILS

Expliquer aux enfants qu'ils doivent s'assurer que chaque enfant de la classe a été interrogé au moins une fois par un autre camarade.

4. Saluer   3 à 5 mn

▶ Activité de clôture

Inviter les enfants à reprendre avec les chapeaux la nouvelle chanson : *Dans ma malle au trésor.*
Saluer les enfants qui se saluent mutuellement et vous saluent.

Quatrième séance

30 minutes

- Les chapeaux fabriqués
- Les affichettes : la maison, le grenier, la malle au trésor, le sac
- Les cœurs tressés (ou des enveloppes)
- Des feuilles de papier
- Le livre de l'élève
- La cassette audio ou CD (devinette 1)

notes

▌ Objet d'apprentissage

Il s'agit dans cette dernière séance de travailler à nouveau la chanson et de s'assurer que tous les enfants du groupe ont pu participer à l'élaboration de l'album de la classe. L'activité individuelle est construite autour de la recherche de l'indice qui mènera à l'histoire du module 4. Les indices se présentent, dans ce module, sous la forme d'énigmes enregistrées, ce qui permet de travailler la compréhension orale associée à la reconnaissance de l'écrit.

1. Accueillir   5 à 10 mn

▶ Activité rituelle

Saluer les enfants puis les inviter à continuer les présentations des objets et/ou des images qu'ils ont apportés de chez eux.

NOS CONSEILS

Il faudrait qu'à la fin de cette première unité du module 3 la totalité des enfants ait eu la possibilité de participer à cette activité.

2. Rappeler   10 mn

▶ Activité collective

Demander aux enfants de prendre leur chapeau pour chanter la nouvelle chanson avec l'enregistrement.
Ensuite, passer à nouveau la chanson mais dans sa version instrumentale. Pour aider les enfants à retrouver l'ordre des paroles, distribuer à quatre enfants les affichettes de la chanson. Leur demander de se mettre dans le bon ordre (la maison, le grenier, la malle au trésor, le sac) pour aider leurs camarades à chanter.
Recopier ensuite sur une grande feuille le texte de la chanson et demander à des enfants volontaires d'entourer les mots « maison », « grenier », « sac », « malle », « chapeau ».
Inviter les enfants à chanter en suivant le texte.
Les enfants qui le souhaitent pourront aussi se repérer grâce au texte de la chanson, page 40 de leur livre.

3. Identifier   10 mn

▶ Activité individuelle   voir livre page 41

Demander aux enfants d'ouvrir leur livre page 41. Les questionner sur le nouveau personnage représenté :
▶ *« Qui est ce personnage ? »*

notes

Recueillir les propositions. Expliquer aux enfants qu'il s'agit du Gardien du trésor. Établir des passerelles entre ce personnage et Edmond, le dragon, gardien du feu (module 3 du niveau 1). Faire appel aux connaissances des enfants pour leur demander de nommer d'autres gardiens célèbres ou d'autres personnages de la mythologie ou du monde fantastique. Les enfants pourront par exemple citer le sphinx.

Leur expliquer que le Gardien du trésor va leur proposer une devinette pour trouver un des indices contenus dans la malle au trésor :

▶ **« Vous êtes prêts ? Écoutez bien ! Lorsque vous avez trouvé la réponse, merci de la dessiner. Attention, c'est un secret ! »**

Devinette 1

Le Gardien du trésor : Bonjour, les enfants. Vous voulez ouvrir la malle au trésor ? Écoutez-moi bien. Vous êtes prêts ? C'est un objet qui se trouve dans la malle de Selim. Il y en a deux. On les met quand il pleut. Qu'est-ce que c'est ?

Proposer aux enfants, si cela est nécessaire, d'écouter une deuxième fois le Gardien. Ils pourront suivre le texte de la devinette sur leur livre page 41. Leur demander de dessiner l'objet sur une feuille blanche. Circuler parmi les enfants pour leur demander ce qu'ils dessinent et pour écrire sous le dessin le nom de l'objet en français. Le dessin est glissé dans les cœurs tressés ou dans des enveloppes. La réponse à la devinette est : « les bottes ».

NOS CONSEILS

Le thème abordé dans ce module se prête très bien à une approche interdisciplinaire. Par exemple, un travail sur des personnages de la mythologie peut être proposé en arts plastiques et en classe de langue maternelle. Si les enfants ne connaissent pas le sphinx, ce peut être l'occasion de leur présenter ce personnage et de leur soumettre son énigme célèbre sur l'homme : « Qui est-ce qui marche à quatre pattes le matin, à deux pattes le midi et à trois pattes le soir ? »

4. Saluer   3 à 5 mn

▶ **Activité de clôture**

Inviter les enfants à reprendre la nouvelle chanson, *Dans la malle au trésor*. Les enfants se saluent mutuellement, vous saluent et vous les saluez.

Activité complémentaire

30
minutes

▌ Objet d'apprentissage

voir cahier page 38

Cette activité complémentaire porte sur la lecture de devinettes. Il s'agit de continuer le travail de reconnaissance de mots connus dans un texte nouveau, de comprendre des questions et enfin de choisir une réponse en justifiant son choix. L'enfant peut s'appuyer entre autres sur la reconnaissance des marques du féminin et du masculin.

m a t é r i e l

●
Le cahier d'activités

▶ Première partie

Introduire cette activité en posant aux enfants une devinette :
▶ *« J'ai une devinette pour vous. Écoutez bien ! Elle habite dans un château, elle porte une couronne. Qui est-ce ? »*
Recueillir les réponses des enfants. C'est une reine.
Puis, inviter les enfants à ouvrir leur cahier à la page 38, activité 1, « Je joue aux devinettes ». Décomposer avec eux les étapes de l'activité.

1. Je lis les devinettes avec mon professeur.
Lire les devinettes en demandant aux enfants de suivre sur leur cahier.

2. J'entoure la réponse que je choisis.
Après chaque lecture, inviter les enfants à choisir individuellement parmi les réponses possibles et à entourer celle de leur choix.

3. Je compare mes réponses avec celles de mes camarades.
Les laisser s'autocorriger en communiquant entre eux avant la correction collective. Amener les enfants à justifier leur choix. Par exemple, si un enfant propose la réponse « une magicienne » pour la première devinette lui demander de dire pourquoi il choisit cette réponse plutôt qu'une autre. Attirer son attention sur le pronom sujet « Il » qui indique qu'il s'agit d'un homme.
Les réponses aux devinettes sont : un magicien et une sorcière.

notes

▶ Deuxième partie

Inviter les enfants à passer à la deuxième activité « Je complète les devinettes ». Décomposer avec eux les étapes de l'activité.

1. Je lis les devinettes avec mon professeur.
Lire la première devinette avec les enfants en leur demandant de suivre sur leur cahier et de dire les mots manquants, représentés par un dessin. Procéder de même pour la deuxième devinette.

2. J'écris les mots qui conviennent.
Lorsque les enfants ont trouvé les deux mots qui manquent pour chaque devinette, leur expliquer qu'il faut qu'ils écrivent ces mots à l'emplacement prévu à l'intérieur des devinettes. Les quatre mots se trouvent sur leur cahier en bas dans le désordre. Pour cette reconnaissance globale des mots, les enfants pourront s'appuyer sur les lettres initiales des mots, mais aussi sur leur longueur.
Les quatre mots sont, dans l'ordre : petite fille, poisson, serpent, feu.

3. Je cherche la réponse aux devinettes.
Relire avec les enfants les deux devinettes et leur demander de trouver les réponses. Recueillir les réponses en leur demandant d'expliquer leur choix, puis les inviter à découvrir la réponse écrite, à l'envers en petits caractères, en dessous de chaque question. Lire avec eux ces deux mots, « sirène » et « dragon ». Les inviter alors à parler de ces deux personnages fantastiques et à se souvenir des rencontres de Tatou avec Irène et avec Edmond (module 3, niveau 1).

Tatou et la magie

30 minutes

Première séance

matériel

- L'affiche de l'alphabet (voir mallette pédagogique)
- Des crayons de couleur
- Le livre de l'élève
- Le cahier d'activités
- La cassette audio ou le CD (chanson 7)

Tatou et la magie

notes

▌ Objet d'apprentissage

Cette séance est construite autour de l'exploitation d'une nouvelle chanson intitulée *L'Alphabet*. Il s'agit ici de familiariser les enfants avec les lettres, leur apprendre à les identifier et à les nommer. Les activités permettent aussi de structurer l'espace (sens de lecture de gauche à droite) et d'établir éventuellement des comparaisons entre les différents alphabets. L'activité individuelle réactive ces connaissances de façon ludique et motivante puisque les enfants doivent reprendre l'ordre de l'alphabet pour reconstituer un dessin.

1. Accueillir   2 à 3 mn

▶ Activité rituelle

Saluer les enfants et passer très doucement la chanson *L'Alphabet* afin de les intriguer. Leur expliquer qu'il s'agit d'une nouvelle chanson qu'ils vont bientôt découvrir.

2. Explorer   10 mn

▶ Activité collective   voir livre page 44

Proposer aux enfants de bien s'installer et de se concentrer sur l'écoute de la chanson pour en découvrir le thème :

▶ *« Installez-vous bien. Écoutez la chanson pour trouver de quoi elle parle. Vous êtes prêts ? Bien, on y va ! »*

Passer l'enregistrement. Pour trouver le thème de la chanson, les enfants peuvent s'appuyer sur le titre et les lettres qu'ils vont entendre et qu'ils doivent être capables d'identifier. Recueillir les propositions des enfants et valider leurs choix :

▶ *« C'est une chanson sur l'alphabet. »*

Passer à nouveau la chanson et, à l'aide de l'affiche de l'alphabet, montrer les lettres, au fur et à mesure qu'elles sont nommées dans la chanson. Attention, il s'agit des lettres et non pas des sons ! Puis, à partir de l'affiche, compter avec les enfants le nombre de lettres qu'il y a dans l'alphabet. Proposer aux enfants de suivre l'activité avec le texte de la chanson à la page 44 de leur livre.

Les amener à comparer cet alphabet avec celui des autres langues qu'ils connaissent :

▶ *« Est-ce que cet alphabet ressemble à l'alphabet de + [nom de la langue d'enseignement] ? Y a-t-il le même nombre de lettres ? Est-ce qu'elles ont les mêmes noms ? »*

Reprendre la chanson en y ajoutant l'accompagnement gestuel proposé dans le tableau page suivante.

Chanson 7   *L'Alphabet*

Paroles	Accompagnement gestuel
Il y a 26 lettres dans ton alphabet Je vais les apprendre, c'est décidé	Faire semblant de compter sur ses doigts. Faire « oui » avec la tête.
A B C D...	Mains sur les hanches et buste un peu penché vers l'avant.
Il y a 26 lettres dans ton alphabet Non, ce n'est pas la peine que tu te fâches	Faire semblant de compter sur ses doigts. Faire « non » avec l'index.
E F G H...	Mains sur les hanches et buste un peu penché vers l'avant.
Il y a 26 lettres dans ton alphabet Moi, je les trouve toutes très belles	Faire semblant de compter sur ses doigts. Montrer sa bouche en faisant un sourire.
I J K L...	Mains sur les hanches et buste un peu penché vers l'avant.
Il y a 26 lettres dans ton alphabet Laisse-moi, je suis très occupé(e)	Faire semblant de compter sur ses doigts. Faire « non » d'un signe de la tête.
M N O P...	Mains sur les hanches et buste un peu penché vers l'avant.
Il y a 26 lettres dans ton alphabet Je vais bientôt pouvoir les chanter	Faire semblant de compter sur ses doigts. Montrer sa bouche en train de chanter.
Q R S T...	Mains sur les hanches et buste un peu penché vers l'avant.
Il y a 26 lettres dans ton alphabet Encore six, je vais y arriver	Faire semblant de compter sur ses doigts. Souffler et secouer une de ses mains pour marquer la fatigue.
U V W...	Mains sur les hanches et buste un peu penché vers l'avant.
Il y a 26 lettres dans ton alphabet Non, ce n'est pas la peine que tu m'aides	Faire semblant de compter sur ses doigts. Faire « non » d'un signe de la tête.
X Y Z!	Ouvrir grand les bras.

Tatou et la magie

notes

3. Appliquer

10 mn

▶ Activité individuelle

voir cahier page 36

Inviter les enfants à ouvrir leur cahier page 36. Les laisser découvrir l'activité 1, « Je relie les lettres dans l'ordre de l'alphabet pour trouver le personnage caché ».
Puis répondre à leurs questions sans révéler ce personnage.

Guider les élèves et reprendre les étapes de réalisation de l'activité :
▶ *« Pour réaliser cette activité, vous avez besoin d'un crayon à papier. Il faut vous servir de l'affiche de l'alphabet et surtout aller doucement. »*

1. J'observe l'alphabet.
Les enfants s'aideront de l'affiche ou se serviront de leur livre page 44, où se trouve le texte de la chanson.

2. Je relie les 26 lettres dans l'ordre.
Commenter l'exemple :
▶ *« Je relie A avec B. Je relie B avec C… Je cherche D et je continue tout seul ! »*
Passer parmi les enfants pour les inviter à vous dire ce qu'ils font.
Une fois les lettres reliées, demander aux enfants de nommer la personne cachée et de la décrire :
▶ *« C'est Lucienne, la magicienne. »*
Leur demander de vous raconter les aventures de Lucienne et de Tatou (niveau 1) :
▶ *« Vous vous souvenez de Lucienne ? Qui est-elle ? Qu'est-ce que Tatou lui donnait ? Que se passait-il ? »*

3. Je colorie le personnage que j'ai trouvé.
Les enfants peuvent colorier Lucienne librement ou s'inspirer du livre du niveau 1 page 50.

NOS CONSEILS

La durée de l'activité dépend des langues parlées par les enfants et de leur apprentissage de l'écrit dans ces langues. Il conviendra de passer plus de temps sur l'ordre de l'alphabet avec des enfants dont la langue d'enseignement ou la langue maternelle n'utilise pas l'alphabet latin.
Sinon, vous pourrez passer plus de temps à nommer les lettres, à travailler sur les différences entre majuscules et minuscules, ou sur les comparaisons entre les noms des lettres ou les différences de prononciation des lettres.

---

4. Saluer

3 à 5 mn

▶ Activité de clôture

Inviter les enfants à chanter à nouveau la chanson *L'Alphabet* en l'accompagnant des gestes.
Les enfants se saluent et vous saluent.

Deuxième séance

matériel

- Des crayons de couleur
- Le livre de l'élève
- Le cahier d'activités
- La cassette audio ou le CD (texte 18)

notes

▌ Objet d'apprentissage

Cette séance est consacrée à la compréhension globale du dialogue. Les enfants écoutent le dialogue pour vérifier les hypothèses faites à partir des illustrations du livre. L'activité individuelle s'inscrit dans la continuité du sondage effectué dans la première unité. Les enfants sont invités à remplir l'armoire du personnage qu'ils ont choisi et à justifier leurs choix. Cette activité permet de réinvestir le vocabulaire lié aux personnages, à leurs habits et leurs accessoires.

1. Accueillir   2 à 3 mn

▐ Activité rituelle

Saluer les enfants et chanter la nouvelle chanson *L'Alphabet*.
Puis proposer aux enfants de découvrir la suite des aventures de Tatou et de ses amis :
▶ *« Je suis inquiet/inquiète, les enfants parce que Selim et Rose veulent transformer Tatou et + [nom du chien], mais sont-ils de bons magiciens ? J'ai vraiment peur et vous ? »*

2. Explorer   10 mn

▐ Activité collective   voir livre pages 42-43

Demander aux enfants d'ouvrir leur livre pages 42-43 et d'observer la double page :
▶ *« Que se passe-t-il ? À votre avis, que disent Selim et Rose à leurs amis ? »*
Les amener à observer les deux dessins qui correspondent à deux moments. À gauche, Selim et Rose lisent le livre de magie pour transformer Tatou et le chien, à droite, ces derniers ont disparu. Demander aux enfants :
▶ *« Que dit un magicien en + [langue d'enseignement] quand il veut transformer quelqu'un ou quelque chose ? »*
Écrire au tableau les différentes propositions. Puis, inviter les enfants à écouter le texte pour découvrir ce que Selim dit en français et pour vérifier les hypothèses émises sur la situation.

Après l'écoute, apporter des modifications ou valider les hypothèses émises par les enfants : le mot magique est « abracadabra ! »

Inviter les enfants à répéter ce mot après vous de plus en plus fort puis de moins en moins fort.

137

Texte 18

Selim et ses amis jouent dans le grenier. Selim est déguisé en magicien, Rose en magicienne. Ils veulent transformer leurs amis en quelque chose! Comment vont-ils faire?

Selim: Voyons, voyons… J'ouvre mon livre à la lettre A comme Abracadabra! Voyons, voyons… « Formule magique pour transformer un chat en souris », alors, Abraca…

Tatou: Ah non! Pas en souris! Ce n'est pas malin! Moi je ne veux pas être mangé par un chat!

Rose: Tatou a raison!

Selim: Voilà! « Formule magique pour transformer un chien en poisson! »…

Tatou: Hum, miam, miam!

Selim: …Alors, Abracada…

Chien: Ah non! Pas en poisson! Ce n'est pas malin! Je ne veux pas être mangé par un chat, moi!

Selim: Bon alors… Ah voilà, j'ai trouvé! Formule magique pour transformer un chien et un chat en lapins!

Rose: Oh oui! Des lapins! C'est doux!

Chien et Tatou: D'accord! Mais nous ne mangeons pas de carottes!

Selim et Rose: Alors… Abracadabra, chien et chat! Abracadabra, chat et chien! Transformez-vous en lapins! Paroles de magiciens!

Selim et Rose referment le livre de magie et se retournent.

Selim: Ben, où êtes-vous? Je ne vous vois plus! Oh! là, là!

Rose: Petits lapins! Venez, venez! Où êtes-vous? Mais où sont-ils?

Selim: Peut-être dans mon chapeau! Non!

Rose: Je sais, sous le sac!

Selim: Pff, non!

Rose: Derrière le rideau! Non plus! Ce n'est plus drôle! Ils ont disparu!

Tatou: Selim! Rose!

Selim et Rose: Ah!

3. Choisir

10 à 15 mn

▶ Activité individuelle

voir cahier page 37

Demander à chaque enfant de nommer le personnage qu'il a choisi d'être lors du sondage précédent:

▶ *« Vous vous souvenez du sondage? Toi, + [prénom d'un enfant], quel est le personnage que tu as choisi d'être? La fée? Le magicien? La sorcière? Ou le fantôme? »*

Se servir de la feuille de sondage établie dans la première unité de ce module. Les amener à remarquer que ces personnages ne s'habillent pas de la même façon:

▶ *« Que porte + [nom d'un des personnages]? »*

Détailler avec les enfants les vêtements et accessoires que l'on pourrait imaginer pour ces personnages.

138

Les inviter ensuite à ouvrir leur cahier page 37, activité 2, « Je remplis l'armoire de mon personnage ».
Les laisser observer l'activité puis leur dire :
▶ *« Il faut choisir les habits de votre personnage et les mettre dans l'armoire. »*

Décomposer avec les enfants les étapes de l'activité.

1. Je choisis page E les habits de mon personnage.

Les enfants devront choisir parmi trois chapeaux (un pour la fée, un pour le magicien et un pour la sorcière), deux baguettes magiques (pour la fée et le magicien), un balai (pour la sorcière), des chaînes (pour le fantôme), une robe (pour la fée), une veste (pour le magicien), une robe noire (pour la sorcière) et un drap blanc (pour le fantôme).

2. Je colle ses habits dans l'armoire.

Guider au besoin les enfants en leur précisant qu'il faut qu'ils collent un seul vêtement et deux accessoires, sauf pour les enfants qui auront choisi le fantôme, qui a un seul accessoire.

3. Je décore son armoire.

Pour personnaliser l'armoire de leur personnage, suggérer aux enfants de dessiner un ou deux autres vêtements que pourrait porter leur personnage, par exemple faire imaginer les chaussures des différents personnages. Encourager enfin les enfants à colorier leur armoire, par exemple, noire et orange pour la sorcière.
Circuler parmi les enfants pour qu'ils nomment les habits qu'ils ont mis dans l'armoire.
Les encourager à comparer les différentes armoires ainsi obtenues.

4. Saluer   2 à 3 mn

▶ Activité de clôture

Terminer la séance en proposant aux enfants de chanter et de mimer la chanson *L'Alphabet*.
Inviter les enfants à se saluer et à vous saluer.

Tatou et la magie

30 minutes

Troisième séance

matériel

- Des dés
- Des jetons en papier
- Le cahier d'activités
- La cassette audio
  ou le CD (danse 1)

notes

▮ Objet d'apprentissage

La séance, construite autour de la formule magique « abracadabra », propose deux activités ludiques. La première, qui s'inspire des techniques mises au point par Régine Llorca (phonéticienne, auteur de *Ritmimots*), propose une véritable gymnastique phonétique. Cet exercice articulatoire vise à superposer deux phrases que tout oppose (les enfants chantent en canon) : le son fermé [i] et le son ouvert [a], des rythmes et des accentuations différents, et des intonations (une phrase plate et l'autre alternant intonation montante et intonation descendante) très marquées. Cette activité favorise une mémorisation de type sensoriel et stimule la capacité de concentration. Dans l'activité individuelle, les enfants sont amenés à employer de nouvelles structures linguistiques dans une situation d'échanges, au cours d'un jeu.

1. Accueillir
2 à 3 mn

▶ Activité rituelle

Saluer les enfants avec le masque de Tatou :
▶ *« Bonjour, les enfants ! Vous avez vu Selim ! Quel magicien ! Mais, comment a-t-il fait pour nous faire disparaître ? »*
Laisser les enfants répondre à Tatou. Les aider à formuler leurs réponses en français. Tatou demande aux enfants de répéter le mot magique « abracadabra », lentement d'abord, puis rapidement puis à nouveau lentement.

2. Explorer
10 mn

▶ Activité collective

Mettre en marche la danse *Abracadabra*, puis commencer à marcher doucement dans la salle. Donner la main à un enfant puis à un autre pour former enfin une chaîne.
Expliquer :
▶ *« Nous sommes tous des magiciens. Nous allons apprendre la danse Abracadabra des magiciens. »*

Arrêter l'enregistrement le temps d'expliquer aux enfants l'activité. Séparer la chaîne en deux cercles, l'un (celui des [i]) plus petit (trois à cinq enfants) et l'autre (celui des [a]) plus grand, qui entoure le premier cercle. Demander à un enfant volontaire de se mettre au milieu du premier cercle :
▶ *« Tu es la personne à qui on pose la question "Qui c'est qui dit ?". À la fin de la chanson, tu devras répondre en choisissant un enfant parmi le groupe "Abracadabra" qui viendra prendre ta place au milieu de la danse. »*

Les enfants du cercle extérieur (le plus grand) chantent *Abracadabra* en tournant dans un sens puis dans l'autre, au rythme de l'enregistrement en segmentant ainsi :

Abra-cada-bra : trois pas vers la droite puis arrêt sur le silence.
Abra-cada-bra : trois pas vers la gauche puis arrêt sur le silence.
Abra-cada, abra-cada, a-braca-dabra : sept pas vers la droite puis arrêt sur le silence.

Quand vient leur tour, les enfants du cercle intérieur répètent, eux, quatre fois la même phrase :

▶ ***« Qui c'est qui dit ? Qui c'est qui dit ? Qui c'est qui dit ? Qui c'est qui dit ? »***

Ils marquent les accents par un pas en avant et un pas en arrière (un pied est posé sur le premier « qui » et l'autre pied est posé sur le deuxième « qui ») en faisant un mouvement de balancier.

Ensuite, les enfants du cercle extérieur recommencent à chanter et à danser tandis que les enfants du cercle intérieur continuent à chanter leur refrain en se balançant. Les deux groupes chantent et dansent en même temps. Inverser régulièrement les deux groupes.

notes

Danse 1

Abracadabra

Abracadabra

Abracada Abracada Abracadabra

Qui c'est qui dit ? Qui c'est qui dit ?
Qui c'est qui dit ? Qui c'est qui dit ?

Abracadabra

Abracadabra…

3. Appliquer   15 mn

▶ Activité par deux   voir cahier page 37

Disposer sur une table, à portée de main des enfants, les dés et des jetons que vous aurez préparés avec du papier blanc (taille d'une pièce de monnaie). Demander aux enfants s'ils se souviennent de la formule magique de Selim et de Rose.

Recueillir les réponses et inviter les enfants à se regrouper par deux, puis à ouvrir leur cahier page 37, activité 3, « Je joue aux formules magiques ».

Les laisser observer le cercle ainsi que les consignes et la règle du jeu.

1. Je vais chercher mon matériel.

2. Je cherche mon jeu page 46.

Leur demander de nommer les animaux et les personnages dessinés dans le cercle.

3. Je colorie mon jeton de la couleur de mon personnage.

Les enfants colorient le jeton en rose pour la fée, le jeton en bleu pour le magicien, le jeton en noir pour la sorcière. Les fantômes gardent leur jeton blanc.

4. Je joue avec un camarade en suivant la règle du jeu.

Demander aux enfants de trouver un partenaire qui n'a pas la même couleur de jeton. Laisser les enfants observer le cercle et nommer à nouveau avec eux les personnages et les animaux représentés.

Tatou et la magie

Leur expliquer la règle du jeu ci-dessous avant de jouer une fois devant eux avec un enfant volontaire.

But du jeu: en 10 minutes, inventer le maximum de formules magiques pour transformer deux animaux en un troisième.

- Choisir le joueur qui lance le dé en premier.
- Placer les jetons sur la case de départ.
- Lancer le dé, avancer du nombre de cases indiqué par le dé et dire la formule magique:

  ▶ *« Abracadabra, + [nom de l'animal] ! »*

- Lancer à nouveau le dé et avancer du nombre de cases indiqué par le dé et compléter la formule magique :

  ▶ *« Abracadabra + [nom de l'animal] et + [nom du deuxième animal] ! »*

- Lancer le dé, avancer du nombre de cases indiqué par le dé et terminer la formule par :

  ▶ *« Abracadabra + [nom de l'animal] et + [nom du deuxième animal], transformez-vous en + [nom du troisième animal]. Paroles de + [nom du personnage choisi] ! »*

Par exemple :

▶ *« Je suis une fée. Le dé tombe sur un : mon jeton va sur la grenouille; je dis "Abracadabra, grenouille!"; je lance le dé ; il tombe sur six; mon jeton va sur le hibou; je dis "Abracadabra, grenouille et hibou!" ; je lance encore le dé; il tombe sur quatre; mon jeton va sur le serpent; je dis "Abracadabra, grenouille et hibou, transformez-vous en serpents. Paroles de fée!"»*

Attention! Il faut transformer deux animaux différents en un troisième animal (au pluriel). Ainsi, lors du dernier lancement, si le dé était tombé sur quatre, alors la formule magique n'aurait pas pu être terminée. En effet « Abracadabra, grenouille et hibou, transformez-vous en grenouilles! » n'est pas accepté. Dans ce cas de figure, l'enfant qui vient de jouer passe le dé à l'autre joueur. Quand un enfant réussit sa formule magique, il marque un point.

Jouer une fois avec un enfant volontaire puis inviter les enfants à effectuer un premier tour de magie tout en respectant la règle du jeu et celles de la vie de classe:

▶ *« Allez-y, mais parlez doucement, merci. »*

Passer parmi les enfants pour les observer et les aider lorsqu'ils en ont besoin. Veiller à respecter le temps du jeu (10 minutes).

Terminer le jeu en demandant aux enfants le nombre de tours de magie qu'ils ont réussis.

NOS CONSEILS

Cette activité est l'occasion d'introduire le pluriel irrégulier du mot « cheval » (chevaux), ainsi que du mot « animal » (animaux).

4. Saluer

2 à 3 mn

▌ Activité de clôture

Inviter les enfants à reprendre la danse *Abracadabra*.
Tatou salue les enfants et les remercie:

▶ *« Merci, les enfants. On s'est bien amusés ! »*

Quatrième séance

matériel

- **Les cœurs tressés** (ou des enveloppes)
- **Des feuilles de papier**
- **Le livre de l'élève**
- **Le cahier d'activités**
- **La cassette audio ou le CD** (devinette 2)

▌ Objet d'apprentissage

Cette dernière séance est consacrée à la recherche du deuxième indice qui conduira les enfants à l'histoire du module 4. C'est aussi un temps privilégié qui favorise les interactions entre enfants. C'est la raison pour laquelle le jeu des formules magiques est proposé une deuxième fois.

1. Accueillir **5 mn**

▶ Activité rituelle

Saluer les enfants avec Tatou :
▶ *« Abracadabra ! Bonjour, les enfants ! »*
Tatou propose aux enfants de faire la danse des magiciens.

2. Appliquer **10 mn**

▶ Activité par deux **voir cahier page 37**

Proposer aux enfants d'ouvrir leur cahier d'activités page 37, activité 3, « Je joue aux formules magiques ».
Leur demander de vous rappeler la règle pour vous assurer que celle-ci est bien comprise et pour les amener à expliquer oralement la règle d'un jeu.
Les inviter à jouer avec d'autres partenaires et leur demander d'essayer de réaliser encore plus de tours qu'au cours de la séance précédente.
Passer parmi eux pour les observer. Veiller à respecter le temps du jeu (10 minutes).
Inviter les enfants à communiquer le nombre de tours de magie réalisés et à détailler une des transformations qu'ils ont effectuées.
Par exemple :
▶ *« J'ai transformé une grenouille et un hibou en chevaux. »*

NOS CONSEILS

C'est pour vous l'occasion d'observer et d'évaluer les enfants lors d'une activité en binôme. Une grille d'observation est disponible page 11 du guide du niveau 1.

3. Identifier **10 mn**

▶ Activité individuelle **voir livre page 45**

Demander aux enfants d'ouvrir leur livre page 45. Les questionner sur le personnage :
▶ *« Qui est ce personnage ? Vous le reconnaissez ? »*

Tatou et la magie

notes

Recueillir les réponses :
► *« Eh, oui, c'est encore le Gardien du trésor. »*
Leur demander :
► *« Vous souvenez-vous de la première devinette que vous a proposée le Gardien du trésor ? »*
Leur expliquer que le Gardien du trésor va leur proposer une deuxième devinette à résoudre :
► *« Vous allez chercher l'indice. Lorsque vous avez trouvé la réponse, merci de la dessiner. »*
Demander aux enfants d'être très attentifs et passer le texte enregistré.
Proposer aux enfants d'écouter une deuxième fois le Gardien, si cela est nécessaire.
Les inviter à discuter entre eux puis à dessiner l'objet. Circuler parmi eux pour leur demander ce qu'ils dessinent.
Inviter les enfants à écrire sous le dessin le nom de l'objet en français, et au besoin les aider. La réponse à l'énigme est le mot « sac ».

Devinette 2

Le Gardien du trésor : Bonjour, les enfants. Vous voulez toujours ouvrir la malle au trésor ? Alors il va falloir m'écouter très attentivement. Vous êtes prêts ? C'est un objet qui se porte. On peut mettre des choses dedans. Tatou en a beaucoup, un rouge, un bleu, un jaune, un vert. Qu'est-ce que c'est ?

4. Saluer

2 à 3 mn

▶ Activité de clôture

Proposer aux enfants de reprendre la chanson *L'Alphabet* en l'accompagnant des gestes.
Inviter les enfants à se saluer en faisant la révérence.

Activité complémentaire

🕐 **30** minutes

■ Objet d'apprentissage   voir cahier page 39

Cette activité complète l'apprentissage de l'alphabet. Il s'agit d'affiner la discrimination visuelle, de repérer l'emplacement des lettres dans un mot. Par ailleurs, elle permet aux enfants de se familiariser avec deux personnages merveilleux qui ne font peut-être pas partie de leur culture.

▌ Première partie

Inviter les enfants à ouvrir leur cahier à la page 39, activité 1, « Je décode le nom des personnages » et demander :

▶ **« Connaissez-vous ces personnages ? Ce sont deux personnages merveilleux de la nuit. »**

Lire la phrase qui illustre le dessin du premier personnage :

▶ **« Elle apporte un cadeau contre une dent, c'est... »**

Recueillir les impressions des enfants puis leur expliquer que pour connaître son nom, il va falloir le décoder. Pour décoder, il suffit d'écrire sous chaque dessin la lettre qui lui correspond à l'aide du tableau des correspondances en bas de page. Faire remarquer aux enfants le nombre de mots à trouver. Les premières lettres sont déjà écrites afin d'aider les enfants à démarrer l'activité.

Décomposer les étapes pour qu'ils décodent le nom du premier personnage.

1. J'écris la lettre qui convient sous la case.

2. Je compare mes réponses avec celles de mes camarades.

3. Je lis les messages à décoder.

Passer parmi les enfants pour leur demander de lire le nom du personnage. Mettre les réponses en commun : le nom du premier personnage est la Petite Souris.

Expliquer aux enfants :

▶ **« La Petite Souris est une gentille souris qui vient la nuit chez les enfants qui ont perdu une dent. L'enfant met sa dent près de lui au moment de se coucher, et pendant qu'il dort la Petite Souris vient prendre sa dent et mettre une pièce ou un cadeau à la place. C'est ce que dit la légende ! »**

▌ Deuxième partie

Inviter les enfants à trouver le nom du deuxième personnage.
Lire la phrase qui illustre le dessin :

▶ **« Il endort les enfants, c'est... »**

Leur expliquer qu'il faut suivre les mêmes étapes que pour le premier personnage. Passer parmi eux pour les aider et pour leur demander de lire le nom du personnage.

Proposer une correction collective. Le personnage s'appelle le Marchand de sable. Expliquer aux enfants :

▶ **« Le Marchand de sable est un magicien qui aide les enfants à s'endormir. Chaque soir, il remplit des sacs de sable et s'arrête dans les maisons où les enfants ne dorment pas encore. Il lance un peu de sable et les enfants s'endorment. C'est ce que dit la légende ! »**

Inviter les enfants à vous présenter des personnages merveilleux appartenant à leur univers et à leur culture.

m a t é r i e l

● **Le cahier d'activités**

n o t e s

Tatou et la magie

30 minutes

- Le livre de l'élève
- Le cahier d'activités
- La cassette audio ou le CD (texte 19)

notes

Première séance

▌ Objet d'apprentissage

Cette séance est consacrée à la compréhension globale d'une nouvelle situation. Dans l'activité individuelle (déjà proposée dans le module 1), les enfants complètent un tableau (vrai/faux) après une écoute plus ciblée du texte enregistré. Il s'agit de travailler les stratégies d'écoute tout en faisant appel à la reconnaissance de l'écrit. Le but n'est nécessairement pas d'apporter les bonnes réponses mais d'amener les enfants à justifier leurs choix.

1. Accueillir   2 à 3 mn

▶ Activité rituelle

Saluer les enfants et leur demander de résumer avec vous les aventures de Tatou et de ses amis :
▶ *« Bonjour, les enfants ! Pouvez-vous m'aider à raconter les aventures de Tatou et de ses amis ? »*

Recueillir les propositions des enfants puis prendre un ton et un air mystérieux :
▶ *« Que va-t-il se passer maintenant ? J'ai peur ! J'ai une peur...* (laisser les enfants terminer votre phrase) *bleue ! »*

2. Explorer   10 à 15 mn

▶ Activité collective   voir livre pages 46-47

Demander aux enfants d'ouvrir leur livre pages 46-47. Laisser les enfants observer la double page et recueillir oralement leurs commentaires.
Diriger leur attention sur le livre de Selim :
▶ *« Regardez bien le livre de Selim, est-il ouvert à la même page qu'avant ? À quelle lettre est-il ouvert ? " P " comme... Quels sont les mots en français que vous connaissez et qui commencent par la lettre " P " ? »*

Puis interroger les enfants sur l'araignée qui continue à tisser sa toile, signe du temps qui passe et sur l'ogre :
▶ *Où est l'araignée ? Que fait-elle ? « Connaissez-vous ce nouveau personnage ?* (montrer l'ogre et le nommer). *Imaginez ce que l'ogre peut dire à Selim et à Rose ? Que va-t-il se passer ? »*
Pour aider les enfants à imaginer le dialogue entre Selim, Rose et l'ogre, leur proposer de jouer une saynète très courte :
▶ *« Je suis l'ogre, vous êtes Selim et Rose. Imaginez les réponses de Selim et de Rose à l'ogre. Vous êtes prêts ? »*
Amorcer le dialogue en utilisant des phrases extraites du texte enregistré, par exemple :
▶ *« Bonjour, Selim, je suis l'ogre ! Je mange les enfants ! »*

Laisser les enfants vous répondre et continuer ainsi pendant un court moment. Les enfants peuvent répondre :
▶ **« Bonjour, monsieur l'ogre. Vous mangez les enfants ? Oh ! là, là ! »**

Introduire le vocabulaire (« ressembler à », « géant », « poison », « potion », « sable », etc.) dont les enfants auront besoin pour mieux comprendre le texte enregistré. Les inviter à écouter le texte pour vérifier leurs hypothèses. Passer l'enregistrement.
Après l'écoute, reprendre les hypothèses émises. Les valider, ou les rectifier, si nécessaire.

Texte 19

Selim et Rose sont déguisés en magiciens. Ils veulent transformer leurs amis en lapins. Ils ouvrent le livre de magie à la lettre A comme Abracadabra. Tatou et le chien disparaissent. Tout à coup, ils entendent une grosse voix qui les appelle.

Tatou : Selim ! Rose !

Selim et Rose se retournent.

Selim et Rose : Au secours ! Qui êtes-vous ?

Tatou : N'ayez pas peur, c'est moi Tatou.

Selim : Mais, non ce n'est pas possible. Tatou, c'est un lapin, euh, non, un chat !

Rose : Toi, tu ressembles à un géant !

Tatou : Tu veux dire que je ressemble à un ogre !

Selim : Mais un ogre mange les enfants ! Oh ! là, là ! Qu'est-ce qu'on va faire alors ?

Rose : Prends vite ton livre de magie ! Ouvre-le à la lettre P comme…

Selim : Poison ?

Rose : Mais non ! Pas poison ! P comme potion, potion magique !

Selim : Ah, oui, potion magique ! Voyons… M… N, O, P. Voilà, j'ai trouvé : « Potion ».

Tatou : Cherche une potion pour transformer un ogre en chat. Dépêche-toi, je commence à avoir faim.

Selim : « Potion pour transformer une grenouille en prince », non, ce n'est pas ça ! « Potion pour transformer un ogre en lion », ah, non pas ça ! Alors voyons, voyons « Potion pour transformer un ogre en chat ». Ouais, super !

Rose : Attends Selim, je vais lire la recette : « Prendre une poignée de sable, deux carottes, quatre cheveux et une dent. Mélanger dans un verre de lait et c'est prêt ! » Bon, je vais dans le jardin.

Selim : Et moi dans la cuisine.

Tatou : Allez, vite, dépêchez-vous ! J'ai une faim de loup !

NOS CONSEILS

Un travail en interdisciplinarité peut être engagé avec les autres enseignants (arts plastiques, langue maternelle) sur le thème de l'ogre. Il peut être demandé aux enfants de citer des contes avec des ogres (*Le Petit Poucet*).

3. Identifier

10 à 15 mn

▮ Activité individuelle

voir cahier page 40

Demander aux enfants d'ouvrir leur cahier à la page 40, activité 1, « Je vérifie que j'ai bien compris ».

Les amener à établir un lien entre cette activité et celle qu'ils ont déjà réalisée page 16 de leur cahier d'activités. Les encourager à revenir en arrière et
à s'expliquer mutuellement le fonctionnement du tableau.

Leur expliquer :

▶ *« Ici, ce sont des phrases. Il faut choisir entre "vrai", "faux" ou "je ne
sais pas". Par exemple : "Tatou s'est transformé en ogre".»*

Laisser les enfants répondre et leur demander de mettre une croix dans la
colonne « vrai ». Lire à voix haute les phrases écrites dans le tableau.
Demander aux enfants de les répéter après vous, puis de vous montrer les
phrases que vous allez lire à nouveau :

▶ *« Je vais lire les phrases. Vous allez me montrer avec votre doigt la
phrase que vous entendez. Vous êtes prêts ? Montrez-moi : "Tatou a une
faim de renard ".»*

Continuer ainsi en vérifiant que les enfants comprennent bien les phrases
écrites.

1. J'écoute pour compléter le tableau.

Les inviter à écouter à nouveau la scène. Leur demander de laisser les
crayons à papier de côté pour se concentrer sur l'écoute.

Passer l'enregistrement du texte.

2. Je mets une croix (un X) dans la colonne qui convient.

Demander aux enfants de compléter au crayon à papier le tableau. La correction se fait collectivement. Il s'agit d'insister sur les justifications et non
pas sur les bonnes ou les mauvaises réponses.

Réponses :

	Vrai	Faux	Je ne sais pas
Tatou s'est transformé en ogre.	X		(X)
Selim ouvre son livre de magie à la lettre P.		X	(X)
Selim cherche une potion pour transformer un ogre en lion.	X		(X)
Dans la potion, il y a 5 carottes.		X	(X)
Tatou a une faim de renard.		X	(X)

4. Saluer

2 à 3 mn

▮ Activité de clôture

Inviter les enfants à se saluer et à vous saluer en disant :

▶ *« Attention à l'ogre ! »*

Deuxième séance

matériel

- Une grande casserole (ou une grande boîte)

- Les affichettes des ingrédients : le sable, le blé, les cheveux, le verre de lait, l'araignée, la fourmi, la carotte, la dent, l'escargot, la langue de serpent.

- Des crayons de couleur

- Le cahier d'activités

- La cassette audio ou le CD (texte 20)

▌ Objet d'apprentissage

Cette séance porte sur la recette de la potion magique. L'activité collective consiste en la compréhension détaillée de cette recette (vocabulaire, expression de la quantité). L'activité individuelle permet aux enfants de réutiliser ces apprentissages en créant leur propre recette magique. Quant à l'activité rituelle, il sera proposé aux enfants, jusqu'à la fin de ce module, de venir devant leurs camarades résumer les aventures de Tatou depuis le début du module. Cette activité est conçue pour encourager la prise en parole en public.

1. Accueillir — 2 à 3 mn

▶ Activité rituelle

Saluer les enfants et leur demander de résumer avec vous les aventures de Tatou et de ses amis magiciens :
▶ *« Bonjour, les enfants ! Vous allez m'aider à raconter les aventures de Tatou et de ses amis. »*

Demander à un enfant volontaire de résumer avec votre aide toute l'histoire depuis le début. Par exemple :
▶ *« Selim et ses amis jouent dans le grenier. Selim et Rose sont déguisés en magiciens. Ils veulent transformer leurs amis en lapins. Ils ouvrent le livre de magie à la lettre A comme Abracadabra. Tatou et + [nom du chien] disparaissent. Tout à coup, ils entendent une grosse voix qui les appelle. C'est un ogre ! »*

2. Identifier — 15 mn

▶ Activité collective

Apporter une grande casserole ou dessiner au tableau un très gros chaudron. Présenter aux enfants les affichettes en les nommant.
▶ *« Voilà quelques ingrédients pour une potion magique : du sable, du blé, des cheveux, un verre de lait, une araignée, une fourmi, une carotte, une dent, un escargot, une langue de serpent. »*

Inviter les enfants à écouter de nouveau une partie du dialogue pour identifier quels ingrédients parmi les affichettes Rose et Selim doivent mettre dans la potion. Leur demander de ne pas intervenir pendant l'écoute :
▶ *« Vous allez réécouter le dialogue entre Tatou et ses amis pour mémoriser la recette de la potion magique et identifier les ingrédients. Attention, vous écoutez, puis à la fin de l'écoute, vous levez la main pour donner vos réponses. Merci ! »*
Passer l'enregistrement du texte 20.

À la fin de l'écoute, demander à un enfant volontaire de se lever et de mettre (ou de fixer) dans la casserole ou la marmite les ingrédients de la potion magique :

▶ **«** *[Prénom de l'enfant], tu veux bien venir mettre les ingrédients dans le chaudron magique ? Attention, il faudra expliquer ce choix. Par exemple : "pour transformer un ogre en chat, il faut + [un ingrédient]".* **»**

Dans un premier temps, l'ordre importe peu. Il s'agit tout simplement d'identifier l'ingrédient puis de le nommer. Dans un deuxième temps, proposer une nouvelle écoute pour vérifier les réponses proposées, puis pour mettre les ingrédients dans l'ordre d'apparition de la recette. Enfin, demander aux enfants de répéter après Rose la recette afin de mémoriser la réplique pour pouvoir à leur tour inventer leur propre recette :

▶ **«** *Nous allons essayer de mémoriser la recette pour pouvoir ensuite inventer notre recette de potion magique.* **»**

Texte 20

Selim : « Potion pour transformer une grenouille en prince », non, ce n'est pas ça ! « Potion pour transformer un ogre en lion », ah, non pas ça ! Alors voyons, voyons, « Potion pour transformer un ogre en chat ». Ouais, super !

Rose : Attends, Selim, je vais lire la recette : « Prendre une poignée de sable, deux carottes, quatre cheveux et une dent. Mélanger dans un verre de lait et c'est prêt ! »

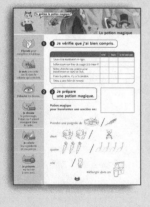

3. Produire

10 mn

▶ Activité individuelle · · · · · · · · · · · · voir cahier page 40

Demander aux enfants d'ouvrir leur cahier page 40, activité 2, « Je prépare une potion magique ». Laisser les enfants découvrir l'activité puis répondre à leurs éventuelles questions. Les amener à établir un lien entre les ingrédients reproduits dans leur cahier et ceux illustrés sur les affichettes.
Expliquer l'activité en la décomposant étape par étape.

1. J'observe les dessins.
Se servir des affichettes pour nommer à nouveau les ingrédients dessinés sur le cahier. Lire avec les enfants l'ensemble de la recette.

2. Je dessine le personnage, l'objet ou l'animal manquant dans le cadre.
Expliquer aux enfants qu'ils vont transformer une sorcière en quelque chose. À eux de choisir en quoi (objet, animal), ou en qui, ils veulent la transformer et le dessiner.

3. Je colorie les ingrédients de ma potion.
Lire avec eux tout le texte de la potion en vous arrêtant sur chaque dessin et en leur demandant de nommer l'ingrédient dessiné. Circuler parmi eux pour les aider et pour s'adresser individuellement à eux. Les amener à dire ce qu'ils font, à nommer les couleurs qu'ils utilisent et à réutiliser la structure de la réplique de Rose.

4. Je présente ma recette à mes amis.
Inviter des volontaires à lire leur recette à l'ensemble du groupe. Préciser à ces enfants qu'ils peuvent, s'ils le souhaitent et avec votre aide, changer le

dernier ingrédient de la potion (« dans un verre de lait ») par un autre ingrédient liquide de leur choix. Au besoin, lire vous-même une recette de potion magique pour donner l'exemple :

► *« Potion magique pour transformer une sorcière en grenouille. Prendre une poignée de sable, deux fourmis, quatre langues de serpent et une araignée. Mélanger dans un verre de jus de dragon et c'est prêt ! »*

NOS CONSEILS

Cette activité est l'occasion de travailler avec les enfants l'expression de la quantité (« une poignée de », « un peu de », « beaucoup de », etc.) tout en stimulant leur imagination. Vous pouvez proposer aux enfants d'écrire tous ensemble une grande recette de potion magique, où des ingrédients réels ou fantastiques (dents de vampire, écailles de sirène) pourront être cités. Penser alors à demander, après chaque proposition d'ingrédient formulée par un enfant, la quantité souhaitée.

4. Saluer

2 à 3 mn

❱ Activité de clôture

Inviter les enfants à se saluer et à vous saluer dans le silence en se serrant la main.

Tatou et la magie

30 minutes

Troisième séance

matériel

- Le livre de l'élève
- Le cahier d'activités
- La cassette audio ou le CD (poésie 2)

▍ Objet d'apprentissage

Cette séance est construite autour de l'exploration d'un nouveau poème. Il s'agit de dramatiser ce texte pour permettre aux enfants de se l'approprier. Ce travail est complété par l'activité individuelle qui consiste à remettre dans l'ordre les éléments de la poésie et à repérer des fragments du texte (reconnaissance globale de l'écrit).

1. Accueillir   5 mn

▶ Activité rituelle

Saluer les enfants et leur demander de résumer avec vous les aventures de Tatou et de Selim le magicien :
▶ *« Bonjour, les enfants ! Qui veut aujourd'hui raconter les aventures de Selim et de ses amis ? »* Inviter un enfant volontaire à venir présenter ces aventures devant ses camarades.
Leur demander ensuite :
▶ *« Qui est cet ogre qui parle à Selim ? »* C'est Tatou, qui est transformé en ogre. Écrire au tableau, le titre de la poésie : *Tatou l'ogre*. Le lire aux enfants puis leur dire :
▶ *« Écoutez bien ce que je vais vous réciter pour l'apprendre ensuite. »*

2. Explorer   10 mn

▶ Activité collective   voir livre page 48

Réciter la poésie en vous inspirant de l'enregistrement ou passer l'enregistrement. Attendre un peu et recueillir les impressions des enfants :
▶ *« Comment vous sentez-vous ? Avez-vous peur ? Êtes-vous inquiets, inquiètes, content(e)s ? »*
Enfin, inviter les enfants à répéter après vous le texte de la poésie. Il s'agit ici de privilégier le travail sur l'intonation.
Les enfants pourront suivre la poésie sur leur livre, page 48, ou sur une grande feuille sur laquelle vous aurez recopié la poésie.

Poésie 2   *Tatou l'ogre*

Tatou l'ogre
A une faim de loup.
Tatou l'ogre, mange de tout !
Onze poissons,
Une poignée de garçons.

L'appétit vient en mangeant,
Onze filles, c'est excellent !
Attention ! Tatou, le gourmand,
Remet le couvert pour le dessert
Et dévore un professeur en colère.

3. Relier
10 mn

▶ Activité individuelle
voir cahier page 41

Inviter les enfants à ouvrir leur cahier d'activités page 41, activité 3, « Je trouve l'ordre de la poésie pour la mémoriser ».

Les laisser découvrir l'activité. Il s'agit de remettre dans l'ordre une série de cinq autocollants illustrant la poésie.

Décomposer avec eux les différentes étapes en vous aidant des pictogrammes.

1. Je dessine un professeur en colère case 6.
Les enfants commencent ici par illustrer (en vous prenant au besoin pour modèle !) la fin de la poésie.

2. Je cherche les images page E.
Demander aux enfants de décrire les autocollants : Tatou a une faim de loup, onze poissons, une poignée de garçons, onze filles, une table couverte de desserts.

3. J'écoute la poésie pour mettre les images dans l'ordre.
Passer l'enregistrement et demander aux enfants de vous montrer les autocollants au fur et à mesure de l'écoute de la poésie.

4. Je colle les images dans l'ordre de la poésie.

5. J'écris les mots correspondants aux images.
Après une deuxième écoute de la poésie, inviter les enfants à retrouver sur leur livre, page 48, les extraits de la poésie illustrés par les autocollants. Par exemple, en dessous de la deuxième case les enfants pourront écrire « onze poissons », en dessous de la troisième case, « une poignée de garçons », etc.

6. Je compare mes résultats avec ceux de mon voisin ou de ma voisine.

Inviter les enfants à travailler par deux pour cette activité de reconnaissance de l'écrit.

4. Saluer
5 mn

▶ Activité de clôture

Proposer aux enfants d'écouter à nouveau l'enregistrement *Tatou l'ogre*.
Les inviter à reprendre tous ensemble une dernière fois la poésie.
Demander aux enfants de se saluer dans le silence.

notes

30 minutes

matériel

- Des feuilles de papier
- Les cœurs tressés (ou les enveloppes des indices)
- Le livre de l'élève
- La cassette audio ou CD (devinette 3)

Quatrième séance

▌ Objet d'apprentissage

Cette dernière séance travaille la récitation de la poésie (intonation, mais aussi mise en parallèle de l'écrit et de l'oral). Elle est également consacrée à la recherche du troisième indice qui conduira les enfants à l'histoire du module 4. C'est l'occasion de revenir sur les deux premiers indices déjà trouvés.

1. Accueillir   5 mn

▌ Activité rituelle

Saluer les enfants et leur demander de résumer avec vous les aventures de Tatou et de Selim le magicien :
▶ **« Bonjour, les enfants ! Qui veut aujourd'hui raconter les aventures de Selim et de ses amis ? »**
Inviter un enfant volontaire à venir faire le résumé de l'histoire devant ses camarades.

2. Rappeler   5 à 10 mn

▌ Activité collective

Proposer aux enfants d'écouter à nouveau la poésie, *Tatou l'ogre* pour la réciter ensuite tous ensemble :
▶ **« Nous allons écouter à nouveau la poésie. Nous la réciterons après tous ensemble. Vous êtes prêts ? »**
Passer le texte enregistré ou réciter la poésie sans le support audio.

Inviter les enfants à reprendre la poésie en veillant au rythme et à l'intonation puis demander à des volontaires de réciter seuls ou par deux la poésie.
Demander aux autres enfants d'ouvrir leur livre page 48 pour suivre la lecture de la poésie sur leur livre puis pour la lire tous ensemble.

3. Identifier   10 à 15 mn

▌ Activité individuelle   voir livre page 49

Inviter les enfants à regarder leur livre page 49 :
▶ **« Vous vous rappelez la première devinette et la deuxième devinette que vous a proposées le Gardien du trésor ? »**
Demander aux enfants de nommer les deux premiers indices de mémoire ou en regardant dans leur cœur tressé les dessins d'indices qu'ils ont réalisés.

Leur expliquer que le Gardien du trésor va leur proposer une troisième devinette à résoudre :

▶ **« Vous allez chercher individuellement l'indice. Lorsque vous avez trouvé la réponse, merci de la dessiner et de la mettre dans votre cœur tressé. Écoutez bien ! »**

Devinette 3

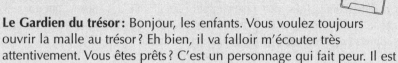

Le Gardien du trésor : Bonjour, les enfants. Vous voulez toujours ouvrir la malle au trésor ? Eh bien, il va falloir m'écouter très attentivement. Vous êtes prêts ? C'est un personnage qui fait peur. Il est très gros. Il mange les enfants. Qui est-ce ?

Proposer aux enfants, si cela est nécessaire, d'écouter une deuxième fois le Gardien.
Leur demander de dessiner le personnage. Circuler parmi les enfants pour leur demander ce qu'ils dessinent et les inviter à écrire seuls le nom du personnage trouvé (le titre de la poésie *Tatou l'ogre* se trouve dans leur livre). La réponse à la devinette est « l'ogre ».

4. Saluer
3 à 5 mn

▶ Activité de clôture

Proposer aux enfants de réciter la poésie puis les inviter à se saluer deux par deux en faisant la révérence.

2 × 30
minutes

matériel

●
Des feuilles

●
Le livre de l'élève

●
Le cahier d'activités

notes

Tatou et la magie

▌ Objet d'apprentissage   voir cahier page 44

Cette activité complémentaire poursuit le travail sur les devinettes commencé à la première activité complémentaire de ce module. Les enfants sont d'abord amenés à reconstituer deux des devinettes posées par le Gardien du trésor puis à rédiger leur propre devinette en suivant ces modèles (reconnaissance globale de l'écrit). Cette dernière activité vise à développer l'autonomie des enfants, qui doivent être capables de revenir sur les précédentes activités, de rechercher des mots dans les supports de la méthode ou de demander de l'aide.

▶ Première partie

Inviter les enfants à ouvrir leur cahier à la page 44, activité 1, « Je reconstitue les devinettes du Gardien du trésor ». Leur expliquer :
▶ *« Le Gardien du trésor a mélangé ses devinettes. Pourriez-vous l'aider à reconstituer deux devinettes ? »*
Décomposer avec eux les deux étapes de l'activité.

1. Je cherche les phrases page E.
Inviter les enfants à lire les phrases qu'ils reconnaissent puis lire à voix haute celles qu'ils n'ont pas pu reconnaître.

2. Je colle les phrases dans l'ordre qui convient.
Encourager les enfants à travailler par deux et à coller les autocollants (trois par devinette) afin de reconstituer les deux énigmes. Les enfants pourront s'aider de leur livre page 41 et page 49 pour remettre les phrases dans l'ordre. Une fois la reconstitution terminée, proposer une correction collective puis demander aux enfants de lire les deux devinettes.

▶ Deuxième partie

Inviter les enfants à découvrir l'activité 2 de la page 44, « J'écris une devinette pour la lire à mes camarades ». Décomposer avec eux les étapes de l'activité.

1. Je choisis entre une personne ou une chose et j'entoure la phrase qui convient.
Expliquer aux enfants que la devinette peut porter sur une personne ou sur une chose. Si c'est une personne, la question sera : « Qui est-ce ? », si c'est un objet, la question sera : « Qu'est-ce que c'est ? » Les enfants entourent sur leur cahier la question qui correspond à leur devinette.
Ils pourront choisir des personnages ou des objets de la méthode.

2. J'écris ma devinette et je la recopie sur mon cahier.
Dire aux enfants que pour écrire leur devinette ils devront s'aider des devinettes de la première activité :
▶ *« Pour écrire la devinette, aidez-vous des devinettes de la première activité. Vous pouvez aussi vous aider de votre travail page 38. »*
Inviter les enfants à écrire ou à dessiner sur un brouillon les différentes phrases de leur devinette. Les encourager à chercher dans leur livre les mots dont ils pourraient avoir besoin, ou à solliciter votre aide ou celle de leurs camarades.
Passer parmi les enfants pour les aider à écrire leur devinette (voir technique de la dictée à l'adulte page 83 de ce guide) puis leur demander de la recopier sur leur cahier.
Exemple de devinettes que les enfants doivent être capables de rédiger :
« C'est un personnage qui est gentil. Il a beaucoup d'amis. Il a 7 ans. Qui est-ce ? C'est Selim. »

3. Je lis ma devinette à mes camarades.
Les enfants volontaires posent leur devinette à leurs camarades.

Première
séance

matériel

- Une grande feuille
- Le livre de l'élève
- Le cahier d'activités
- La cassette audio ou le CD
(textes 21 et 22)

notes

▌ Objet d'apprentissage

Cette séance est consacrée à la compréhension globale puis détaillée du texte enregistré. L'activité collective introduit le texte ainsi que le vocabulaire nécessaire à sa compréhension. Quant à l'activité individuelle, il s'agit d'un questionnaire à choix multiple qui favorise un travail sur la reconnaissance des mots. Tout comme les activités de compréhension précédentes, ce questionnaire propose aussi aux enfants la réponse « Je ne sais pas », qui les responsabilise dans leurs choix.

1. Accueillir · 2 à 3 mn

▶ Activité rituelle

Saluer les enfants et leur demander de résumer avec vous les aventures de Tatou et de Selim le magicien :

▶ *« Bonjour, les enfants ! Qui veut aujourd'hui raconter les aventures de Selim et de ses amis ? »*

Inviter un enfant volontaire à venir présenter ces aventures devant ses camarades.

2. Explorer · 10 mn

▶ Activité collective · voir livre pages 50-51

Interroger les enfants en prenant un air inquiet :

▶ *« À votre avis ? Est-ce que la potion de Selim et de Rose va réussir ? Est-ce que Tatou va rester un ogre ? »*

Leur demander d'ouvrir le livre, pages 50-51, pour découvrir la suite des aventures de Tatou l'ogre. Les laisser observer la double page et recueillir oralement les commentaires.

Les interroger ensuite :

▶ *« Que se passe-t-il ? Qui voyez-vous ? »*

Les enfants devraient signaler la présence du chien qui avait disparu.

Amener les enfants à se souvenir des ingrédients de la potion et leur demander, en faisant la grimace, si, à leur avis, Tatou a envie de la boire.

Inviter trois enfants volontaires à imaginer une saynète entre Selim, Rose et Tatou l'ogre :

▶ *« Imaginez ce que se disent Selim, Rose et Tatou. Que demande Selim à Tatou ? »*

Amorcer le jeu en utilisant des phrases extraites du texte enregistré :

▶ *« La potion magique est prête ! Tu dois la boire ! »*

Amener les enfants à faire la grimace et à vous répondre :

▶ *« Beurk ! Ça ne sent pas bon ! »*

Les inviter à écouter le texte pour vérifier leurs hypothèses.

Passer l'enregistrement. Après la première écoute, reprendre les hypothèses émises. Les valider ou les rectifier puis résumer la situation :

notes

Tatou et la magie

► « *Selim et Rose apportent la potion magique. Selim veut faire goûter la potion à Tatou l'ogre, mais + [nom du chien] tombe! Tatou et + [nom du chien] s'étaient déguisés en ogre pour faire une blague à Selim et à Rose.* »

Demander aux enfants:

► « *Aviez-vous compris que c'était une blague?* »

Texte 21

Selim et Rose ont une peur bleue. Ils vont préparer une potion magique pour transformer Tatou l'ogre en Tatou le matou. Selim et Rose reviennent dans le grenier avec la potion magique.

Tatou: Attention! Ils arrivent! Allez, viens vite. Cache-toi et surtout chut!

Selim et Rose: Ça y est, Tatou! La potion magique est prête!

Selim: Tiens, tu dois la boire!

Tatou: Bah! Ce n'est pas très beau! Ça ne sent pas très bon! Brr, c'est froid!

Selim: Allez goûte!

Chien: Ah! Hi! Hi!

Selim: Mais qu'est-ce que j'entends?

Tatou: C'est mon ventre!

Selim: C'est parce que tu as faim! Allez goûte!

Chien: AAAAAAH, Hiii!!!

Tatou: Arrête de rire! Je vais tomber! Aaah!

Selim: Ah, c'est malin! Voilà un tour de magie réussi! C'était une bonne blague! Mais où avez-vous trouvé tous ces habits?

Tatou: Ce sont les bottes et le pantalon de ta maman, un vieux manteau et une chemise de ton papa et un masque d'ogre que j'ai trouvés dans la malle.

Rose: Quel drôle de tour! Mais qui a eu cette idée?

Tatou: C'est moi, j'ai tout inventé! J'ai tout inventé! Quelle drôle d'idée! Abracadabra. Ça existe ça?

Chien: Moi aussi, j'ai tout inventé! J'ai tout inventé!

Selim: Bravo! Tu es un vrai magichien!

3. Choisir   15 mn

▶ **Activité individuelle**   voir cahier page 42

Demander aux enfants d'ouvrir leur cahier à la page 42, activité 1, « Je vérifie ma compréhension ».

Les laisser observer l'activité et émettre des hypothèses sur la tâche à réaliser puis décomposer avec eux les différentes étapes.

1. J'écoute les phrases pour choisir une réponse.

2. J'entoure la réponse de mon choix.

Expliquer aux enfants, en leur montrant au fur et à mesure les phrases sur une grande feuille sur laquelle vous aurez recopié le questionnaire:

► « *Il y a quatre phrases à retrouver. Vous allez écouter + [nom du chien] vous lire les différentes phrases possibles, et vous entourerez à chaque fois une réponse, A, B, C, ou D.* »

Leur lire la première phrase dans ses trois variantes sans omettre le choix D, « Je ne sais pas » :

▶ **« La potion magique est… chaude, froide ou sucrée. Si je pense qu'elle est chaude, j'entoure la lettre A, si je pense…** (continuer pour les autres lettres) **et si je ne sais pas, j'entoure la lettre D. »**

Passer l'enregistrement du texte 22 et demander aux enfants de choisir au fur et à mesure les réponses, en entourant la lettre choisie au crayon à papier, pour leur permettre de gommer.

3. J'écoute le dialogue pour vérifier mes réponses.

Proposer une correction collective à partir du dialogue en marquant des pauses pour permettre aux enfants de se concentrer sur les passages concernés par les questions :

▶ **« Attention, nous allons écouter le début pour compléter la phrase 1. »**

Après l'écoute de chaque extrait, relire avec les enfants les quatre réponses possibles. Laisser les enfants rectifier au besoin leur premier choix, puis inviter un volontaire à donner sa réponse. Inviter les enfants à formuler des phrases entières : « Tatou a faim. »

Les réponses sont : 1B, 2A, 3A, 4A.

Pendant la correction, penser à reprendre chacune des trois possibilités (A, B, C) et à dire pourquoi elles peuvent ou ne peuvent pas être retenues. Quant à la réponse D, elle ne doit pas être écartée, car parfois les enfants hésitent entre deux choix et se sentent frustrés de devoir entourer une réponse dont ils ne sont qu'à moitié convaincus.

Texte 22

Les enfants, écoutez bien pour choisir une réponse.

Première phrase : La potion magique est…
Réponse A : La potion magique est chaude. Réponse B : La potion magique est froide. Réponse C : La potion magique est sucrée.
Réponse D : Je ne sais pas.

Deuxième phrase : Tatou a…
Réponse A : Tatou a faim. Réponse B : Tatou a froid. Réponse C : Tatou a peur. Réponse D : Je ne sais pas.

Troisième phrase : Tatou a mis les bottes…
Réponse A : Tatou a mis les bottes de la maman de Selim.
Réponse B : Tatou a mis les bottes du papa de Selim.
Réponse C : Tatou a mis les bottes de Rose. Réponse D : Je ne sais pas.

Quatrième phrase : Le masque d'ogre était dans…
Réponse A : Le masque d'ogre était dans la malle. Réponse B : Le masque d'ogre était dans le sac. Réponse C : Le masque d'ogre était dans l'armoire. Réponse D : Je ne sais pas.

4. Saluer

2 à 3 mn

▶ Activité de clôture

Inviter les enfants à se saluer et à vous saluer en disant :
▶ **« C'était une bonne blague ! »**

Deuxième séance

matériel

- La fiche technique pour fabriquer la roue magique
- Des ciseaux
- Des attaches (attaches parisiennes, punaises, trombones, ficelle, laine)
- Une roue magique (voir cahier)
- Le livre de l'élève
- Le cahier d'activités
- La cassette audio ou le CD (chanson 8)

▌ Objet d'apprentissage

Cette séance est consacrée à la découverte d'une nouvelle chanson, dont la structure logique (construction en boucle autour de trois phrases dont les verbes et les compléments se mélangent) favorise la mémorisation. L'activité individuelle invite les enfants à fabriquer une roue magique qui met en évidence la structure de la chanson et qui en facilitera son apprentissage au cours de la séance suivante.

1. Accueillir   2 à 3 mn

▌ Activité rituelle

Saluer les enfants et leur demander de résumer avec vous les aventures de Tatou et de Selim, le magicien :

▶ *« Bonjour, les enfants ! Qui veut aujourd'hui raconter les aventures de Selim et de ses amis ? »*

Inviter un enfant volontaire à venir présenter ces aventures devant ses camarades. Cet enfant pourra compléter avec votre aide le résumé précédemment fait puisque le dernier dialogue a été écouté. Il pourra ajouter, par exemple :

▶ *« Tatou était déguisé en ogre »* ou *« Tatou et + [nom du chien] ont joué un tour à Selim et Rose. »*

NOS CONSEILS

Cette présentation peut être l'occasion d'approfondir quelques expressions idiomatiques : on fait un tour de magie, mais on joue un tour à quelqu'un, ce qui veut dire qu'on lui fait une blague. L'expression « Et le tour est joué ! » est utilisée quand on a fini de faire une chose, comme si on venait de faire un tour de magie. Ne pas hésiter à réutiliser ces expressions en situation de classe, par exemple lorsque vous montrez comment réaliser un objet (les roues magiques), vous pouvez dire lorsque vous avez fini : « Et voilà, le tour est joué ! »

2. Explorer   10 mn

▌ Activité collective   voir livre page 52

Passer le début de la version instrumentale de la chanson *J'ai tout inventé*. Arrêter le support audio et dire :

▶ *« Abracadabra. Ça existe ça ? Quelle drôle d'idée. J'ai tout inventé ! »*

Puis leur demander :

▶ *« Qui a tout inventé ? Qui a eu une drôle d'idée ? »*

Les enfants devraient se souvenir de la fin du dialogue et des répliques de Tatou et du chien.

Inviter les enfants à découvrir la nouvelle chanson :

▶ *« Nous allons maintenant écouter toutes les paroles de cette nouvelle chanson. Écoutez bien. »*

Chanson 8   *J'ai tout inventé*

Un lapin croque des carottes
Et un ogre met des bottes
Un chat prend une pelote
Abracadabra
Ça existe ça ?
Quelle drôle d'idée
J'ai tout inventé !

Et le lapin met les bottes
Puis l'ogre prend la pelote
Et le chat croque les carottes
Abracadabra
Ça existe ça ?
Quelle drôle d'idée
J'ai tout mélangé !

Puis le lapin prend la pelote
Et l'ogre croque les carottes
Et c'est le chat qui met les bottes
Abracadabra
Ça existe ça ?
Quelle drôle d'idée
Et le tour est joué !

Recueillir les impressions des enfants :
▶ *« Avez-vous aimé cette nouvelle chanson ? »*

Vérifier la compréhension de la chanson en leur demandant :
▶ *« Quels sont les trois objets de la chanson ? Quels sont les trois person-nages de la chanson ? »*

Leur demander de prendre leur livre et de chercher le texte de la chanson. S'assurer que les enfants ouvrent bien leur livre à la page 52 puis leur pro-poser d'écouter à nouveau la chanson en suivant les paroles sur leur livre.

3. Produire   15 mn

▶ Activité individuelle   voir cahier page 43

Disposer la fiche technique pour fabriquer la roue magique sur un support mural.
Expliquer aux enfants que pour apprendre la chanson ils vont fabriquer une roue magique qui leur servira de souffleur pour apprendre la chanson :
▶ *« Avec cette roue vous allez mémoriser la chanson que vous pourrez ensuite chanter à vos parents, à vos amis. »*
Les inviter à ouvrir leur cahier d'activités, page 43, activité 2, « Je fabrique une roue magique ».

Leur laisser du temps pour découvrir l'activité puis commenter avec eux les différentes étapes de la réalisation.

1. Je cherche page H les deux cercles.

Amener les enfants à décrire les deux cercles et à nommer tous les éléments de la chanson qui sont dessinés.

2. Je fabrique ma roue magique.

En leur montrant la roue magique que vous avez fabriquée, expliquer aux enfants :

▶ *« D'abord, je découpe les deux cercles. Puis je mets le plus petit cercle au milieu du grand. Je fais un petit trou dans les deux cercles. Je les attache ensemble. Je fais tourner la roue du milieu. »*

Passer auprès des enfants pour les aider à fixer les deux roues ensemble et leur demander ce qu'ils font.

3. Je présente ma roue magique à mes camarades.

Lorsqu'ils ont fini, encourager les enfants à se montrer leur roue magique, à la faire tourner et à commenter les trois combinaisons qu'offre la roue.

NOS CONSEILS

Si vous n'avez pas d'attaches parisiennes, vous pouvez utiliser des punaises à condition que les enfants fassent appel à votre aide pour fixer les deux cercles entre eux. Dans ce cas, il faudra recourber la pointe des punaises. Vous pouvez aussi attacher les deux cercles ensemble en utilisant des petits trombones qui seront passés dans les trous du milieu, ou encore deux bouts de laine ou de ficelle que vous ferez passer au milieu puis sur les bords externes et que vous nouerez.

4. Saluer

2 à 3 mn

▶ Activité de clôture

Demander aux enfants de prendre leur roue magique et de la tourner au fur et à mesure de la chanson qu'ils vont écouter à nouveau.

Passer la chanson *J'ai tout inventé*. Lorsque le premier couplet passe, les enfants doivent avoir les carottes alignées avec le dessin de lapin, les bottes avec l'ogre et la pelote avec le chat. La roue change de position pour le deuxième couplet et ainsi de suite.

Avant de saluer les enfants, leur préciser qu'ils doivent laisser leur roue en classe ou la rapporter pour la prochaine fois.

Troisième séance

matériel

- La fiche technique pour fabriquer la roue magique
- Les roues magiques
- Des ciseaux
- Des liens (attaches parisiennes, punaises, trombones, ficelle, laine)
- Des feutres de couleur
- Le cahier d'activités
- La cassette audio ou le CD (chanson 8)

█ Objet d'apprentissage

Cette séance s'inscrit dans la continuité du travail entrepris sur la chanson à la séance précédente. L'activité collective amène les enfants, par une approche ludique, à réemployer en contexte des structures linguistiques présentes dans la chanson. Quant à l'activité individuelle, elle est axée sur la production d'un écrit créatif obéissant aux contraintes d'un modèle. Il s'agit de donner aux enfants l'envie de créer et de jouer avec les mots dans une langue étrangère.

1. Accueillir   2 à 3 mn

▶ Activité rituelle

Saluer les enfants et leur demander de résumer avec vous les aventures de Tatou l'ogre et de Selim le magicien :

▶ *« Bonjour, les enfants ! Qui veut aujourd'hui raconter les aventures de Selim et de ses amis ? »*

Inviter un enfant volontaire à venir présenter ces aventures devant ses camarades sans oublier le dernier « épisode » :

▶ *« Tatou l'ogre ne veut pas goûter la potion magique, + [nom du chien] rit et Tatou tombe. Ils s'étaient déguisés pour faire une blague. »*

2. Explorer   10 mn

▶ Activité collective

Prendre la roue magique et expliquer aux enfants l'activité suivante :

▶ *« Je tourne la roue. Je fais correspondre un personnage à un objet. Par exemple : le lapin avec les carottes* (leur montrer). *Je vous dis : "un lapin croque des carottes". Qu'allez-vous me répondre : "Ça existe, ça !" ou "Ça n'existe pas !" ? Vous allez me dire : "Ça existe, ça !" Avez-vous compris ? »*

Répondre à leurs interrogations puis commencer l'activité. Après quelques tours demander à un enfant volontaire de prendre votre place. Demander alors aux enfants de répéter la phrase à commenter (par exemple, « Un ogre croque des carottes »), avant de dire si cela existe ou pas.

Enfin inviter les enfants à chanter à nouveau la chanson, en tournant leur roue au fur et à mesure.

3. Produire   15 mn

▶ Activité individuelle   voir cahier page 43

Expliquer aux enfants :

▶ *« Pour écrire le début de votre chanson, vous allez fabriquer une nouvelle roue magique puis la compléter. »*

Tatou et la magie

Les inviter à ouvrir leur cahier d'activités, page 43, activité 3, « J'invente aussi une chanson ».

Décomposer avec eux les étapes de réalisation :

1. Je cherche page G les deux cercles.

2. Je dessine mon personnage sur la roue magique.

Lire avec les enfants les mots qui sont écrits sur le cercle extérieur. Les inviter à imaginer trois personnages (personnes, animaux…) : l'un qui croque des poissons, l'autre qui met un pantalon et le troisième qui prend un ballon. Pour guider les enfants dans leur création leur demander :

▶ *« Qui est-ce qui croque des poissons ? Qui est-ce qui met un pantalon ? Qui est-ce qui prend un ballon ? »*

Amener les enfants à remarquer que tous ces mots se terminent par le même son [ɔ̃].

Leur demander de dessiner avec des feutres ces personnages sur le cercle intérieur.

3. Je fabrique ma roue magique.

4. J'écris le début de ma chanson sur mon cahier.

Expliquer aux enfants qu'ils vont compléter le début de la chanson. Lire les phrases du cahier avec eux pour les guider.

Faire un tour de classe pour demander aux enfants les noms de personnages merveilleux, animaux ou personnes auxquels ils pensent. Écrire au fur et à mesure ces noms au tableau. Puis, quand tous les enfants ont participé, relire avec eux tous les mots écrits au tableau. Ils pourront recopier, à partir des mots du tableau, les mots qu'ils souhaitent choisir.

Leur demander de compléter sur leur cahier le début de leur chanson.

Exemple de production possible :
Un chat croque des poissons
Et Rose met un pantalon
Une sirène prend un ballon
Abracadabra
Ça existe ça ?
Quelle drôle d'idée
J'ai tout inventé !

NOS CONSEILS

Pour faciliter l'autonomie des enfants dans la rédaction de leur chanson, mettre à leur disposition les affichettes du niveau 1 et du niveau 2 pour qu'ils puissent trouver des mots et les recopier.

À cette occasion vous pouvez utiliser la grille d'observation proposée page 11 de ce guide.

4. Saluer

2 à 3 mn

▌ Activité de clôture

Inviter les enfants volontaires à prendre leur roue magique et à chanter ou à réciter le début de leur chanson. Demander aux enfants qui écoutent de compléter la chanson de leur camarade en chantant tous ensemble le refrain :

▶ *« Abracadabra. Ça existe ça ? Quelle drôle d'idée ! J'ai tout inventé ! »*

Prendre congé des enfants en leur disant :

▶ *« Et voilà, le tour est joué ! »*

Quatrième séance

matériel

- Les cœurs tressés
- Les roues magiques
- Le livre de l'élève
- La cassette audio ou le CD (devinette 4)

▌ Objet d'apprentissage

Cette dernière séance est une reprise de l'exploitation des couplets rédigés par les enfants. Elle est aussi consacrée à la recherche du quatrième indice. À l'issue de cette séance, les enfants auront découvert tous les indices qui constituent des éléments clés de l'histoire racontée dans le module 4 : les bottes, le sac, l'ogre, le chat.

1. Accueillir   5 à 10 mn

▶ Activité rituelle

Saluer les enfants et leur dire :
> ► *« Bonjour, les enfants ! Qui veut présenter le début de sa chanson ? »*

Inviter les enfants volontaires à venir chanter (ou raconter) le début de leur chanson. Demander aux enfants qui écoutent de compléter la chanson de leur camarade en reprenant tous ensemble le refrain :
> ► *« Abracadabra. Ça existe ça ? Quelle drôle d'idée ! J'ai tout inventé ! »*

2. Rappeler   5 mn

▶ Activité collective

Proposer aux enfants d'écouter à nouveau la chanson *J'ai tout inventé* pour la chanter tous ensemble :
> ► *« Nous allons écouter à nouveau la chanson en utilisant nos roues magiques. Nous la chanterons après tous ensemble. Vous êtes prêts ? »*

Passer la chanson enregistrée ou la chanter en s'accompagnant de la version instrumentale. Les enfants prennent leur roue et la font bouger au fur et à mesure.
Puis les inviter à chanter la chanson avec vous tout en s'aidant de leur roue magique.

3. Identifier   10 mn

▶ Activité individuelle   voir livre page 53

Inviter les enfants à ouvrir leur livre à la page 53 :
> ► *« Vous vous rappelez les devinettes que vous a proposées le Gardien du trésor ? »*
Leur demander :
> ► *« Regardez dans votre cœur tressé, est-ce que vous voyez vos trois indices dans la malle ouverte ? »*

Laisser les enfants vérifier et comparer. Recueillir leurs commentaires. Leur expliquer que le Gardien du trésor va leur proposer une dernière devinette :

▶ *« Vous allez chercher individuellement l'indice. Lorsque vous avez trouvé la réponse, merci de la dessiner et de la mettre dans votre cœur tressé. Écoutez bien le gardien. »*

Devinette 4

Le Gardien du trésor : Bonjour, les enfants. La malle au trésor est ouverte mais le dernier indice s'est échappé ! Pour le trouver, écoutez bien ma dernière devinette. Vous êtes prêts ? C'est un animal qui voit la nuit. Il adore les souris. Il a des belles moustaches. Qu'est-ce que c'est ?

Proposer aux enfants, si cela est nécessaire, d'écouter une deuxième fois le Gardien et de suivre le texte dans leur livre.

Si le mot « moustaches » n'est pas connu des enfants, vous pouvez illustrer ce mot par un geste puis vérifier leur compréhension :

▶ *« Quel ami de Tatou, qui vit dans les airs et qui tousse, a des moustaches ? »*

C'est Éloi, le roi des airs. Vous pouvez aussi leur demander de chercher dans leur livre les personnages ayant des moustaches (le prince de Blanche-Neige, le vétérinaire, les nains).

Circuler parmi les enfants pour les questionner sur ce qu'ils dessinent. Les inviter ensuite à écrire seuls le nom de ce qu'ils dessinent, en cherchant dans leur livre (la chanson contient le mot) ou en demandant de l'aide à leur camarade.

La réponse à la devinette est le mot « chat ».

Quand tous les enfants ont fini, leur demander de chercher l'indice sur la page de leur livre : derrière la malle, se cache un chat.

4. Saluer   5 mn

▶ Activité de clôture

Proposer aux enfants de chanter tous ensemble la chanson *J'ai tout inventé*. Prendre congé des enfants en leur disant :

▶ *« Et voilà, le tour est joué ! »*

Activité complémentaire

▌ Objet d'apprentissage   voir cahier page 45

Cette activité complémentaire poursuit le travail sur l'apprentissage de l'alphabet proposé dans la deuxième activité complémentaire de ce module. Elle porte sur la reconnaissance et la discrimination visuelles des lettres dans un mot. Par ailleurs, elle contribue à l'enrichissement des connaissances générales des enfants et participe donc à son développement global.

▌ Première partie

Inviter les enfants à ouvrir leur cahier à la page 45, activité 1, « Je décode le nom des animaux fantastiques ».

Laisser les enfants découvrir cette nouvelle activité et décrire les personnages :

▶ *« Connaissez-vous ces animaux ? Ce sont deux animaux qui appartiennent à des légendes. »*

Les amener à comparer cette activité et celle de la page 39. Lire la phrase qui illustre le dessin du premier personnage : « C'est un cheval qui vole… »
Recueillir les impressions des enfants puis leur expliquer que pour connaître son nom, il va falloir le décoder en écrivant sous chaque dessin la lettre qui lui correspond à l'aide du tableau de correspondances.
Décomposer avec eux les étapes pour qu'ils décodent le nom du premier personnage.

1. J'écris la lettre qui convient sous la case.

2. Je compare mes réponses avec celles de mes camarades.

3. Je lis les noms à décoder.

Passer parmi les enfants pour les aider et leur demander de lire le nom de cet animal.
Mettre les réponses en commun et permettre aux enfants qui se sont trompés de faire à nouveau l'activité pour trouver le nom du premier personnage qui est Pégase, le cheval.
Dire aux enfants :

▶ *«Pégase est un cheval magique. À votre avis, pourquoi Pégase est magique ? »* Recueillir les réponses puis leur expliquer : *« Pégase est un cheval magique parce qu'il peut aussi voler dans les airs. »*

▌ Deuxième partie

Inviter les enfants à trouver le nom du deuxième animal. Lire et expliquer la phrase qui illustre le dessin : « C'est un taureau qui vit dans un labyrinthe… »
Leur expliquer qu'il faut suivre les mêmes étapes que pour trouver le premier animal. Passer parmi eux pour les aider et pour leur demander de lire le nom de l'animal.
Proposer une correction collective. Le taureau s'appelle le Minotaure.
Expliquer aux enfants :

▶ *« Le Minotaure est un monstre au corps d'homme et à la tête de taureau. Il vit dans un labyrinthe et il est comme un ogre parce qu'il mange les jeunes filles et les jeunes garçons. Il appartient à la mythologie grecque. »*
Inviter les enfants à vous présenter d'autres animaux fabuleux appartenant à leur univers et à leur culture.

NOS CONSEILS

Un travail en interdisciplinarité peut être engagé avec les autres enseignants (arts plastiques, langue maternelle) sur le thème des animaux ou personnages mythologiques, et sur les légendes qui les accompagnent.

Tatou et la magie

auto-évaluation

Utiliser le portfolio

À la fin de ce module, nous vous invitons à planifier trois ou quatre séances d'évaluation. Pour animer ces séances, vous trouverez sur le site Internet de Tatou un portfolio ainsi que des informations complémentaires.

Ces séances offrent l'occasion à l'ensemble des enfants de revoir ce qu'ils ont produit et de reprendre les activités qu'ils souhaitent développer, compléter, enrichir.

http://www.tatoulematou.com

Module 4
Le Chat botté

Module 4

Ce module est centré sur un nouveau conte populaire : l'histoire du Chat botté.

Compétence à développer : interagir en français		
Composantes de la compétence	**Manifestations**	**Contenu**
L'enfant comprend un message oral et/ou écrit.	• Manifeste sa compréhension ou son incompréhension. • Répond d'une manière appropriée. • Tient compte des réactions de son interlocuteur. • Reconnaît l'intention de communication proposée et le sujet annoncé. • Réagit au message visuel, oral et/ou écrit. • Établit des liens entre les niveaux 1 et 2 et les modules.	***Stratégies propres aux activités d'écoute*** Activation des connaissances antérieures sur le sujet. Repérage de mots-clés. Identification de l'intention de communication. Inférence. ***Stratégies propres aux activités d'interaction*** Utilisation du langage verbal ou non verbal pour demander de répéter, de reformuler. Utilisation du langage non verbal ou verbal pour marquer l'incompréhension, l'accord ou le désaccord. Utilisation de gestes, de mimes ou de dessins pour se faire comprendre.
L'enfant produit un message oral et/ou écrit.	• Présente ses productions. • S'engage dans l'interaction. • Prend part aux échanges en classe. • Formule ses demandes de manière appropriée. • Fait part de ses préférences, sentiments à l'égard des situations présentées. • Transpose des éléments empruntés à des textes lus ou entendus..	***Stratégies propres aux activités de lecture et d'écriture*** Reconnaissance globale en contexte des mots fréquents. Reconnaissance de l'intention de communication. Prédiction du contenu à partir d'éléments visuels. Reconnaissance du destinataire et de l'émetteur. ***Types de textes*** • Textes littéraires Pièce de théâtre adaptée Chanson ***Éléments syntaxiques*** Formulation de questions. Expression de la temporalité (présent/passé/futur). Expression de la comparaison.
L'enfant démontre son ouverture à une autre langue et à d'autres cultures.	• Participe aux expositions, aux fêtes et aux autres manifestions liées à l'apprentissage du français. • Utilise des idées, des expressions ou des mots provenant des dialogues, des chansons et des poèmes écoutés. • Exprime spontanément son intérêt pour les activités menées en français.	***Eléments prosodiques*** L'intonation, le rythme et l'accentuation. ***Vocabulaire*** Vocabulaire relatif au monde du théâtre (l'acteur, les rideaux, la scène, etc.). Vocabulaire relatif à l'histoire du Chat botté (le roi, le carrosse, le meunier, etc.).

Tatou et ses amis jouent l'histoire du Chat botté au théâtre.

Le fils du meunier est très pauvre. Il n'a rien sauf un chat, mais ce chat est très intelligent et il invente une ruse pour que son maître devienne très riche. Il demande au fils du meunier de lui donner des bottes et un sac et il part chasser. Il chasse des oiseaux et des lapins et, à chaque fois, il va les offrir au roi. Mais, le Chat botté ment au roi : il dit qu'il lui apporte ces cadeaux de la part de son maître, le marquis de Carabas. Le roi est très content et il a très envie de connaître ce marquis de Carabas. Un jour, le roi va se promener en carosse près de la rivière avec sa fille, la princesse. Le Chat botté va chercher le fils du meunier et lui demande d'aller se baigner dans la rivière. Au moment où le carosse du roi passe près de la rivière, le Chat botté appelle au secours et demande de l'aide pour son maître, le marquis de Carabas, qui se noie. Le roi reconnaît le Chat botté et prête de beaux vêtements au fils du meunier. Le fils du meunier ressemble à un marquis et le roi l'invite à se promener avec lui. Pendant ce temps le Chat botté court au château de l'ogre qui habite tout près. Il demande à l'ogre de se transformer en souris et puis il la croque. Le roi arrive bientôt avec la princesse et le fils du meunier habillé en marquis et le Chat botté fait comme si le château de l'ogre appartenait au marquis de Carabas. Le fils du meunier se marie avec la princesse.

Tableau des contenus du module 4

> Le Chat botté

Thème	*Le Chat botté*
Contenu linguistique *Éléments syntaxiques*	Avoir besoin de... Formulation de questions.
Vocabulaire	Chasser, se baigner, se noyer, bien élevé, malin, le moulin, le roi, le marquis, le fils, la fille, le meunier, le bois, le pré, Majesté, animal(-aux).
Activités du cahier	Associer des images pour mémoriser la chanson. Inventer une histoire. Compter les indices. Mettre les répliques dans l'ordre. Identifier les personnages et fabriquer une marionnette. Jouer à « Ogre, chat, souris ». Jouer une scène.
Activités complémentaires	Analyser des invitations à un spectacle puis en rédiger une. Analyser une affiche de spectacle puis en rédiger une. Jouer la pièce de théâtre.
Supports sonores	**Chanson :** *On a tous besoin d'un chat* Texte de la pièce de théâtre enregistrée
Supports visuels	**Affichettes :** le chat bien habillé, le chat qui chasse, le chat bien élevé, le chat en ogre, Tatou, le sac, les bottes, l'ogre, la souris, le chat. Un jeu de cartes de l'histoire à photocopier et à découper. L'affiche des textes rébus à découper.
Support d'évaluation	Le portfolio http://www.tatoulematou.com

matériel

•

Les affichettes :
le chat bien habillé,
le chat qui chasse,
le chat bien élevé,
le chat en ogre,
le chat, Tatou

•

Le cahier d'activités

•

La cassette audio
ou le CD (chanson 9)

notes

Objet d'apprentissage

Ce dernier module, consacré à un nouveau conte, présenté sous forme de pièce, a été conçu pour permettre aux enseignants d'organiser la représentation théâtrale de l'histoire. Cette première séance vise à susciter la curiosité des enfants par la découverte d'une nouvelle chanson, présentée à partir de l'indice du chat. Les couplets contiennent les éléments clés de l'histoire que les enfants découvriront à partir de la séance suivante et qu'ils pourront mettre en scène en fin de module. L'introduction prépare les enfants à l'écoute de l'histoire du *Chat botté*. L'activité individuelle est conçue pour travailler la compréhension du texte de la chanson, que les enfants sont invités à commenter.

1. Accueillir   5 mn

▶ Activité rituelle

Accueillir les enfants en tenant dans votre main les différentes affichettes de chats. Leur montrer l'affichette de Tatou et leur demander :
▶ *« Qui est-ce ? »*

Montrer aux enfants les autres affichettes en les présentant comme étant des amis de Tatou. Demander aux enfants de les observer. Faire remarquer leur spécificité :

▶ *« Comment sont-ils ? Pourquoi ? »*

Inviter les enfants volontaires à mimer les différents chats. Par exemple, mimer le chat bien habillé qui fait une révérence. Leur demander à qui l'on fait une révérence. À un roi, à une princesse ?
Procéder de la même manière pour tous les chats, en introduisant les expressions de la chanson.

2. Explorer   10 mn

▶ Activité collective

Introduire la nouvelle chanson :
▶ *« Aujourd'hui, j'ai une nouvelle chanson à vous présenter. Nous allons écouter le début. »*

Faire écouter l'introduction et interroger les enfants :
▶ *« De qui parle cette chanson ? »*

Expliquer qu'il s'agit de l'histoire d'un homme qui avait un chat et leur dire qu'ils découvriront bientôt l'histoire de cet homme et de ce chat. Proposer aux enfants d'écouter la chanson en entier et de regarder les gestes pour pouvoir les répéter après vous.

Chanson 9   *On a tous besoin d'un chat*

C'est l'histoire,   D'un homme qui n'avait rien
Difficile à croire   Sauf un chat malin

Paroles	Accompagnement gestuel
On a tous besoin d'un chat	Montrer du doigt tous les enfants présents et terminer avec deux doigts de chaque main sur la tête en guise d'oreilles. (1)
Si tu ne me crois pas Demande au marquis de Carabas	Faire « non » avec le doigt et dessiner des moustaches avec les doigts.
On a tous besoin d'un chat	Idem (1)
Un chat bien habillé De la tête aux pieds	Faire semblant de boutonner sa chemise, de mettre un chapeau.
On a tous besoin d'un chat	Idem (1)
On a tous besoin d'un chat	Idem (1)
Un chat qui sait chasser Dans les bois, dans les prés	Faire semblant de prendre un sac sur les épaules, marcher et avancer la main en faisant semblant de sortir ses griffes.
On a tous besoin d'un chat	Idem (1)
Un chat bien élevé Qui parle bien français	Faire une révérence puis faire semblant de mettre un micro devant soi.
On a tous besoin d'un chat	Idem (1)
On a tous besoin d'un chat	Idem (1)
Un chat à l'appétit D'ogre. Plus de souris !	Faire semblant de manger avec une fourchette puis lever l'index de la main droite et le déplacer très vite vers la gauche.
On a tous besoin d'un chat	Idem (1)
Un chat, joli matou Le mien s'appelle Tatou ! Le mien s'appelle Tatou ! Le mien s'appelle Tatou !	Prendre le masque de Tatou, ou le livre de l'élève en montrant Tatou sur la couverture.

Proposer aux enfants d'écouter à nouveau la chanson et les inviter à vous accompagner par des gestes. Mimer la chanson, avec la version instrumentale, sans l'accompagner des paroles. Puis la reprendre une dernière fois en ajoutant les paroles aux gestes.

Le Chat botté

3. Représenter

▶ Activité individuelle

voir cahier page 49

Demander aux enfants de retrouver dans leur cahier le texte de la chanson qu'ils viennent d'écouter et de mimer. Il se trouve page 48.

Demander aux enfants de prendre leur cahier page 49, activité 2, « Je connais la chanson ». Leur laisser du temps pour découvrir l'activité. Attirer leur attention sur la correspondance entre la chanson qu'ils viennent d'écouter et de mimer et le texte écrit page 48.

Décomposer ensuite avec eux les différentes étapes de l'activité :

1. J'observe les scènes.

Faire décrire les scènes et demander aux enfants ce qui pourrait aller dans chaque décor.

2. Je cherche page F les chats de la chanson.

Nommer et commenter avec les enfants les différents autocollants qui représentent les chats de la chanson. Rappeler les hypothèses émises lors de la présentation des affichettes.

3. J'écoute la chanson.

Dire aux enfants qu'ils vont entendre à nouveau la chanson.

4. Je colle les chats à l'endroit qui convient.

Après chaque couplet mettre l'enregistrement sur pause et donner aux enfants le temps de coller le bon chat sur le décor correspondant.

5. Je compare avec mes camarades.

Proposer aux enfants une correction collective à l'aide des affichettes reprenant les différents chats et en les remettant dans l'ordre. Faire justifier le choix du chat par rapport au décor et à la chanson. Par exemple, « un chat qui a un appétit d'ogre, plus de souris », on voit une souris. Donc il faut coller le chat qui a une fourchette parce qu'il va la manger.

Dans la première case, les enfants colleront le chat bien habillé, dans la deuxième case, le chat qui chasse, dans la troisième case, le chat bien élevé, dans la quatrième case, le chat déguisé en ogre, dans la cinquième case, Tatou.

4. Saluer

▶ Activité de clôture

Proposer aux enfants de chanter à nouveau la chanson *On a tous besoin d'un chat* en regardant les affichettes rangées dans l'ordre. À la fin de la chanson, les enfants font la révérence.

Conclure en annonçant aux enfants :

▶ *« Vous allez bientôt découvrir un chat qui ressemble à tous les chats de la chanson. »*

notes

Deuxième séance

30 minutes

▌ Objet d'apprentissage

Cette séance prépare les enfants à l'écoute d'une pièce de théâtre dans laquelle ils pourront reconnaître Rose, Selim, et Tatou interprétant d'autres personnages, ceux du *Chat botté* de Charles Perrault. Cette mise en abyme a pour objectif de motiver les enfants à prendre la parole en langue étrangère, à s'engager dans un projet de plus grande ampleur comme la préparation d'une représentation théâtrale (voir à la fin du guide), en s'identifiant à Tatou et à ses amis. Elle permettra l'évaluation de la compétence développée et travaillée depuis le début de la méthode : interagir en français. L'activité collective permet d'établir des liens entre l'histoire de Blanche-Neige et l'histoire du Chat botté et de conforter des comportements de lecteur. L'activité individuelle invite les enfants à imaginer cette nouvelle histoire à partir d'éléments connus.

1. Accueillir   5 mn

▌ Activité rituelle

Accueillir les enfants avec le masque de Tatou et le livre de la comptine fabriqué au début du module 2 :

▶ *«Bonjour, mes amis ! Vous vous souvenez de ce petit livre ? Vous vous souvenez de cette comptine ? Elle n'avait pas de titre. Comment l'avons-nous appelée ?... Oui, + [titre choisi au début du module 2], c'est ça !... »*

Lire la comptine puis inviter les enfants à la réciter en la mimant.

2. Explorer   10 à 15 mn

▌ Activité collective   voir livre pages 56-57

Montrer aux enfants les quatre affichettes des indices du module 3 (le chat, le sac, les bottes, l'ogre) que vous aurez disposées au préalable sur un support mural faces retournées. Leur demander s'ils se souviennent des indices :

▶ *«Qui peut me rappeler les indices que vous avez trouvés ? Regardez dans vos cœurs tressés.»*

Chaque fois qu'un indice est nommé, retourner l'affichette correspondante et faire semblant de mettre l'indice dans un livre matérialisé par vos deux mains. Par exemple :

▶ *«Super ! Des bottes ! Et hop ! Je les mets dans mon livre.»*

Glisser l'affichette des bottes dans vos mains. Les enfants font de même avec leurs indices.

À partir de ces indices, mais aussi des éléments de la chanson, amener les enfants à imaginer l'histoire qu'ils vont écouter à la prochaine séance :

▶ *«Connaissez-vous une histoire avec un chat, des bottes, un sac et un ogre ? Connaissez-vous une histoire avec un chat bien habillé, qui parle et qui sait chasser ?»*

Écrire sur une grande feuille ou au tableau les propositions des enfants pour en garder une trace et les comparer après l'écoute de l'histoire.

matériel

- Le livre de la comptine du module 2
- Les cœurs tressés ou les enveloppes à indices
- Les affichettes : le chat, les bottes, l'ogre, le sac
- Des feuilles blanches
- Des crayons de couleur
- Le livre de l'élève
- Le cahier d'activités
- La cassette audio ou le CD (chanson 9)

Le Chat botté

Inviter les enfants à ouvrir leur livre pages 56-57. Les laisser décrire l'image en reformulant en français leurs commentaires. Guider leur attention :
▶ *« Qui sont les personnages ? » ; « Sont-ils différents ? » ; « Où sont-ils ? » ; « Que font-ils ? »*

Expliquer aux enfants la situation suivante en vous aidant du livre :
▶ *« Selim et Tatou jouent une pièce de théâtre. Selim est le fils du meunier et Tatou est son chat. Le fils du meunier est triste parce qu'il est pauvre, il n'a rien, il a seulement un chat, mais le chat est malin et il demande à son maître, le fils du meunier, des bottes et un sac. »*

notes

3. Représenter   10 à 15 mn

▶ Activité individuelle   voir cahier page 50

Inviter les enfants à ouvrir leur cahier à la page 50, activité 1, « J'invente mon histoire ». Leur expliquer l'activité :
▶ *« Le fils du meunier donne des bottes et un sac à son chat. Mais que va-t-il faire avec ces bottes et ce sac ? Pourquoi y a-t-il un ogre dans l'histoire ? Que va-t-il se passer avec l'ogre ? Vous allez dessiner la suite de cette histoire. »*
Commenter avec eux les six étapes de l'activité :

1. Je vais chercher une feuille blanche.
Les enfants ne vont pas dessiner directement sur le cahier. Cela permet d'emporter les dessins à la maison pour les terminer et aussi de les exposer pendant quelques jours dans la classe pour que tous les voient.

2. Je pense mon histoire.
Laisser les enfants prendre un peu de temps et discuter entre eux. Passer parmi eux pour aider ceux qui auraient quelques difficultés à imaginer une histoire. Ils pourront se reporter à la page précédente de leur cahier et se servir des éléments de la chanson.

3. Je dessine mon histoire.
Laisser les enfants circuler librement dans la classe pour observer les dessins des autres. Circuler également dans la classe pour discuter avec les enfants.

4. Je présente mon histoire à mes camarades.
Inviter les volontaires à venir présenter leurs histoires aux autres.

5. J'expose mon dessin.
Afficher au fur et à mesure les dessins des enfants dans la salle.

6. Je colle mon dessin dans mon cahier.
Afin de garder une trace de cette histoire, le dessin pourra ensuite être collé dans le cahier d'activités.

4. Saluer   5 mn

▶ Activité de clôture

Inviter les enfants à chanter la chanson, avec ou sans la gestuelle, et pour ceux qui le souhaitent en suivant la chanson sur leur cahier d'activités (page 48). Prendre congé de tous en leur annonçant que la prochaine fois ils entendront une nouvelle histoire : une pièce de théâtre.

Troisième séance

matériel

- Les affichettes : les bottes, le sac

- Le livre de l'élève

- Le cahier d'activités

- La cassette audio ou le CD (texte 23, scène 1 à scène 5)

▌ Objet d'apprentissage

Cette séance est consacrée à l'écoute du dernier conte. Le texte de la pièce, composé de répliques courtes et faciles à mémoriser, et qui sera l'objet de nombreuses activités dans les prochaines séances, pourra être utilisé si vous choisissez de mettre en scène *Le Chat botté* avec les enfants (voir page 199, Projet théâtral). Ce texte accompagné de symboles pour repérer les personnages se trouve page 201 du guide et dans la mallette. L'activité individuelle propose aux enfants une écoute plus ciblée de la fin de la pièce durant laquelle ils devront repérer les indices.

1. Accueillir   3 mn

▶ Activité rituelle

Accueillir les enfants avec le masque de Tatou, les affichettes des bottes et du sac :
▶ *« Bonjour, les enfants ! Aujourd'hui, je suis très content car je vais jouer dans une pièce de théâtre avec Selim ! Je dois mettre des bottes et prendre un sac. »*

Montrer les bottes et le sac et ajouter :
▶ *« Eh oui ! Aujourd'hui, je ne suis pas Tatou mais le Chat botté ! Vous connaissez cette histoire ? Vous vous souvenez du début de la chanson ? Eh bien, la voici, l'histoire difficile à croire, l'histoire de l'homme qui n'avait rien sauf un chat malin. Installez-vous bien et ouvrez vos livres pages 56-57. Vous êtes prêts ? On y va. »*

2. Explorer   10 mn

▶ Activité collective   voir livre pages 56-57

Expliquer aux enfants que, comme dans l'histoire de Blanche-Neige, c'est Tatou qui leur signalera à quel moment il faut tourner la page :
▶ *« Quand vous entendez Tatou dire "Miaou ! Tourne la page", vous tournez la page. »*

Après l'écoute, recueillir les impressions des enfants et prendre le temps de répondre à leurs questions. Leur demander ensuite :
▶ *« Avez-vous aimé la pièce de théâtre* Le chat botté *? Connaissiez-vous cette histoire ? »*

Comparer avec les propositions faites par les enfants au cours de la séance précédente.

Le Chat botté

Texte 23   *Le Chat botté*

Le fils du meunier est symbolisé par le moulin, le Chat botté par les bottes, le roi par la couronne, la princesse par le cœur, le lapin par la carotte, l'oiseau par le brin de blé, l'ogre par la fourchette, le narrateur par le micro. Voir aussi page 201 de ce guide.

Scène 1

Micro : *Tatou et ses amis jouent une pièce de théâtre. C'est un conte de Charles Perrault qui s'appelle* Le Chat botté. *C'est l'histoire d'un chat qui va aider son maître, le fils du meunier, à devenir riche. Attention, silence, ça va commencer.*

Moulin : Mon père est mort. Je suis si triste. Je n'ai plus rien. Il a donné à mes frères son âne et son moulin.

Bottes : Mais ne pleure pas ! Je suis à toi, moi le chat ! Et je suis malin, tu sais ! Fais ce que je te dis et tu t'en sortiras ! Parole de chat !

Moulin : Que veux-tu ?

Bottes : Un sac et des bottes pour aller dans les bois !

Moulin : D'accord, attends-moi, je reviens… Tiens, voici des bottes et un sac.

Bottes : Merci. J'enfile les bottes et je mets le sac sur mes épaules. Voilà, je suis prêt. Au revoir Maître ! Je vais dans les bois.

Miaou, tourne la page

Scène 2

Bottes : Voici quelques carottes ! Je les mets dans mon sac. Tiens, voilà un arbre ! Je vais me cacher !

Carotte : Hum, des carottes ! J'adore ça ! Voilà un bon repas !

Micro : *Tout à coup, tout à trac, le Chat botté ferme le sac !*

Bottes : Oui, voilà un bon repas ! Je vais le donner au roi ! Vite, au château !

Couronne : Tiens, un chat avec des bottes et un sac !

Bottes : Oui Majesté, je suis le Chat botté !

Couronne : Un chat qui parle français !

Bottes : Majesté, je vous apporte un lapin de la part de mon maître le marquis de Carabas.

Couronne : Le marquis de Carabas ? Je ne le connais pas, mais il est très gentil. Merci Chat botté ! Au revoir Chat botté !

Bottes : Au revoir Majesté ! Ha, ha, ha ! J'ai tout inventé ! Le marquis de Carabas, tu as compris, il n'existe pas ! Ce sera mon maître, le fils du meunier !

Scène 3

Bottes : Voici une poignée de blé ! Je la mets dans mon sac ! Tiens, voilà un arbre ! Je vais me cacher !

Brin de blé : Hum, du blé ! J'adore ça ! Voilà un bon repas !

Micro : *Tout à coup, tout à trac, le Chat botté ferme le sac !*

Bottes : Oui, voilà un bon repas ! Je vais le donner au roi ! Vite, au château !

Couronne : Tiens le Chat botté ! Bonjour !

Bottes : Majesté, je vous apporte un oiseau de la part de mon maître le marquis de Carabas.

Couronne : Le marquis de Carabas est très gentil. Merci Chat botté. Au revoir Chat botté !

Bottes : Au revoir Majesté ! Ha, ha, ha ! J'ai tout inventé ! Le marquis de Carabas, tu te souviens, il n'existe pas ! Ce sera mon maître, le fils du meunier !

Micro : *Toute l'année, le Chat botté chasse dans les bois et dans les prés pour donner à manger à son maître et faire des cadeaux au roi.*

Miaou, tourne la page
Scène 4

Micro : *Un matin, le Chat botté voit le roi qui se promène en carrosse, au bord de la rivière avec sa fille, la princesse.*

Bottes : Maître ! Viens vite !

Moulin : Pourquoi ?

Bottes : Tu me connais ! Je suis malin ! Fais ce que je te dis et tu t'en sortiras ! Parole de chat !

Moulin : Que veux-tu ?

Bottes : Viens avec moi au bord de la rivière. Tu vas te baigner et je vais prendre tes habits. Mais attention, tu n'es plus le fils du meunier. Maintenant tu es le marquis de Carabas !

Moulin : Je ne comprends pas, mais d'accord, maintenant je suis le marquis de Carabas !

Micro : *Pendant que le maître du Chat botté se baigne, le roi et la princesse arrivent près de la rivière.*

Bottes : Au secours ! Au secours ! Mon maître, Monsieur le marquis de Carabas se noie !

Couronne : Mais c'est le Chat botté ! Vite, allez aider Monsieur le marquis de Carabas !

Bottes : Majesté, des voleurs ont pris les habits de mon maître, le marquis de Carabas !

Couronne : Vite, donnez des habits à Monsieur le marquis de Carabas !

Moulin : Oh ! Le beau pantalon ! Oh ! La belle chemise ! Oh ! Le beau manteau ! Oh ! Le beau chapeau !… Oh ! La… belle… princesse !

Micro : *Le fils du meunier avec les habits du roi ressemble à un marquis. La princesse tombe amoureuse.*

Cœur : Oh ! Le… beau… marquis !

Couronne : À qui sont ces bois ? À qui sont ces prés ?

Bottes : Au marquis de Carabas, Majesté !

Cœur et Couronne : Félicitations, Monsieur le marquis !

Couronne : À qui est ce château, là-bas ?

Bottes : Au marquis de Carabas, Majesté !

Cœur et Couronne : Félicitations, Monsieur le marquis !

Bottes : Majesté, je cours au château vous préparer un bon repas. À tout à l'heure !

Miaou, tourne la page
Scène 5

Micro : *Le Chat botté court au château. Mais pas au château du roi ! Non, non, non, au château de l'ogre.*

Bottes : Ha, ha, ha ! J'ai tout inventé ! Tu as compris ! Les bois, les prés, le château, tout est à l'ogre, tu sais, celui qui mange les enfants. Hou!... N'aie pas peur! Tu me connais! Je suis malin! L'ogre ne te mangera pas! Parole de chat!

Fourchette: J'ai faim! Hum, je vais manger! Tiens, un chat avec des bottes et un sac! Que veux-tu?

Bottes: Vous êtes très puissant et vous faites des tours de magie. Pouvez-vous vous transformer en animal?

Fourchette: Bien sûr! Regarde! Comment me trouves-tu en lion?

Bottes: Je vous trouve super en lion! Mais pouvez-vous aussi vous transformer en souris?

Fourchette: Bien sûr! Regarde! Comment me trouves-tu en souris?

Micro: *Tout à coup, tout à troc, le Chat botté l'attrape et la croque!*

Bottes: Oh! là, là! Je vous trouve délicieux! Majesté! Princesse! Bienvenue au château de Monsieur le marquis de Carabas!

Cœur: Félicitations, Monsieur le marquis!

Bottes: Majesté, Princesse, Monsieur le marquis. Voici votre repas! Bon appétit!

Micro: *Vous avez compris! La princesse s'est mariée avec le marquis. Le chat ne court plus après les souris. Un meunier qui a un chat, toujours s'en sortira! Avec un malin matou, tout va bien, t'as tout!*

3. Identifier   15 mn

▶ Activité individuelle   **voir cahier page 51**

Expliquer aux enfants qu'ils vont écouter à nouveau la fin de l'histoire pour repérer les indices, scène 5. Leur demander d'ouvrir leur cahier d'activités, page 51, activité 2, « Je compte les indices ». Décomposer avec eux les différentes étapes de l'activité :

1. J'écoute l'histoire pour repérer les indices.

Les enfants devront repérer les indices présents dans la dernière scène. Passer l'enregistrement (scène 5).

2. Je mets une croix (un X) quand j'entends un indice.

3. Je compte les croix.

4. Je compare mes résultats.

Proposer une correction collective sans écouter une nouvelle fois l'histoire. On entend six fois « chat », une fois « sac », une fois « bottes », trois fois « ogre ».

NOS CONSEILS

Si vous avez le temps, vous pouvez proposer aux enfants de faire le travail d'écoute sur les autres scènes.

4. Saluer   2 mn

▶ Activité de clôture

Terminer en proposant aux enfants de chanter *On a tous besoin d'un chat*. À la fin de la chanson, les enfants font la révérence.

Quatrième séance

▌ Objet d'apprentissage

Cette séance travaille l'organisation chronologique du texte à partir des illustrations puis à partir de répliques en partie présentées sous forme de rébus. Les enfants sont donc amenés à associer les images avec les répliques qui leur correspondent. L'activité individuelle permet d'approfondir ce travail sur les répliques à partir d'un support audio. Ces deux activités favorisent également la mémorisation du texte de la pièce dans la perspective d'une représentation théâtrale du conte avec les enfants (voir pages 199 et 201).

1. Accueillir
2 à 3 mn

▶ Activité rituelle

Accueillir les enfants avec le masque de Tatou et les affichettes des bottes et du sac posées près de vous :
▶ *« Bonjour, les enfants ! Je suis le Chat botté ! Vous vous souvenez de cette histoire ? Vous connaissez la pièce de théâtre* Le Chat botté *? »*

2. Explorer
10 mn

▶ Activité collective

Distribuer à chaque enfant une des cartes de l'histoire du Chat botté que vous avez préparées. Établir un lien entre cette activité et celle que vous avez déjà proposée dans *Blanche-Neige* :
▶ *« Vous vous souvenez, nous avons déjà fait cette activité avec Blanche-Neige. Qu'allons-nous faire ? »*
Recueillir les explications puis les reformuler si nécessaire.
Dire aux enfants :
▶ *« Trouvez les camarades qui ont la même carte que vous. »*
Quatre groupes, correspondant chacun aux quatre moments de l'histoire, doivent se former. Leur donner ensuite la consigne suivante :
▶ *« Séparez-vous. Quand je frapperai dans mes mains, trouvez trois camarades qui ont des cartes différentes de la vôtre. »*
Vérifier que tous les groupes sont composés correctement.
Ne garder plus qu'un groupe volontaire. Placer les enfants de ce groupe en face des autres élèves dans l'ordre chronologique de l'histoire.
Afficher au tableau les quatre textes-rébus qui correspondent aux quatre moments du conte en les présentant dans l'ordre proposé dans le cahier (page 52). Expliquer aux enfants qu'il s'agit de phrases dites par les personnages du *Chat botté*. Leur montrer à chaque fois le petit symbole qui indique le personnage :
▶ *« Ici, quand il y a la couronne, c'est le roi qui parle. »*
Procéder ainsi pour chaque symbole. Décrire ensuite les textes-rébus avec les enfants : ils pourront nommer les dessins qu'ils voient à l'intérieur de chaque texte. Demander à des enfants volontaires d'essayer de faire

● **Les affichettes :**
les bottes, le sac

● **Un jeu de cartes de l'histoire du Chat botté** (voir guide page 206 et mallette pédagogique)

● **L'affiche des textes-rébus à découper** (voir mallette pédagogique)

● **Le cahier d'activités**

● **La cassette ou le CD** (texte 24)

notes

correspondre chaque texte-rébus avec sa carte. Ils pourront s'appuyer aussi bien sur les personnages présents dans chaque scène (grâce aux symboles) que sur les dessins à l'intérieur des répliques. Faire écouter le texte 24 en leur montrant à chaque fois le texte-rébus correspondant.

Procéder à la correction collective. Amener les enfants à justifier leurs choix et inviter un enfant volontaire à lire les répliques avec votre aide. Demander à toute la classe de répéter ces répliques avec vous.

Texte 24

Couronne : Vite, donnez des habits à Monsieur le **marquis de Carabas** !
Moulin : Oh ! Le beau **pantalon** ! Oh ! La belle **chemise** ! Oh ! Le beau **manteau** ! Oh ! Le beau **chapeau** !… Oh ! La… belle… **princesse** !

Moulin : Que veux-tu ?
Bottes : Un **sac** et des **bottes** pour aller dans les **bois** !

Bottes : Majesté, je vous apporte un **lapin** de la part de mon maître le **marquis de Carabas**.
Couronne : Le **marquis de Carabas** ? Je ne le connais pas, mais il est très gentil. Merci **Chat botté** ! Au revoir **Chat botté** !

Bottes : Je vous trouve super en **lion** ! Mais, pouvez-vous aussi vous transformer en **souris** ?
Fourchette : Bien sûr ! Regarde !… Comment me trouves-tu en **souris** ?

3. Relier
10 à 15 mn

▶ **Activité individuelle** **voir cahier page 52**

Inviter les enfants à ouvrir leur cahier d'activités page 52, activité 1, « Je mets les répliques dans l'ordre de la pièce de théâtre ». Leur faire commenter les étapes de l'activité. Établir un lien avec les activités similaires déjà faites au niveau 1 et au module 2 et l'activité collective précédente.

1. J'écoute les différentes répliques.
Faire écouter le support audio.

2. Je cherche la première réplique.
Se mettre d'accord pour trouver la première réplique. Demander aux enfants de justifier leurs réponses.

3. Je numérote les répliques dans l'ordre de la pièce de théâtre.

4. Je compare mes réponses avec celles de mes camarades.
Proposer une correction collective en lisant les répliques dans l'ordre ou en faisant réécouter le support audio et en donnant pour chaque texte le numéro correspondant à l'ordre. L'ordre est 3, 1, 2, 4.

4. Saluer
3 à 5 mn

▶ **Activité de clôture**

Terminer en proposant aux enfants de mimer *On a tous besoin d'un chat* avec la version instrumentale.
À la fin du mime, les enfants font la révérence.

Cinquième séance

30 minutes

matériel

- La mini-marionnette du Chat botté que vous avez fabriquée (voir cahier page 53)

- Les bandes des répliques déjà travaillées (voir séance précédente)

- Le texte de la pièce avec les symboles (voir guide page 201 et mallette pédagogique)

- Des petits carrés de papier épais

- Des pailles ou des bâtonnets

- De la colle

- Des crayons, des feutres

- Le cahier d'activités

▌ Objet d'apprentissage

Cette séance permet aux enfants de s'approprier les personnages et de se familiariser avec des répliques clés du texte. L'activité individuelle travaille la correspondance personnage/symbole (en partie vue lors la quatrième séance), en associant chaque personnage de la pièce à un petit dessin. À l'issue de cette activité, après avoir fabriqué une mini-marionnette à partir d'un de ces symboles, les enfants sont invités à suivre le parcours du Chat botté, par le biais d'une mise en scène collective et simplifiée de l'histoire.

1. Accueillir — 3 mn

▌ Activité rituelle

Accueillir les enfants avec le masque de Tatou :

▶ *« Bonjour, les enfants ! Vous vous souvenez ? Je suis le Chat botté ! Regardez* (montrer les bandes des répliques déjà travaillées en quatrième séance), *savez-vous comment je sais quand je dois parler ? Regardez bien !... Oui, quand il y a des bottes, c'est moi qui parle !... Et les autres ? le moulin ? la couronne ?... Je ne sais plus qui c'est... »*

2. Identifier — 10 à 15 mn

▌ Activité individuelle — voir cahier page 53

Inviter les enfants à ouvrir leur cahier d'activités page 53, activité 2, « Je connais les personnages ».
Décomposer avec les enfants les différentes étapes :

1. J'observe les images.
Demander aux enfants d'observer les personnages et de les nommer.
Par exemple :
▶ *« C'est Tatou en Chat botté, Selim en marquis de Carabas... ».*

2. Je cherche page F les images qui correspondent aux personnages.
Demander aux enfants de vous montrer l'autocollant du dessin qui correspond au Chat botté (les bottes), puis nommer avec eux chacune des images.

3. Je colle les images au bon endroit.
Circuler parmi les enfants pour vous assurer qu'ils ont compris l'activité.
Proposer une correction collective. Le Chat botté a pour symbole les bottes, le lapin : la carotte, l'oiseau : le brin de blé, le roi : la couronne, la princesse : le cœur, le fils du meunier : le moulin, l'ogre : la fourchette.

4. Je fabrique une marionnette.
Montrer aux enfants votre marionnette représentant le Chat botté (un petit carré de papier épais avec le dessin des bottes, maintenu par un bâtonnet,

une paille ou autre). Les inviter à choisir un des personnages (excepté le Chat botté) et à dessiner son symbole sur un petit carré de papier puis à le coller sur une paille afin d'obtenir rapidement une petite marionnette. Préciser aux enfants qu'il faut que tous les personnages (le fils du Meunier, le roi, la princesse, l'ogre, le lapin, l'oiseau) soient représentés au moins une fois. Laisser du temps aux enfants afin qu'ils puissent se concerter, négocier ou changer d'avis.

NOS CONSEILS

Si vous n'avez pas beaucoup de temps, et pour que les marionnettes soient bien toutes représentées de façon équilibrée dans le groupe classe, vous pouvez préparer vous-même les petits carrés avec les dessins des symboles et les disposer dans une boîte. Les enfants en prendront un au hasard et n'auront plus qu'à le coller sur un support.

3. Explorer
10 à 15 mn

▶ Activité collective

Une fois les marionnettes terminées, demander aux enfants de se regrouper par marionnette. Obtenir six groupes distincts, le groupe des « fils du meunier », des « oiseaux », des « lapins », des « rois », des « princesses », des « ogres » que vous éloignerez les uns des autres.
Avant de commencer l'activité, expliquer :
▶ *« Je suis le Chat botté. Et vous êtes le lapin, l'oiseau, le roi, le fils du meunier, la princesse et l'ogre* (désigner au fur et à mesure chacun des groupes concernés). *Nous allons vivre ensemble mes aventures. »*

Commencer à marcher doucement, sans faire de bruit, en disant :
▶ *« Miaou, je suis le Chat botté. J'enfile les bottes et je mets le sac sur mes épaules* (mimer en même temps ces actions). *Voilà, je suis prêt. Je vais dans les bois. »*

1. Se diriger vers le groupe des « lapins » et dire :
▶ *« Voici des carottes ! »*
Les « lapins » répondent, avec votre aide :
▶ *« Hum, des carottes ! Voilà un bon repas ! »*
En invitant les « lapins » à vous suivre, recommencer à marcher et dire :
▶ *« Oui, voilà un bon repas ! Vite, au château ! »*
Se diriger vers le groupe des « rois », faire une révérence et dire :
▶ *« Majesté, je vous apporte un lapin de la part de mon maître, le marquis de Carabas. »*
Les « rois » répondent, avec votre aide :
▶ *« Merci Chat botté ! Au revoir Chat botté ! »*
Inviter les « lapins » à rester avec les « rois » et recommencer à marcher doucement.

2. Se diriger vers le groupe des « oiseaux » et dire :
▶ *« Voici une poignée de blé ! »*
Les « oiseaux » répondent, au besoin avec votre aide :
▶ *« Hum, du blé ! Voilà un bon repas ! »*
En invitant les « oiseaux » à vous suivre, recommencer à marcher et dire :
▶ *« Oui, voilà un bon repas. Vite au château ! »*
Se diriger vers le groupe des « rois », faire une révérence et dire :
▶ *« Majesté, je vous apporte un oiseau de la part de mon maître, le marquis de Carabas. »*

Les « rois » répondent, au besoin avec votre aide :

▶ *« Merci Chat botté ! Au revoir Chat botté ! »*

Inviter les « oiseaux » à rester à côté des « lapins ». Recommencer à marcher doucement et dire :

▶ *« Le roi se promène au bord de la rivière avec sa fille, la princesse. »*

Inviter alors les « rois » à rejoindre le groupe des « princesses ».

3. Se diriger vers le groupe des « fils du meunier » et dire :

▶ *« Attention, tu n'es plus le fils du meunier. Maintenant, tu es le marquis de Carabas ! »*

Les « fils du meunier » répondent, au besoin avec votre aide :

▶ *« Maintenant, je suis le marquis de Carabas ! »*

Les inviter alors à rejoindre le groupe des « rois » et des « princesses » et à dire :

▶ *« Oh ! La belle princesse ! »*

Les « princesses » répondent, avec votre aide :

▶ *« Oh ! Le beau marquis ! »*

Marcher et dire :

▶ *« Je vais au château de l'ogre. »*

4. Se diriger vers le groupe des « ogres » et dire :

▶ *« Vous pouvez vous transformer en souris ? »*

Les « ogres » répondent, au besoin avec votre aide :

▶ *« Regarde !... Comment me trouves-tu en souris ? »*

Prendre une à une les marionnettes fourchettes des « ogres » et dire :

▶ *« Oh ! là, là ! Je vous trouve délicieux ! »*

Inviter alors d'un geste de la main les enfants des groupes des « rois », des « princesses » et des « fils du meunier » à venir vous rejoindre, et leur dire, en faisant une révérence :

▶ *« Majesté, princesse, bienvenue au château du marquis de Carabas ! »*

Inviter les « rois » et les « princesses » à se tourner vers les « fils du meunier » et à dire :

▶ *« Félicitations, Monsieur le marquis ! »*

NOS CONSEILS

Cette activité est plus facile à animer si elle se déroule dans un espace ouvert. Vous pouvez occuper la cour de l'école ou la salle de gymnastique.

4. Saluer
2 mn

▶ Activité de clôture

Après avoir ramené les enfants au silence, leur dire :

▶ *« Quand vous entendez le nom de votre personnage, vous vous levez, vous saluez le Chat botté et vous rangez votre marionnette. »*

Saluer un à un les personnages :

▶ *« Au revoir, princesse ! Au revoir, lapin ! »,* etc.

2x30 minutes

matériel

- Une grande feuille blanche
- Des feutres et des crayons de couleur
- Des petits cartons
- Le cahier d'activités
- La cassette audio ou le CD (texte 25)

notes

Activité complémentaire

▌ Objet d'apprentissage   voir cahier pages 54-55

Les activités complémentaires de ce module sont conçues pour amener l'enfant, avec l'aide de l'enseignant, à explorer l'écriture comme outil de communication et s'inscrivent dans la continuité des « chantiers d'écriture » proposés dans le module 1. Elles sont placées également dans un véritable projet de classe qui consiste à promouvoir la pièce de théâtre que les enfants vont représenter, et elles pourront être proposées dès que la date et le lieu de la représentation seront fixés. Cette activité est consacrée à l'identification des informations contenues dans trois cartes d'invitation différentes, puis à la rédaction d'une carte d'invitation à la représentation du *Chat botté*, à partir des modèles proposés.

▶ Première partie

Inviter les enfants à ouvrir leur cahier d'activités à la page 54, activité 1, « Je repère les informations ».
Décomposer avec les enfants les différentes étapes de l'activité.

1. J'observe les documents.
Leur demander d'observer les différents documents :
▶ *« De quoi s'agit-il ? Quels sont les mots que vous reconnaissez ? »*

2. J'écoute des personnes lire leur invitation.
Expliquer aux enfants que trois personnes ont reçu ces trois invitations et qu'ils vont les entendre les lire.
Après chaque écoute, questionner les enfants :
▶ *« Comment s'appelle la troupe ? Comment s'appelle la pièce de théâtre ? Où va-t-elle être jouée ? Quand ? »*

Texte 25

1. Super une invitation ! Voyons un peu ! « La troupe des Amis de Tatou a le plaisir de vous inviter à la représentation de la pièce *Le Petit Chaperon rouge* le samedi 3 avril à 4 heures à l'école. » Très bien, je vais y aller !

2. Tiens une invitation, qu'est-ce que c'est ? « La troupe des Amis de Tatou a le plaisir de vous inviter à la représentation de la pièce *Blanche-Neige* le lundi 28 juin à 10 heures à la bibliothèque. »

3. « La troupe des Amis de Tatou a le plaisir de vous inviter à la représentation de la pièce *Le Mariage de Souricette* le mercredi 17 mai à 2 heures au théâtre. » Super, j'adore l'histoire de Souricette ! Voici une belle invitation !

3. Je colorie en orange le mot « invitation », en rouge le titre de la pièce, en bleu le nom de la troupe, en vert le lieu de la représentation, en jaune la date et l'heure.
Demander aux enfants de colorier sur chaque document le mot « invitation » en orange. Procéder directement à une correction collective. Pour cela, recopier le modèle d'invitation, proposé page 55 du cahier d'activités, sur une grande feuille blanche, et colorier avec les couleurs adéquates les espaces en pointillés correspondant aux différentes informations.

Le Chat botté

Demander ensuite aux enfants de colorier en rouge le titre de la pièce sur chaque document. Procéder à la correction collective. Continuer ainsi pour le nom de la troupe (à colorier en bleu), le lieu (à colorier en vert) et la date et l'heure (à colorier en jaune).

Lire enfin aux enfants la phrase qui n'est pas coloriée. Il s'agit d'une formule, caractéristique de ce genre de documents : « … a le plaisir de vous inviter à la représentation de la pièce… »

Demander à des élèves volontaires de relire avec vous les trois invitations.

▶ Deuxième partie

Demander aux enfants s'ils aimeraient qu'une personne en particulier vienne voir leur spectacle *Le Chat botté*. Leur demander de nommer cette personne : « mon papa », « ma grand-mère », « mon petit voisin », etc. Ajouter :

▶ *« Comment peut-on dire à + [nom d'une personne nommée par un enfant] que nous préparons une représentation du* **Chat botté** *? »*

Inviter les enfants à ouvrir leur cahier d'activités page 55, activité 2, « Je rédige une invitation ».

Écrire au tableau le mot « invitation ». Demander aux enfants d'énumérer les informations qui seront nécessaires pour leurs invités. Utiliser le travail précédent en établissant des liens entre les couleurs et les informations. Écrire au fur et à mesure les informations au tableau : le nom de votre troupe, le titre de la pièce, la date et l'heure de votre représentation ainsi que le lieu choisi. S'assurer que les enfants parviennent à lire ou à reconnaître ces différents éléments. Pour cela demander dans un premier temps à un volontaire de se déplacer vers le tableau pour montrer où se trouve la date, où est écrit le titre de la pièce, sans exiger une lecture à voix haute. Ensuite inviter ceux qui le veulent à lire les mots écrits.

Décomposer avec eux les différentes étapes de l'activité.

1. Je rédige mon invitation puis je la recopie.
Les enfants complètent leur invitation à l'aide des mots écrits au tableau. Dans un premier temps, ils complètent sur leur cahier. Une fois ce travail validé, ils recopient leur invitation sur un petit carton vierge.

2. J'illustre mon invitation.
Il s'agit d'illustrer l'invitation définitive. Les enfants pourront s'inspirer de leur cahier ou de leur livre.

3. Je mets mon invitation dans une enveloppe et je colle mon enveloppe.
Inviter les enfants à mettre cette invitation dans une enveloppe qu'ils colleront sur leur cahier. Ils pourront donner la carte à quelqu'un et éventuellement en fabriquer d'autres.

NOS CONSEILS

Nous vous invitons à choisir assez rapidement avec les enfants (par le biais d'un vote, par exemple) un nom de troupe. Ce nom peut être un élément important de motivation et permettre aux enfants de s'approprier le projet de mise en scène du *Chat botté* que vous leur proposez (voir guide page 199).

Sixième séance

30 minutes

matériel

- Les affichettes : le chat, la souris, l'ogre
- Le cahier d'activités

notes

▌ Objet d'apprentissage

Cette séance est consacrée à la présentation d'un nouveau jeu, « Ogre, chat, souris ». C'est l'adaptation d'un jeu récréatif (connu sous le nom : « Pierre, papier, ciseaux ») très apprécié des enfants. Il favorise l'association de gestes et de phrases que les enfants produisent à tour de rôle. Ce travail en partenariat permet aussi de multiplier les contacts entre les élèves, de développer des attitudes sociales nécessaires au bon déroulement d'un grand projet collectif, comme la mise en scène du *Chat botté*.

1. Accueillir   3 mn

▶ Activité rituelle

Accueillir les enfants avec le masque de Tatou. Chanter le couplet de la chanson *On a tous besoin d'un chat* :
▶ *« On a tous besoin d'un chat. Un chat à l'appétit d'ogre. Plus de souris ! »*
S'arrêter puis dire :
▶ *« C'est drôle, je connais un jeu qui s'appelle "Ogre, chat, souris", je vais vous l'apprendre. »*

2. Explorer   15 mn

▶ Activité collective

Demander aux enfants de vous rejoindre dans un coin de la classe. Installer devant eux les trois affichettes, le chat, la souris, l'ogre. Demander aux enfants qui est le plus puissant des trois. Établir un lien avec l'histoire du mariage de Souricette.
Expliquer aux enfants que, dans le jeu qu'ils vont apprendre, il n'y a pas de personnage plus puissant que les deux autres :
▶ *« L'ogre est plus puissant que le chat car il peut l'écraser. Le chat est plus puissant que la souris car il peut la croquer. La souris est plus puissante que l'ogre car dans le conte du Chat botté, elle prend sa place et l'ogre disparaît. »*

Associer ensuite à chaque personnage un geste. L'ogre est représenté par le poing fermé car il est gros. Montrer le geste puis demander aux enfants de faire l'ogre en montrant leur poing.
Le chat est représenté par la main qui croque (avec tous les doigts opposés au pouce, la main s'ouvre et se ferme comme pour attraper sa proie) car le chat peut croquer la souris. Montrer le geste puis demander aux enfants de faire le chat comme vous, puis l'ogre, et à nouveau le chat.

Le Chat botté

188

Ensuite, avec la main droite, faire l'ogre et, avec la main gauche, le chat. Avec votre poing fermé (l'ogre) s'approcher de l'autre main (le chat), puis, avec le poing faire semblant d'écraser la main gauche et dire :

▶ *« L'ogre écrase le chat. »*

Inviter les enfants à faire comme vous et à répéter cette phrase.

La souris est représentée par la main à plat car elle peut se déplacer très vite. Montrer le geste, la main à plat qui file devant vous. Demander aux enfants de faire la souris puis, en suivant vos consignes, le geste qui correspond à l'ogre, puis celui qui correspond au chat et à nouveau celui qui correspond à la souris, plusieurs fois de suite dans le désordre.

Ensuite, avec la main droite faire la souris et avec la main gauche, l'ogre. Avec votre main à plat (la souris), recouvrir le poing fermé (l'ogre) en disant :

▶ *« La souris prend la place de l'ogre. L'ogre disparaît ! »*

Inviter les enfants à faire comme vous et à répéter ces deux phrases.

Quand ils maîtrisent bien ces gestes, leur montrer la dernière combinaison. Avec la main droite faire la souris et avec la main gauche faire le chat. Avec la main qui croque (le chat) s'approcher de la main droite et la prendre entre le pouce et les autres doigts de la main gauche qui serrent et qui desserrent, en disant :

▶ *« Le chat croque la souris. »*

Inviter les enfants à faire comme vous et à répéter cette phrase.

Expliquer aux enfants qu'ils doivent jouer par deux. Les deux joueurs choisissent chacun un personnage (sans le dire) puis confrontent leur choix. Donner un exemple en demandant à un enfant volontaire de jouer avec vous.

Chacun met une main derrière son dos. Inviter l'enfant à réfléchir au personnage qu'il souhaite représenter et à compter avec vous jusqu'à « trois ». À « trois », chacun sort sa main de derrière son dos et montre le geste choisi (correspondant au chat, à l'ogre ou à la souris). Inviter tous les enfants à dire, suivant les combinaisons : « L'ogre écrase le chat », « Le chat croque la souris » ou « La souris prend la place de l'ogre. L'ogre disparaît ! ».

Procéder à plusieurs essais avec des enfants volontaires. Encourager les enfants à se regrouper par paires et à jouer ensemble quelques minutes. S'ils font le même geste, d'eux-mêmes ils rejoueront. Insister auprès des enfants pour qu'ils disent à chaque fois la phrase correspondante à la combinaison.

Attention ! Pour que le jeu fonctionne, les enfants doivent montrer leur main en même temps et faire un des trois gestes au choix en même temps ; ils ne doivent pas attendre de voir le geste de l'autre pour choisir un des personnages.

3. Appliquer   10 mn

▌ **Activité par deux**   voir cahier page 56

Inviter les enfants à former d'autres paires et à ouvrir leur cahier d'activités page 56, activité 1, « Je joue à "Ogre, chat, souris" ».
Décomposer avec eux les différentes étapes de l'activité.

1. J'observe les dessins.
Laisser du temps aux enfants pour reconnaître les différents personnages puis leur demander de les nommer. Faire le lien entre cette activité et le jeu découvert lors de l'activité précédente. Faire remarquer aux enfants les lettres qui accompagnent chaque personnage : -C- pour chat, -O- pour ogre, -S- pour souris.

Le Chat botté

2. J'écris le prénom de mon camarade sur sa carte à jouer.

Il y a deux cartes à jouer : une pour le propriétaire du cahier (MOI), et l'autre pour son partenaire (à compléter). Les enfants écrivent le prénom de leur partenaire sur le pointillé de la deuxième carte. Encourager les élèves à coopérer. Ils peuvent épeler leur prénom, écrire pour leur camarade, montrer leur prénom écrit sur leur cahier.

3. Je choisis mon personnage.

Chaque joueur complète la première case de sa carte à jouer à l'aide de l'initiale du personnage qu'il a choisi sans montrer son cahier à son camarade.

4. Je complète la carte à jouer de mon partenaire.

Quand chaque joueur a fini de compléter sa première case, les deux partenaires se montrent leur choix et complètent sur leur cahier la case de l'autre. Chacun vérifie que l'autre ne se trompe pas.

5. Je compare les résultats après chaque case.

Ensemble, les enfants regardent qui a gagné et prononcent la phrase qui correspond à la situation. Par exemple, si les lettres -S- et -C- ont été choisies, ils diront :

▶ *« Le chat croque la souris. »*

Ils pourront ensuite cocher la case du personnage gagnant. En cas d'égalité, aucune case ne sera cochée.

Procéder de la même manière pour la seconde case : choisir, écrire, compléter, comparer, dire, cocher.

Lorsque toutes les cases sont complétées, les enfants comptent les croix pour savoir qui en a le plus et notent le total dans les petits cœurs.

4. Saluer   2 mn

▶ Activité de clôture

Tatou invite les enfants à chanter la chanson *On a tous besoin d'un chat*. Les enfants se saluent en se faisant la révérence.

Septième séance

30 minutes

matériel

- Des jetons et des dés
- Le livre de l'élève
- Le cahier d'activités
- La cassette audio ou le CD (texte 26)

▌ Objet d'apprentissage

Cette séance est consacrée à l'exploitation de la scène entre l'ogre et le chat (dans une version simplifiée pour cette activité) que les enfants ont déjà entendue plusieurs fois. L'activité collective permet aux enfants de s'approprier les différentes répliques en les associant à une gestuelle particulière. Ensuite, ils vont pouvoir mémoriser ces répliques (et la gestuelle correspondante) au cours d'une activité ludique qu'ils connaissent déjà.

1. Accueillir — 5 mn

▶ Activité rituelle

Accueillir les enfants avec le livre de l'élève ouvert à la dernière page du livre, page 63. Saluer puis interroger les enfants :
▶ *« Bonjour, les enfants ! Regardez, là dans le livre. Vous vous souvenez, que se passe-t-il ? »*
Laisser les enfants s'exprimer librement et reformuler si nécessaire.
Encourager les enfants à réinvestir les expressions apprises avec la chanson et le jeu.

2. Rappeler — 10 mn

▶ Activité collective

Expliquer aux enfants :
▶ *« Nous allons réécouter la scène du Chat botté chez l'ogre pour la mimer. Écoutez les phrases et faites comme moi. Regardez-moi ! »*
Passer l'enregistrement en l'accompagnant de la gestuelle (voir tableau page suivante) et inciter les enfants à vous imiter.

Proposer une deuxième écoute du texte. Les enfants miment et répètent les phrases. Les observer et les guider en intervenant lorsqu'ils sont perdus dans les gestes ou en arrêtant l'enregistrement. Procéder à différentes écoutes en demandant aux enfants de prononcer les répliques en même temps que l'enregistrement.

notes

Le Chat botté

Texte 26

Texte	Accompagnement gestuel
Et maintenant, je vais chez l'ogre.	Faire semblant de courir sur place.
J'ai faim ! Je vais manger ! Que veux-tu le chat ?	Se passer la main sur le ventre puis mettre les mains sur ses hanches.
Vous pouvez vous transformer en animal ?	Montrer du doigt devant soi et faire semblant de faire un tour de magie.
Regarde !… Comment me trouves-tu en lion ?	Montrer son œil avec son doigt puis faire le lion, en faisant semblant de rugir et en mettant les mains en avant, doigts écartés, au niveau des yeux.
Vous pouvez vous transformer en souris ?	Montrer du doigt devant soi et faire semblant de faire un tour de magie.
Regarde !… Comment me trouves-tu en souris ?	Montrer son œil avec son doigt puis faire la souris (en mettant la main à plat et en la faisant bouger très vite comme dans le jeu précédent).
Je vous attrape et je vous croque !	Faire semblant d'attraper quelque chose d'une main et de le porter à sa bouche en simulant l'acte de croquer.
Oh ! là, là ! Je vous trouve délicieux !	Bouger ses lèvres avec un sourire exagéré.

3. Appliquer
10 mn

▶ **Activité individuelle**   **voir cahier page 57**

Demander aux enfants d'ouvrir leur cahier, page 57, activité 2, « Je joue à l'ogre et au Chat botté ».

Les laisser observer le cercle puis les inviter à écouter à nouveau le texte travaillé lors de la séance précédente, en pointant l'image qui correspond à ce qu'ils entendent :

▶ **«Écoutez et montrez-moi avec votre doigt les images qui correspondent à ce que vous entendez. »**

Décomposer avec eux les différentes étapes de l'activité :

1. Je vais chercher un camarade pour jouer avec moi.
Rappeler aux enfants qu'il s'agit d'un jeu qui se joue à deux.

2. Je vais chercher le matériel dont j'ai besoin : un dé, un jeton.
Disposer sur une table, à portée de main des enfants, des dés (un pour deux) et des jetons.

3. Je joue en suivant la règle du jeu.

Demander aux enfants d'essayer de reformuler la règle ci-dessous, avant de jouer une fois devant eux. Ils peuvent aussi illustrer cette règle par des dessins.

- Choisissez celui qui lance le dé en premier.
- Placez le jeton sur la case départ (case 1).
- Lancez le dé. Si le dé tombe sur 1 ou 2, avancez sur la case suivante. Si le dé tombe sur 3 ou 4, restez sur la même case. Si le dé tombe sur 5 ou 6, reculez d'une case sauf si vous êtes sur la case départ. Dans ce cas, lancez à nouveau le dé.
- C'est celui qui lance le dé qui parle et l'autre qui mime.
- Changez les rôles à chaque fois.

Donner un exemple :

▶ *« Je joue avec + [prénom de l'enfant]. Le jeton est sur la case 2 ; je lance le dé, il tombe sur 1, je mets le dé sur la case 3, et je dis : "Vous pouvez vous transformer en animal ?" et + [prénom de l'enfant] montre du doigt devant lui et fait semblant de faire un tour de magie. »*

Chaque groupe d'enfants est son propre arbitre puisque, à chaque tour, les deux enfants doivent se concentrer, l'un pour trouver la bonne réplique et l'autre pour produire la gestuelle qui y est associée.

Passer parmi les enfants pour les observer et les aider lorsqu'ils en ont besoin.

NOS CONSEILS

Vous pouvez à cette occasion utiliser la grille d'évaluation du travail en binôme, proposée à la page 11 du guide du niveau 1.

4. Saluer   5 mn

▶ Activité de clôture

Demander aux enfants de se lever et de chanter *On a tous besoin d'un chat*. Varier les interprétations de la chanson (modifier le rythme, très lent ou plus rapide, à voix basse comme un secret…) et terminer avec une version seulement gestuelle.

En profiter pour travailler les saluts à la fin de l'interprétation. Les filles font une révérence, les garçons, main droite sur le ventre se penchent en avant, puis tous les enfants se donnent la main et baissent la tête avant de se dire « au revoir ».

2x30 minutes

matériel

•
Des grandes feuilles blanches

•
Des feutres

•
Le cahier d'activités

•
La cassette audio ou le CD (texte 27)

notes

Le Chat botté

Activité complémentaire

▌ Objet d'apprentissage

voir cahier pages 58-59

Cette deuxième activité complémentaire s'inscrit dans la continuité de la précédente (proposée page 186). Il s'agit ici de travailler sur un nouveau support destiné à promouvoir la pièce de théâtre que les enfants vont représenter : l'affiche. Dans un premier temps, les enfants identifient les informations présentes sur une affiche, puis ils rédigent à leur tour, à partir du modèle, une affiche pour leur représentation du *Chat botté*. Tout comme pour l'activité complémentaire précédente, cette activité pourra être proposée dès que la date et le lieu de la représentation seront fixés.

▶ Première partie

Inviter les enfants à ouvrir leur cahier d'activités à la page 58, activité 1, « Je repère les informations ». Décomposer avec les enfants les différentes étapes de l'activité.

1. J'observe le document.
Interroger les enfants :
▶ *« De quoi s'agit-il ? Quels sont les mots que vous reconnaissez ? »*

2. J'écoute une personne lire l'affiche.
Expliquer aux enfants qu'ils vont entendre quelqu'un lire l'affiche.

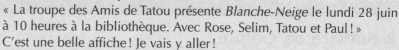

Texte 27

Tiens, une affiche ! Que dit-elle ?
« La troupe des Amis de Tatou présente *Blanche-Neige* le lundi 28 juin à 10 heures à la bibliothèque. Avec Rose, Selim, Tatou et Paul ! »
C'est une belle affiche ! Je vais y aller !

Après l'écoute, poser des questions aux enfants :
▶ *« Comment s'appelle la troupe ? Comment s'appelle la pièce de théâtre ? Où va-t-elle être jouée ? Qui va la jouer ? Quand ? »*
Faire remarquer aux enfants la correspondance entre cette affiche et l'activité sur les invitations, page 54. Demander aux enfants de rechercher sur leur cahier l'invitation qui correspond à cette affiche.

3. Je colorie en rouge le titre de la pièce, en bleu le nom de la troupe, en vert le lieu de la représentation, en jaune la date et l'heure, en violet les acteurs.
Demander aux enfants de colorier sur leur cahier le titre de la pièce en rouge. Procéder à une correction collective en utilisant une grande feuille blanche sur laquelle vous avez recopié le texte de l'affiche. Demander à un enfant de montrer où se trouve le titre et de le lire avec votre aide. Demander ensuite aux enfants de colorier en bleu le nom de la troupe sur le document. Procéder à la correction collective à partir de la grande feuille. Continuer ainsi pour le lieu (à colorier en vert), la date et l'heure (à colorier en jaune), le prénom des acteurs (en violet). Lire aux enfants le mot qui n'est pas colorié. Il s'agit d'un mot déjà rencontré dans les pictogrammes : « présente ». Demander à des enfants volontaires de relire l'affiche.

▶ Deuxième partie

Interroger les enfants :
▶ *« À quoi sert cette affiche ? »*
Recueillir les réponses, puis expliquer :
▶ *« Vous aussi, vous allez faire une affiche pour la représentation du Chat botté. »*

Passer à la page 59, activité 2, « Je fais une affiche ».
Demander aux enfants quelles sont les informations que l'on doit trouver sur l'affiche. Les inciter à se servir du travail précédent en s'appuyant sur les liens entre les couleurs et les informations. Écrire au fur et à mesure les réponses au tableau : le nom de votre troupe, le titre de la pièce *Le Chat botté*, la date et l'heure de votre représentation, ainsi que le lieu et les prénoms des acteurs. Pour cette dernière information proposer aux enfants d'écrire simplement « avec les élèves de la classe + [dénomination de la classe] » ou « [prénoms des acteurs principaux] + avec leurs camarades de la classe + [dénomination de la classe] ». S'assurer que les enfants parviennent à lire ou à reconnaître les différents écrits. Pour cela, leur demander dans un premier temps de se déplacer vers le tableau pour montrer où se trouvent les différentes informations, puis inviter des volontaires à les lire.

Encourager les enfants à se regrouper pour faire l'activité et décomposer avec eux les différentes étapes :

1. Je complète l'affiche et je la recopie.
Les enfants complètent le modèle d'affiche proposé sur leur cahier à l'aide des mots écrits au tableau. Passer parmi eux pour valider leur travail et les inviter à recopier l'affiche sur une grande feuille.

2. J'illustre mon affiche.
Cette phase vous permet d'aller au-devant des enfants qui ont besoin de vous. Elle permet aussi une véritable interaction entre les partenaires si les enfants ont choisi de travailler à deux ou trois. En effet, ils devront se mettre d'accord, en argumentant et en négociant, sur la façon d'illustrer l'affiche.

3. J'expose mon affiche.
Les affiches peuvent être exposées quelques jours en classe. Ensuite, suivant le public que vous souhaitez faire venir, choisir des endroits stratégiques à l'intérieur ou à l'extérieur de votre établissement (entrée de l'école, salle des professeurs, bibliothèque, couloirs, etc.).

notes

matériel

- Des dessins dédicacés par Tatou (voir guide page 208 et mallette pédagogique)
- Des feuilles
- Des feutres, des crayons, et autres éléments de décoration
- Le livre de l'élève
- Le cahier d'activités
- La cassette audio ou le CD (chanson 9)

notes

Le Chat botté

▌ Objet d'apprentissage

Au cours de cette dernière séance, il s'agit pour les enfants de prendre congé de Tatou en lui préparant une surprise. Ils sont invités à imaginer par groupe de deux un nouveau couplet à la chanson *On a tous besoin d'un chat* et à l'illustrer. Cette activité est aussi l'occasion pour eux de revenir sur l'ensemble des aventures de Tatou et de découvrir des formules de dédicaces. L'activité de clôture consiste en la remise à chaque enfant d'un dessin dédicacé par Tatou.

1. Accueillir   2 mn

▶ Activité rituelle

Accueillir les enfants en leur expliquant :
▶ *« Bonjour, les enfants ! Aujourd'hui nous allons dire au revoir à Tatou. Mais Tatou n'est pas là. Vous savez pourquoi ? Tatou est parti chercher quelque chose ! C'est une surprise ! Vous allez vous aussi faire une surprise à Tatou. »*

2. Rappeler   5 mn

▶ Activité collective

Commencer à chanter :
▶ *« On a tous besoin d'un chat. Un chat qui sait… »*

S'arrêter à ce moment précis et demander aux enfants :
▶ *« Qu'est-ce qu'il sait faire ce chat ? »*

Les enfants pourront vous répondre en reprenant les éléments de la chanson :
▶ *« Il sait chasser ; il sait bien parler ; il sait s'habiller… »*

Ajouter alors :
▶ *« Mais ce chat, c'est aussi Tatou* (chanter la fin de la chanson)*. Et Tatou sait faire beaucoup de choses. Qu'est-ce qu'il sait faire ? »*

Recueillir quelques réponses puis expliquer aux enfants :
▶ *« Vous allez écrire un nouveau couplet pour la chanson et l'illustrer. »*

3. Produire   15 mn

▶ Activité par deux

Inviter les enfants à se regrouper par deux et leur distribuer une grande feuille. Écrire au tableau ou sur une grande feuille :

On a tous besoin d'un chat
Un chat qui sait…
Un chat, joli matou
Le mien s'appelle Tatou.

Les enfants recopient ce couplet et choisissent ensuite une action pour le compléter (par exemple : se déguiser, chanter, cuisiner, faire des tours de magie, lire…). Les enfants pourront s'inspirer des aventures et des chansons de Tatou ou au contraire imaginer Tatou dans de nouvelles situations.
Passer parmi eux pour compléter le verbe qu'ils auront choisi. Les enfants illustrent ensuite leur couplet en dessinant Tatou. Ils pourront travailler à partir de leur livre ou de leur cahier et utiliser des autocollants s'il en reste.

Quand ils ont fini, expliquer aux enfants qu'ils vont dédicacer leur dessin :
▶ **« En haut vous écrivez à qui vous offrez ce dessin. »**
Écrire au tableau : « À Tatou, le matou » et « Pour Tatou, le matou ».
Les enfants choisissent une des deux formules et la recopient en haut de leur dessin. Ajouter :
▶ **« En bas, n'oubliez pas de signer. »**
Écrire au tableau : « De + [prénom d'un enfant] et + [prénom d'un autre enfant] » et « De la part de + [prénom d'un enfant] et + [prénom d'un autre enfant] ».
Les enfants choisissent une des deux formules, la recopient et la complètent en bas de leur dessin.

4. Saluer   8 mn

▶ Activité de clôture

Avec le masque de Tatou, remercier les enfants et recueillir leurs dessins en lisant à chaque fois le couplet inventé. Puis distribuer aux enfants les dessins dédicacés par Tatou, que vous aurez préparés pour chacun d'entre eux. Les enfants pourront se montrer leurs dessins dédicacés, les comparer, se les lire ou se les faire lire.
Les inviter ensuite à saluer Tatou, en se donnant la main et en s'inclinant, puis à chanter le dernier couplet de la chanson *On a tous besoin d'un chat*.
Tatou dit :
▶ **« Au revoir, les amis ! Ne m'oubliez pas ! »** et **« Bonnes vacances ! »** si c'est effectivement la dernière séance de l'année.

NOS CONSEILS

Essayer de garder ces dessins, ces réalisations en les regroupant dans un album. Cet album pourra être présenté en début d'année scolaire suivante à vos nouveaux élèves. Vous pouvez ainsi constituer un petit musée de Tatou à la bibliothèque et y intégrer des réalisations d'enfants, des témoignages, des cartes...

Le Chat botté

197

auto-évaluation

Utiliser le portfolio

À la fin de ce module, nous vous invitons à planifier trois ou quatre séances d'évaluation. Pour animer ces séances, vous trouverez sur le site Internet de Tatou un portfolio ainsi que des informations complémentaires.

Ces séances offrent l'occasion à l'ensemble des enfants de revoir ce qu'ils ont produit et de reprendre les activités qu'ils souhaitent développer, compléter, enrichir.

http://www.tatoulematou.com

Projet théâtral

Le module 4, consacré au conte *Le Chat botté*, a été écrit et pensé pour permettre aux professeurs qui le souhaitent de mettre en scène cette pièce avec leurs élèves. Beaucoup d'activités permettent aux enfants de se familiariser avec le texte, de commencer à mémoriser les répliques, de décoder du texte pour pouvoir le suivre en langue étrangère. Le texte du *Chat botté* avec les symboles des personnages se trouve dans la mallette pédagogique et page 201 de ce guide. La mise en scène de cette pièce peut prendre des formes différentes selon vos possibilités, vos désirs et ceux de vos élèves. On peut imaginer une mise en scène très sobre, sans effet particulier ou au contraire un véritable projet de classe engageant non seulement votre classe de français mais encore d'autres partenaires éducatifs. Nous vous proposons donc différentes pistes pour pouvoir mener à bien ce projet qui vous permettra d'évaluer les compétences acquises par vos élèves quant à leurs possibilités d'interagir en français.

1. Vous n'avez pas l'habitude de ce genre de projet :
Vous pouvez vous reporter à l'activité complémentaire du module de *Blanche-Neige* (page 111 de ce guide) qui vous montre à la fois comment initier le projet et comment faire répéter les enfants.
Choisir de représenter la pièce de la manière la plus simple possible. Inutile de prévoir des décors ou une bande-son. Laisser faire les enfants : s'appuyer sur les idées de l'ensemble de la classe. Veiller aux choses simples mais essentielles, par exemple faire en sorte que les enfants parlent fort et ne tournent pas le dos au public.

Une idée de mise en scène :
Il y a deux narrateurs qui portent un vêtement de la même couleur, ils sont toujours sur la scène, l'un à gauche, l'autre à droite. Ils peuvent être aussi dans le public.
Pour chaque scène, si vous avez assez d'élèves, changer d'enfant pour chaque rôle en veillant à ce que le personnage soit facilement reconnaissable (mêmes habits, mêmes accessoires).
Pour créer un effet final, soigner le salut et après les applaudissements, faire revenir les enfants sur scène et leur faire chanter la chanson *On a tous besoin d'un chat*.

2. Le temps :
Vous disposez de peu de temps : la première chose à savoir est ce que vous voulez garder du texte. Il est possible de couper, par exemple, la scène avec l'oiseau ou avec le lapin ou encore d'enlever la première transformation de l'ogre. Certaines répliques peuvent être simplifiées ou raccourcies. Pour accélérer le projet, vous pouvez faire intervenir d'autres partenaires éducatifs, par exemple les parents mais aussi le professeur d'éducation artistique.
Vous avez du temps : cela vous permettra de responsabiliser les enfants et de leur confier des tâches aussi bien de gestion du matériel (costumes, maquillage, décor) que de création (ajouts de texte, bande-son, effets scéniques).

3. L'espace :
Il faut différencier l'espace des répétitions et celui de la représentation finale. Il est important que vous ayez connaissance de ce dernier. Les répétitions scène par scène peuvent se faire dans la classe. Les répétitions générales doivent se faire dans un espace plus proche de celui de la représentation finale. Essayer d'avoir accès à cet endroit ou emmener vos élèves dans le gymnase ou dans la cour. L'espace va influencer votre mise en scène.

Une idée de mise en scène :

L'espace est la salle de classe. Prévoir plusieurs représentations en invitant qu'une partie des parents à chaque représentation. Vous pouvez utiliser le couloir comme coulisses. Les narrateurs peuvent déjà se trouver à la porte, comme des laquais. La scène peut être dans ce cas-là le devant de la classe et un côté. Les enfants doivent avoir accès aux coulisses. Prévoir des caisses pour surélever les enfants lors de certaines scènes.

4. Les acteurs :

Il n'y a jamais le même nombre d'enfants que de personnages et ceci permet de trouver des idées originales de mise en scène. Si beaucoup d'enfants veulent être acteurs, il est possible de multiplier les rôles en ayant un enfant différent par rôle pour chaque scène ou en multipliant les transformations de l'ogre ou les scènes de chasse du Chat botté, voir même en ajoutant des scènes. Ce travail d'ajout peut être fait directement avec l'aide des enfants ou après avoir lu une autre version du *Chat botté*, plus proche de l'original en français ou en langue d'enseignement. Si, au contraire, peu d'enfants veulent être acteurs, vous pouvez remplacer les animaux comme les oiseaux, les lapins par des peluches et les faire parler par quelqu'un depuis les coulisses. Vous pouvez aussi utiliser l'enregistrement audio de la méthode en voix off pour certains personnages, par exemple le narrateur.

5. Les décors et les costumes :

Les décors peuvent être très simples et vous aider dans la mise en scène. Des panneaux de carton peints, avec supports, peuvent servir de paravents et abriter certaines scènes un peu délicates (celles du Chat botté qui chasse et met le lapin ou l'oiseau dans son sac, ou celle du fils du meunier qui se noie, ou encore celles des transformations de l'ogre). Les costumes sont un plus ; cependant, pour la compréhension de la pièce, des accessoires peuvent suffire (une couronne pour le roi et la princesse, par exemple). Faire répéter le plus vite possible les enfants avec leurs accessoires, leurs costumes et au milieu des décors. Ceci permet aux enfants d'apprendre leurs répliques et de trouver le ton juste plus rapidement.

6. La mémoire collective :

Penser à prendre des témoignages de ce moment privilégié de vie de classe pour constituer une mémoire collective. Par exemple, vous pouvez mettre en place un journal de bord avec des anecdotes, des photos des répétitions, les questions que les enfants se sont posées, les réponses apportées. Ce travail peut se faire avec les enfants.

Le jour de la représentation, penser à laisser plusieurs livres d'or à la sortie de la salle sur lesquels le public pourra laisser ses impressions.

Vous pouvez auparavant enrichir ces livres en y ajoutant, par exemple, la liste des acteurs pour chaque rôle, le texte de la pièce, une invitation, des affiches, des photos légendées des représentations, des remerciements…

Si vous en avez la possibilité, vous pouvez prévoir la même chose pour chaque enfant. Pour que cela soit intéressant, il faut que l'enfant participe réellement à la conception de son livre.

Enfin, pourquoi ne pas profiter de Tatou pour lancer l'idée d'un défi théâtre au sein de votre école ?

Le Chat botté

Pièce de théâtre en 5 scènes

Scène 1

 : Tatou et ses amis jouent une pièce de théâtre. C'est un conte de Charles Perrault qui s'appelle *Le Chat botté*. C'est l'histoire d'un chat qui va aider son maître, le fils du meunier, à devenir riche. Attention, silence, ça va commencer.

 : Mon père est mort. Je suis si triste. Je n'ai plus rien. Il a donné à mes frères son âne et son moulin.

 : Mais ne pleure pas ! Je suis à toi, moi le chat ! Et je suis malin, tu sais ! Fais ce que je te dis et tu t'en sortiras ! Parole de chat !

 : Que veux-tu ?

 : Un sac et des bottes pour aller dans les bois !

 : D'accord, attends-moi, je reviens… Tiens, voici des bottes et un sac.

 : Merci. J'enfile les bottes et je mets le sac sur mes épaules. Voilà, je suis prêt. Au revoir Maître ! Je vais dans les bois.

---

 le narrateur   le Chat botté   le fils du meunier

 le roi   le lapin   l'oiseau

 la princesse   l'ogre

Scène 2

 : Voici quelques carottes ! Je les mets dans mon sac !
Tiens, voilà un arbre ! Je vais me cacher !

 : Hum, des carottes ! J'adore ça ! Voilà un bon repas !

 : Tout à coup, tout à trac, le Chat botté ferme le sac !

 : Oui, voilà un bon repas ! Je vais le donner au roi !
Vite, au château !

 : Tiens, un chat avec des bottes et un sac !

 : Oui Majesté, je suis le Chat botté !

 : Un chat qui parle français !

 : Majesté, je vous apporte un lapin de la part de mon maître
le marquis de Carabas.

 : Le marquis de Carabas ? Je ne le connais pas, mais il est très
gentil. Merci Chat botté ! Au revoir Chat botté !

 : Au revoir Majesté ! Ha, ha, ha ! J'ai tout inventé ! Le marquis
de Carabas, tu as compris, il n'existe pas ! Ce sera mon maître,
le fils du meunier !

Scène 3

 : Voici une poignée de blé ! Je la mets dans mon sac ! Tiens, voilà un arbre ! Je vais me cacher !

 : Hum, du blé ! J'adore ça ! Voilà un bon repas !

 : Tout à coup, tout à trac, le Chat botté ferme le sac !

 : Oui, voilà un bon repas ! Je vais le donner au roi ! Vite, au château !

 : Tiens le Chat botté ! Bonjour !

 : Majesté, je vous apporte un oiseau de la part de mon maître le marquis de Carabas.

 : Le marquis de Carabas est très gentil. Merci Chat botté. Au revoir Chat botté !

 : Au revoir Majesté ! Ha, ha, ha ! J'ai tout inventé ! Le marquis de Carabas, tu te souviens, il n'existe pas ! Ce sera mon maître, le fils du meunier !

 : Toute l'année, le Chat botté chasse dans les bois et dans les prés pour donner à manger à son maître et faire des cadeaux au roi.

Scène 4

 : Un matin, le Chat botté voit le roi qui se promène en carrosse, au bord de la rivière avec sa fille, la princesse.

 : Maître ! Viens vite !

 : Pourquoi ?

 : Tu me connais ! Je suis malin ! Fais ce que je te dis et tu t'en sortiras ! Parole de chat !

 : Que veux-tu ?

: Viens avec moi au bord de la rivière. Tu vas te baigner et je vais prendre tes habits. Mais attention, tu n'es plus le fils du meunier. Maintenant tu es le marquis de Carabas !

 : Je ne comprends pas mais d'accord, maintenant je suis le marquis de Carabas !

 : Pendant que le maître du Chat botté se baigne, le roi et la princesse arrivent près de la rivière.

 : Au secours ! Au secours ! Mon maître, Monsieur le marquis de Carabas se noie !

 : Mais c'est le Chat botté ! Vite, allez aider Monsieur le marquis de Carabas !

 : Majesté, des voleurs ont pris les habits de mon maître, le marquis de Carabas !

 : Vite, donnez des habits à Monsieur le marquis de Carabas !

 : Oh ! Le beau pantalon ! Oh ! La belle chemise ! Oh ! Le beau manteau ! Oh ! Le beau chapeau !… Oh ! La… belle… princesse !

 : Le fils du meunier avec les habits du roi ressemble à un marquis. La princesse tombe amoureuse.

 : Oh ! Le… beau… marquis !

 : À qui sont ces bois ? À qui sont ces prés ?

 : Au marquis de Carabas, Majesté !

  : Félicitations, Monsieur le marquis !

 : À qui est ce château, là-bas ?

 : Au marquis de Carabas, Majesté !

 : Félicitations, Monsieur le marquis !

 : Majesté, je cours au château vous préparer un bon repas. À tout à l'heure !

Scène 5

 : Le Chat botté court au château. Mais pas au château du roi! Non, non, non, au château de l'ogre…

 : Ha, ha, ha! J'ai tout inventé! Tu as compris! Les bois, les prés, le château, tout est à l'ogre, tu sais, celui qui mange les enfants. Hou!… N'aie pas peur! Tu me connais! Je suis malin! L'ogre ne te mangera pas! Parole de chat!

 : J'ai faim! Hum, je vais manger! Tiens, un chat avec des bottes et un sac! Que veux-tu?

 : Vous êtes très puissant et vous faites des tours de magie. Pouvez-vous vous transformer en animal?

 : Bien sûr! Regarde! Comment me trouves-tu en lion?

 : Je vous trouve super en lion! Mais pouvez-vous aussi vous transformer en souris?

 : Bien sûr! Regarde! Comment me trouves-tu en souris?

 : Tout à coup, tout à troc, le Chat botté l'attrape et le croque!

 : Oh! là, là! Je vous trouve délicieux! Majesté! Princesse! Bienvenue au château de Monsieur le marquis de Carabas!

 : Félicitations, Monsieur le Marquis!

 : Majesté, Princesse, Monsieur le Marquis. Voici votre repas! Bon appétit!

 : Vous avez compris! La princesse s'est mariée avec le marquis. Le chat ne court plus après les souris. Un meunier qui a un chat toujours s'en sortira! Avec un malin matou, tout va bien, t'as tout!

Tatou et ses amis jouent une pièce de théâtre. Tatou est le Chat botté !

Selim est le fils du meunier. Le Chat botté demande à son maître un sac et des bottes.

1

Le Chat botté chasse dans les bois et dans les prés pour donner à manger

à son maître et faire des cadeaux au roi...

2

Pendant que le maître du Chat botté se baigne,

le roi et la princesse arrivent dans leur carrosse près de la rivière.

3

L'ogre se transforme en souris. Le Chat botté le croque.

«Majesté, Princesse, Monsieur le Marquis. Voici votre repas! Bon appétit!»

4

Le Cri, 1893, **Edvard MUNCH** (Løten, 1863 – Ékely, 1944), 91 cm x 73,5 cm.

Pour . . . .

De la part de Tatou, le matou

Avec tous mes vœux pour l'année prochaine !

Tatou, le matou

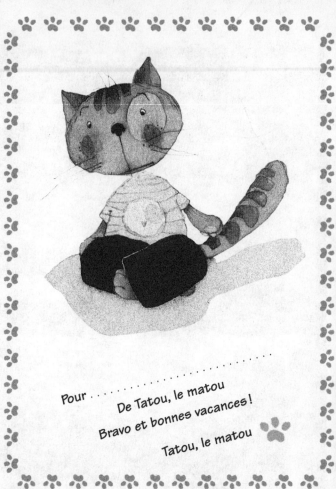

Pour . . . .

De Tatou, le matou

Bravo et bonnes vacances !

Tatou, le matou

À mon ami . . . .

Félicitations pour ton travail !

Miaou ! Tatou, le matou

À mon amie . . . .

Bravo pour ton travail !

Miaou ! Tatou, le matou

Imprimé en France par MAME Imprimeurs - Dépôt légal n°25613-08/2002 - Collection n°37 - Edition 01
15/5212/4